# Ἀργοναυτικά
## Argonautica
# Ἀπολλώνιος Ῥόδιος
## Apollonius of Rhodes

Argonautica

Copyright © JiaHu Books 2014

First Published in Great Britain in 2014 by Jiahu Books – part of
Richardson-Prachai Solutions Ltd, 34 Egerton Gate, Milton Keynes,
MK5 7HH

ISBN: 978-1-78435-058-1

Conditions of sale

A CIP catalogue record for this book is available from the British
Library

Visit us at: jiahubooks.co.uk

# A

Ἀρχόμενος σέο Φοῖβε παλαιγενέων κλέα φωτῶν
μνήσομαι οἳ Πόντοιο κατὰ στόμα καὶ διὰ πέτρας
Κυανέας βασιλῆος ἐφημοσύνῃ Πελίαο
χρύσειον μετὰ κῶας ἐύζυγον ἤλασαν Ἀργώ.
Τοίην γὰρ Πελίης φάτιν ἔκλυεν, ὥς μιν ὀπίσσω      5 Α
μοῖρα μένει στυγερή, τοῦδ᾽ ἀνέρος ὅντιν᾽ ἴδοιτο
δημόθεν οἰοπέδιλον ὑπ᾽ ἐννεσίῃσι δαμῆναι·
δηρὸν δ᾽ οὐ μετέπειτα τεὴν κατὰ βάξιν Ἰήσων,
χειμερίοιο ῥέεθρα κιὼν διὰ ποσσὶν Ἀναύρου,
ἄλλο μὲν ἐξεσάωσεν ὑπ᾽ ἰλύος ἄλλο δ᾽ ἔνερθεν      10 Α
κάλλιπεν αὖθι πέδιλον ἐνισχόμενον προχοῇσιν·
ἵκετο δ᾽ ἐς Πελίην αὐτοσχεδόν, ἀντιβολήσων
εἰλαπίνης ἣν πατρὶ Ποσειδάωνι καὶ ἄλλοις
ῥέζε θεοῖς, Ἥρης δὲ Πελασγίδος οὐκ ἀλέγιζεν·
αἶψα δὲ τόνγ᾽ ἐσιδὼν ἐφράσσατο, καί οἱ ἄεθλον      15 Α
ἔντυε ναυτιλίης πολυκηδέος, ὄφρ᾽ ἐνὶ πόντῳ
ἠὲ καὶ ἀλλοδαποῖσι μετ᾽ ἀνδράσι νόστον ὀλέσσῃ.
Νῆα μὲν οὖν οἱ πρόσθεν ἔτι κλείουσιν ἀοιδοί
Ἄργον Ἀθηναίης καμέειν ὑποθημοσύνῃσι·
νῦν δ᾽ ἂν ἐγὼ γενεήν τε καὶ οὔνομα μυθησαίμην      20 Α
ἡρώων, δολιχῆς τε πόρους ἁλός, ὅσσα τ᾽ ἔρεξαν
πλαζόμενοι· Μοῦσαι δ᾽ ὑποφήτορες εἶεν ἀοιδῆς.
Πρῶτά νυν Ὀρφῆος μνησώμεθα, τόν ῥά ποτ᾽ αὐτή
Καλλιόπη Θρήικι φατίζεται εὐνηθεῖσα
Οἰάγρῳ σκοπιῆς Πιμπληίδος ἄγχι τεκέσθαι.      25 Α
αὐτὰρ τόνγ᾽ ἐνέπουσιν ἀτειρέας οὔρεσι πέτρας
θέλξαι ἀοιδάων ἐνοπῇ ποταμῶν τε ῥέεθρα·
φηγοὶ δ᾽ ἀγριάδες κείνης ἔτι σήματα μολπῆς
ἀκτῇ Θρηικίῃ Ζώνης ἔπι τηλεθόωσαι
ἑξείης στιχόωσιν ἐπήτριμοι, ἃς ὅγ᾽ ἐπιπρό      30 Α

θελγομένας φόρμιγγι κατήγαγε Πιερίηθεν.
Ὀρφέα μὲν δὴ τοῖον ἑῶν ἐπαρωγὸν ἀέθλων
Αἰσονίδης Χείρωνος ἐφημοσύνῃσι πιθήσας
δέξατο, Πιερίῃ Βιστωνίδι κοιρανέοντα·
ἤλυθε δ' Ἀστερίων αὐτοσχεδόν, ὅν ῥα Κομήτης      35 A
γείνατο, δινήεντος ἐφ' ὕδασιν Ἀπιδανοῖο
Πειρεσιὰς ὄρεος Φυλληίου ἀγχόθι ναίων,
ἔνθα μὲν Ἀπιδανός τε μέγας καὶ δῖος Ἐνιπεύς
ἄμφω συμφορέονται, ἀπόπροθεν εἰς ἓν ἰόντες.
Λάρισαν δ' ἐπὶ τοῖσι λιπὼν Πολύφημος ἵκανεν      40 A
Εἰλατίδης, ὃς πρὶν μὲν ἐρισθενέων Λαπιθάων,
ὁππότε Κενταύροις Λαπίθαι ἐπὶ θωρήσσοντο,
ὁπλότερος προμάχιζε· τότ' αὖ βαρύθεσκέ οἱ ἤδη
γυῖα, μένεν δ' ἔτι θυμὸς ἀρήιος ὡς τὸ πάρος περ·
οὐδὲ μὲν Ἴφικλος Φυλάκῃ ἔνι δηρὸν ἔλειπτο,      45 A
μήτρως Αἰσονίδαο, κασιγνήτην γὰρ ὄπυιεν
Αἴσων Ἀλκιμέδην Φυλακηίδα· τῆς μιν ἀνώγει
πηοσύνη καὶ κῆδος ἐνικρινθῆναι ὁμίλῳ·
οὐδὲ Φεραῖς Ἄδμητος ἐυρρήνεσσιν ἀνάσσων
μίμνεν ὑπὸ σκοπιὴν ὄρεος Χαλκωδονίοιο·      50 A
οὐδ' Ἀλόπῃ μίμνον πολυλήιοι Ἑρμείαο
υἱέες εὖ δεδαῶτε δόλους, Ἔρυτος καὶ Ἐχίων·
τοῖσι δ' ἐπὶ τρίτατος γνωτὸς κίε νισσομένοισιν
Αἰθαλίδης· καὶ τὸν μὲν ἐπ' Ἀμφρυσσοῖο ῥοῇσιν
Μυρμιδόνος κούρη Φθιὰς τέκεν Εὐπολέμεια,      55 A
τὼ δ' αὖτ' ἐκγεγάτην Μενετηίδος Ἀντιανείρης.
Ἤλυθε δ' ἀφνειὴν προλιπὼν Γυρτῶνα Κόρωνος
Καινεΐδης, ἐσθλὸς μέν, ἑοῦ δ' οὐ πατρὸς ἀμείνων.
Καινέα γὰρ ζωόν περ ἔτι κλείουσιν ἀοιδοὶ
Κενταύροισιν ὀλέσθαι, ὅτε σφέας οἶος ἀπ' ἄλλων      60 A
ἤλασ' ἀριστεύων, οἱ δ' ἔμπαλιν ὁρμηθέντες
οὔτε μιν ἀγκλῖναι προτέρω σθένον οὔτε δαΐξαι,
ἀλλ' ἄρρηκτος ἄκαμπτος ἐδύσετο νειόθι γαίης,
θεινόμενος στιβαρῇσι καταΐγδην ἐλάτῃσιν.
Ἤλυθε δ' αὖ Μόψος Τιταρήσιος, ὃν περὶ πάντων      65 A
Λητοΐδης ἐδίδαξε θεοπροπίας οἰωνῶν·

βῆ δὲ καὶ Εὐρυδάμας Κτιμένου πάις, ἄγχι δὲ λίμνης
Ξυνιάδος Κτιμένην Δολοπηίδα ναιετάασκεν·
καὶ μὴν Ἄκτωρ υἷα Μενοίτιον ἐξ Ὀπόεντος
ὦρσεν, ἀριστήεσσι σὺν ἀνδράσιν ὄφρα νέοιτο.          70 A
Εἵπετο δ᾽ Εὐρυτίων τε καὶ ἀλκήεις Ἐριβώτης,
υἷες ὁ μὲν Τελέοντος, ὁ δ᾽ Ἴρου Ἀκτορίδαο·
ἤτοι ὁ μὲν Τελέοντος ἐυκλειὴς Ἐριβώτης,
Ἴρου δ᾽ Εὐρυτίων. σὺν καὶ τρίτος ἦεν Ὀιλεύς,
ἔξοχος ἠνορέην καὶ ἐπαΐξαι μετόπισθεν          75 A
εὖ δεδαὼς δήοισιν, ὅτε κλίνειε φάλαγγας.
Αὐτὰρ ἀπ᾽ Εὐβοίης Κάνθος κίε, τόν ῥα Κάνηθος
πέμπεν Ἀβαντιάδης λελιημένον· οὐ μὲν ἔμελλε
νοστήσειν Κήρινθον ὑπότροπος, αἶσα γὰρ ἦεν
αὐτὸν ὁμῶς Μόψον τε δαήμονα μαντοσυνάων          80 A
πλαγχθέντας Λιβύης ἐπὶ πείρασι δῃωθῆναι.
ὡς οὐκ ἀνθρώποισι κακὸν μὴ πιστὸν ἐπαυρεῖν,
ὁππότε καὶ κείνους Λιβύῃ ἔνι ταρχύσαντο,
τόσσον ἑκὰς Κόλχων ὅσσον τέ περ ἠελίοιο
μεσσηγὺς δύσιές τε καὶ ἀντολαὶ εἰσορόωνται.          85 A
Τῷ δ᾽ ἄρ᾽ ἐπὶ Κλυτίος τε καὶ Ἴφιτος ἠγερέθοντο,
Οἰχαλίης ἐπίουροι, ἀπηνέος Εὐρύτου υἷες,
Εὐρύτου ᾧ πόρε τόξον Ἑκηβόλος, οὐδ᾽ ἀπόνητο
δωτίνης· αὐτῷ γὰρ ἑκὼν ἐρίδηνε δοτῆρι.
Τοῖσι δ᾽ ἐπ᾽ Αἰακίδαι μετεκίαθον, οὐ μὲν ἅμ᾽ ἄμφω          90 A
οὐδ᾽ ὁμόθεν, νόσφιν γὰρ ἀλευάμενοι κατένασθεν
Αἰγίνης, ὅτε Φῶκον ἀδελφεὸν ἐξενάριξαν
ἀφραδίῃ· Τελαμὼν μὲν ἐν Ἀτθίδι νάσσατο νήσῳ,
Πηλεὺς δ᾽ ἐν Φθίῃ ἐριβώλακι ναῖε λιασθείς.
Τοῖς δ᾽ ἐπὶ Κεκροπίηθεν ἄρηιος ἤλυθε Βούτης,          95 Λ
παῖς ἀγαθοῦ Τελέοντος, ἐυμμελίης τε Φάληρος·
Ἄλκων μιν προέηκε πατὴρ ἑός· οὐ μὲν ἔτ᾽ ἄλλους
γήραος υἷας ἔχεν βιότοιό τε κηδεμονῆας,
ἀλλά ἑ τηλύγετόν περ ὁμῶς καὶ μοῦνον ἐόντα
πέμπεν, ἵνα θρασέεσσι μεταπρέποι ἡρώεσσι.          100 A
Θησέα δ᾽, ὃς περὶ πάντας Ἐρεχθεΐδας ἐκέκαστο,
Ταιναρίην ἀίδηλος ὑπὸ χθόνα δεσμὸς ἔρυκε,

Πειρίθῳ ἑσπόμενον κοινὴν ὁδόν· ἤ τέ κεν ἄμφω
ῥηίτερον καμάτοιο τέλος πάντεσσιν ἔθεντο.
Τῖφυς δ᾽ Ἀγνιάδης Σιφαιέα κάλλιπε δῆμον       105 Α
Θεσπιέων, ἐσθλὸς μὲν ὀρινόμενον προδαῆναι
κῦμ᾽ ἁλὸς εὐρείης, ἐσθλὸς δ᾽ ἀνέμοιο θυέλλας,
καὶ πλόον ἠελίῳ τε καὶ ἀστέρι τεκμήρασθαι.
αὐτή μιν Τριτωνὶς ἀριστήων ἐς ὅμιλον
ὦρσεν Ἀθηναίη, μέγα δ᾽ ἤλυθεν ἐλδομένοισιν·       110 Α
αὐτὴ γὰρ καὶ νῆα θοὴν κάμε, σὺν δέ οἱ Ἄργος
τεῦξεν Ἀρεστορίδης κείνης ὑποθημοσύνῃσι·
τῷ καὶ πασάων προφερεστάτη ἔπλετο νηῶν
ὅσσαι ὑπ᾽ εἰρεσίῃσιν ἐπειρήσαντο θαλάσσης.
Φλείας δ᾽ αὖτ᾽ ἐπὶ τοῖσιν Ἀραιθυρέηθεν ἵκανεν,       115 Α
ἔνθ᾽ ἀφνειὸς ἔναιε, Διωνύσοιο ἕκητι
πατρὸς ἑοῦ, πηγῇσιν ἐφέστιος Ἀσωποῖο.
Ἀργόθεν αὖ Ταλαὸς καὶ Ἀρήιος, υἷε Βίαντος,
ἤλυθον ἴφθιμός τε Λεώδοκος, οὓς τέκε Πηρὼ
Νηληίς, τῆς ἀμφὶ δύην ἐμόγησε βαρεῖαν       120 Α
Αἰολίδης σταθμοῖσιν ἐν Ἰφίκλοιο Μελάμπους.
Οὐδὲ μὲν οὐδὲ βίην κρατερόφρονος Ἡρακλῆος
πευθόμεθ᾽ Αἰσονίδαο λιλαιομένου ἀθερίξαι·
ἀλλ᾽ ἐπεὶ ἄιε βάξιν ἀγειρομένων ἡρώων
νεῖον ἀπ᾽ Ἀρκαδίης Λυρκήιον Ἄργος ἀμείψας,       125 Α
τὴν ὁδὸν ᾗ ζωὸν φέρε κάπριον ὅς ῥ᾽ ἐνὶ βήσσῃς
φέρβετο Λαμπείης Ἐρυμάνθιον ἂμ μέγα τῖφος,
τὸν μὲν ἐνὶ πρώτοισι Μυκηνάων ἀγορῇσι
δεσμοῖς ἰλλόμενον μεγάλων ἀπεσείσατο νώτων,
αὐτὸς δ᾽ ᾗ ἰότητι παρὲκ νόον Εὐρυσθῆος       130 Α
ὡρμήθη· σὺν καί οἱ Ὕλας κίεν, ἐσθλὸς ὀπάων
πρωθήβης, ἰῶν τε φορεὺς φύλακός τε βιοῖο.
Τῷ δ᾽ ἐπὶ δὴ θείοιο κίεν Δαναοῖο γενέθλη,
Ναύπλιος· ἦ γὰρ ἔην Κλυτονήου Ναυβολίδαο,
Ναύβολος αὖ Λέρνου, Λέρνον γε μὲν ἴδμεν ἐόντα       135 Α
Προίτου Ναυπλιάδαο, Ποσειδάωνι δὲ κούρῃ
πρίν ποτ᾽ Ἀμυμώνη Δαναῗς τέκεν εὐνηθεῖσα
Ναύπλιον, ὃς περὶ πάντας ἐκαίνυτο ναυτιλίῃσιν.

Ἴδμων δ᾽ ὑστάτιος μετεκίαθεν ὅσσοι ἔναιον
Ἄργος, ἐπεὶ δεδαὼς τὸν ἑὸν μόρον οἰωνοῖσιν    140 A
ἤιε, μή οἱ δῆμος ἐυκλείης ἀγάσαιτο·
οὐ μὲν ὅγ᾽ ἦεν Ἄβαντος ἐτήτυμον, ἀλλά μιν αὐτός
γείνατο κυδαλίμοις ἐναρίθμιον Αἰολίδησιν
Λητοΐδης, αὐτὸς δὲ θεοπροπίας ἐδίδαξεν
οἰωνούς τ᾽ ἀλέγειν ἠδ᾽ ἔμπυρα σήματ᾽ ἰδέσθαι.    145 A
Καὶ μὴν Αἰτωλὶς κρατερὸν Πολυδεύκεα Λήδη
Κάστορά τ᾽ ὠκυπόδων ὦρσεν δεδαημένον ἵππων
Σπάρτηθεν, τοὺς ἥγε δόμοις ἔνι Τυνδαρέοιο
τηλυγέτους ὠδῖνι μιῇ τέκεν· οὐδ᾽ ἀπίθησεν
λισσομένοις, Ζηνὸς γὰρ ἐπάξια μήδετο λέκτρων.    150 A
Οἱ δ᾽ Ἀφαρητιάδαι Λυγκεὺς καὶ ὑπέρβιος Ἴδας
Ἀρήνηθεν ἔβαν, μεγάλη περιθαρσέες ἀλκῇ
ἀμφότεροι· Λυγκεὺς δὲ καὶ ὀξυτάτοις ἐκέκαστο
ὄμμασιν, εἰ ἐτεόν γε πέλει κλέος ἀνέρα κεῖνον
ῥηιδίως καὶ νέρθεν ὑπὸ χθονὸς αὐγάζεσθαι.    155 A
Σὺν δὲ Περικλύμενος Νηλήιος ὦρτο νέεσθαι,
πρεσβύτατος παίδων ὅσσοι Πύλῳ ἐξεγένοντο
Νηλῆος θείοιο· Ποσειδάων δέ οἱ ἀλκήν
δῶκεν ἀπειρεσίην, ἠδ᾽ ὅττι κεν ἀρήσαιτο
μαρνάμενος, τὸ πέλεσθαι ἐνὶ ξυνοχῇ πολέμοιο.    160 A
Καὶ μὴν Ἀμφιδάμας Κηφεύς τ᾽ ἴσαν Ἀρκαδίηθεν,
οἳ Τεγέην καὶ κλῆρον Ἀφειδάντειον ἔναιον,
υἷε δύω Ἀλεοῦ· τρίτατός γε μὲν ἔσπετ᾽ ἰοῦσιν
Ἀγκαῖος· τὸν μέν ῥα πατὴρ Λυκόοργος ἔπεμπε,
τῶν ἄμφω γνωτὸς προγενέστερος, ἀλλ᾽ ὁ μὲν ἤδη    165 A
γηράσκοντ᾽ Ἀλεὸν λίπετ᾽ ἂμ πόλιν ὄφρα κομίζοι,
παῖδα δ᾽ ἑὸν σφετέροισι κασιγνήτοισιν ὕπασσε·
βῆ δ᾽ ὅγε Μαιναλίης ἄρκτου δέρος
ἀμφίτομόν τε
δεξιτερῇ πάλλων πέλεκυν μέγαν· ἔντεα γάρ οἱ    170 A
πατροπάτωρ Ἀλεὸς μυχάτῃ ἐνέκρυψε καλιῇ,
αἴ κέν πως ἔτι καὶ τὸν ἐρητύσειε νέεσθαι.
Βῆ δὲ καὶ Αὐγείης, ὃν δὴ φάτις Ἠελίοιο
ἔμμεναι, Ἠλείοισι δ᾽ ὅγ᾽ ἀνδράσιν ἐμβασίλευεν

9

ὄλβῳ κυδιόων· μέγα δ᾽ ἵετο Κολχίδα γαῖαν     175 A
αὐτόν τ᾽ Αἰήτην ἰδέειν σημάντορα Κόλχων.
Ἀστέριος δὲ καὶ Ἀμφίων Ὑπερασίου υἷες
Πελλήνης ἄφ᾽ ἵκανον Ἀχαιίδος, ἥν ποτε Πέλλης
πατροπάτωρ ἐπόλισσεν ἐπ᾽ ὀφρύσιν Αἰγιαλοῖο.
Ταίναρον αὖτ᾽ ἐπὶ τοῖσι λιπὼν Εὔφημος ἵκανε,     180 A
τόν ῥα Ποσειδάωνι ποδωκηέστατον ἄλλων
Εὐρώπη Τιτυοῖο μεγασθενέος τέκε κούρη·
κεῖνος ἀνὴρ καὶ πόντου ἐπὶ γλαυκοῖο θέεσκεν
οἴδματος, οὐδὲ θοοὺς βάπτεν πόδας, ἀλλ᾽ ὅσον ἄκροις
ἴχνεσι τεγγόμενος διερῇ πεφόρητο κελεύθῳ·     185 A
καὶ δ᾽ ἄλλω δύο παῖδε Ποσειδάωνος ἵκοντο,
ἤτοι ὁ μὲν πτολίεθρον ἀγαυοῦ Μιλήτοιο
νοσφισθεὶς Ἐργῖνος, ὁ δ᾽ Ἰμβρασίης ἕδος Ἥρης
Παρθενίην Ἀγκαῖος ὑπέρβιος· ἴστορε δ᾽ ἄμφω
ἠμὲν ναυτιλίης ἠδ᾽ ἄρεος εὐχετόωντο.     190 A
Οἰνεΐδης δ᾽ ἐπὶ τοῖσιν ἀφορμηθεὶς Καλυδῶνος
ἀλκήεις Μελέαγρος ἀνήλυθε, Λαοκόων τε -
Λαοκόων Οἰνῆος ἀδελφεός, οὐ μὲν ἱῆς γε
μητέρος, ἀλλά ἑ θῆσσα γυνὴ τέκε. τὸν μὲν ἄρ᾽ Οἰνεύς
ἤδη γηραλέον κοσμήτορα παιδὸς ἵαλλεν,     195 A
ὧδ᾽ ἔτι κουρίζων περιθαρσέα δῦνεν ὅμιλον
ἡρώων· τοῦ δ᾽ οὔ τιν᾽ ὑπέρτερον ἄλλον ὀίω
νόσφιν γ᾽ Ἡρακλῆος ἐπελθέμεν, εἴ κ᾽ ἔτι μοῦνον
αὖθι μένων λυκάβαντα μετετράφη Αἰτωλοῖσιν·
καὶ μήν οἱ μήτρως αὐτὴν ὁδόν, εὖ μὲν ἄκοντι     200 A
εὖ δὲ καὶ ἐν σταδίῃ δεδαημένος ἀντιφέρεσθαι,
Θεστιάδης Ἴφικλος ἐφωμάρτησε κιόντι,
σὺν δὲ Παλαιμόνιος Λέρνου πάις Ὠλενίοιο -
Λέρνου ἐπίκλησιν, γενεήν γε μὲν Ἡφαίστοιο·
τούνεκ᾽ ἔην πόδε σιφλός, ἀτὰρ χέρας οὔ κέ τις ἔτλη     205 A
ἠνορέην τ᾽ ὀνόσασθαι, ὃ καὶ μεταρίθμιος ἦεν
πᾶσιν ἀριστήεσσιν Ἰήσονι κῦδος ἀέξων.
Ἐκ δ᾽ ἄρα Φωκήων κίεν Ἴφιτος, Ὀρνυτίδαο
Ναυβόλου ἐκγεγαώς· ξεῖνος δέ οἱ ἔσκε πάροιθεν,
ἦμος ἔβη Πυθώδε θεοπροπίας ἐρεείνων     210 A

ναυτιλίης, τόθι γάρ μιν έοῖς ὑπέδεκτο δόμοισι.
Ζήτης αὖ Κάλαΐς τε Βορήιοι υἶες ἱκέσθην,
οὕς ποτ᾽ Ἐρεχθηῒς Βορέη τέκεν Ὠρείθυια
ἐσχατιῇ Θρήκης δυσχειμέρου· ἔνθ᾽ ἄρα τήνγε
Θρήικιος Βορέης ἀνερείψατο Κεκροπίηθεν,       215 Α
Ἰλισσοῦ προπάροιθε χορῷ ἔνι δινεύουσαν,
καί μιν ἄγων ἔκαθεν, Σαρπηδονίην ὅθι πέτρην
κλείουσιν ποταμοῖο παρὰ ῥόον Ἐργίνοιο,
λυγαίοις ἐδάμασσε περὶ νεφέεσσι καλύψας.
τὼ μὲν ἐπ᾽ ἀστραγάλοισι ποδῶν ἑκάτερθεν ἐρεμνάς       220 Α
σεῖον ἀειρομένω πτέρυγας, μέγα θάμβος ἰδέσθαι,
χρυσείαις φολίδεσσι διαυγέας· ἀμφὶ δὲ νώτοις
κράατος ἐξ ὑπάτοιο καὶ αὐχένος ἔνθα καὶ ἔνθα
κυάνεαι δονέοντο μετὰ πνοιῇσιν ἔθειραι.
Οὐδὲ μὲν οὐδ᾽ αὐτοῖο πάις μενέαινεν Ἄκαστος       225 Α
ἰφθίμου Πελίαο δόμοις ἔνι πατρὸς ἑῆος
μιμνάζειν, Ἄργος τε θεᾶς ὑποεργὸς Ἀθήνης,
ἀλλ᾽ ἄρα καὶ τὼ μέλλον ἐνικρινθῆναι ὁμίλῳ.
Τόσσοι ἄρ᾽ Αἰσονίδη συμμήστορες ἠγερέθοντο.
τοὺς μὲν ἀριστῆας Μινύας περιναιετάοντες       230 Α
κίκλησκον μάλα πάντας, ἐπεὶ Μινύαο θυγατρῶν
οἱ πλεῖστοι καὶ ἄριστοι ἀφ᾽ αἵματος εὐχετόωντο
ἔμμεναι, ὡς δὲ καὶ αὐτὸν Ἰήσονα γείνατο μήτηρ
Ἀλκιμέδη Κλυμένης Μινυηίδος ἐκγεγαυῖα.
Αὐτὰρ ἐπεὶ δμώεσσιν ἐπαρτέα πάντ᾽ ἐτέτυκτο       235 Α
ὅσσα περ ἐντύνονται ἐπαρτέα ἔνδοθι νῆες,
εὖτ᾽ ἂν ἄγη χρέος ἄνδρας ὑπεὶρ ἅλα ναυτίλλεσθαι,
δὴ τότ᾽ ἴσαν μετὰ νῆα δι᾽ ἄστεος, ἔνθα περ ἀκταί
κλείονται Παγασαὶ Μαγνήτιδες· ἀμφὶ δὲ λαῶν
πληθὺς σπερχομένων ἄμυδις θέον, οἱ δὲ φαεινοί       240 Α
ἀστέρες ὣς νεφέεσσι μετέπρεπον. ὧδε δ᾽ ἕκαστος
ἔννεπεν εἰσορόων σὺν τεύχεσιν ἀίσσοντας·
Ζεῦ ἄνα, τίς Πελίαο νόος; πόθι τόσσον ὅμιλον
ἡρώων γαίης Παναχαιίδος ἔκτοθι βάλλει;
αὐτῆμάρ κε δόμους ὀλοῷ πυρὶ δηώσειαν       245 Α
Αἰήτεω, ὅτε μή σφιν ἑκὼν δέρος ἐγγυαλίξη·

ἀλλ᾽ οὐ φυκτὰ κέλευθα, πόνος δ᾽ ἄπρηκτος ἰοῦσιν.
Ὣς φάσαν ἔνθα καὶ ἔνθα κατὰ πτόλιν· αἱ δὲ γυναῖκες
πολλὰ μάλ᾽ ἀθανάτοισιν ἐς αἰθέρα χεῖρας ἄειρον,
εὐχόμεναι νόστοιο τέλος θυμηδὲς ὀπάσσαι.    250 A
ἄλλη δ᾽ εἰς ἑτέρην ὀλοφύρετο δακρυχέουσα·
Δειλὴ Ἀλκιμέδη, καὶ σοὶ κακὸν ὀψέ περ ἔμπης
ἤλυθεν, οὐδ᾽ ἐτέλεσσας ἐπ᾽ ἀγλαΐῃ βιότοιο.
Αἴσων αὖ μέγα δή τι δυσάμμορος· ἤ τέ οἱ ἦεν
βέλτερον, εἰ τὸ πάροιθεν ἐνὶ κτερέεσσιν ἐλυσθείς    255 A
νειόθι γαίης κεῖτο, κακῶν ἔτι νῆις ἀέθλων.
ὣς ὄφελεν καὶ Φρίξον, ὅτ᾽ ὤλετο παρθένος Ἕλλη,
κῦμα μέλαν κριῷ ἅμ᾽ ἐπικλύσαι· ἀλλὰ καὶ αὐδήν
ἀνδρομέην προέηκε κακὸν τέρας, ὥς κεν ἀνίας
Ἀλκιμέδῃ μετόπισθε καὶ ἄλγεα μυρία θείη.    260 A
Αἱ μὲν ἄρ᾽ ὣς ἀγόρευον ἐπὶ προμολῇσι κιόντων·
ἔνδον δὲ δμῶές τε πολεῖς δμωαί τ᾽ ἀγέροντο
μήτηρ τ᾽ ἀμφασίῃ βεβολημένη, ὀξὺ δ᾽ ἑκάστην
δῦνεν ἄχος· σὺν δέ σφι πατὴρ ὀλοῷ ὑπὸ γήραι
ἐντυπὰς ἐν λεχέεσσι καλυψάμενος γοάασκεν.    265 A
αὐτὰρ ὁ τῶν μὲν ἔπειτα κατεπρήυνεν ἀνίας,
θαρσύνων· δμώεσσι δ᾽ ἀρήια τεύχε᾽ ἀείρειν
πέφραδεν, οἱ δέ τε σῖγα κατηφέες ἠείροντο.
μήτηρ δ᾽ ὡς τὰ πρῶτ᾽ ἐπεχεύατο πήχεε παιδί,
ὣς ἔχετο κλαίουσ᾽ ἀδινώτερον, ἠύτε κούρη    270 A
οἰόθεν ἀσπασίως πολιὴν τροφὸν ἀμφιπεσοῦσα
μύρεται, ᾗ οὐκ εἰσὶν ἔτ᾽ ἄλλοι κηδεμονῆες,
ἀλλ᾽ ὑπὸ μητρυιῇ βίοτον βαρὺν ἡγηλάζει·
καί ἑ νέον πολέεσσιν ὀνείδεσιν ἐστυφέλιξεν,
τῇ δέ τ᾽ ὀδυρομένῃ δέδεται κέαρ ἔνδοθεν ἄτῃ,    275 A
οὐδ᾽ ἔχει ἐκφλύξαι τόσσον γόον ὅσσον ὀρεχθεῖ -
ὣς ἀδινὸν κλαίεσκεν ἑὸν πάιν ἀγκὰς ἔχουσα
Ἀλκιμέδη· καὶ τοῖον ἔπος φάτο κηδοσύνῃσιν·
Αἴθ᾽ ὄφελον κεῖν᾽ ἦμαρ, ὅτ᾽ ἐξειπόντος ἄκουσα
δειλὴ ἐγὼ Πελίαο κακὴν βασιλῆος ἐφετμήν,    280 A
αὐτίκ᾽ ἀπὸ ψυχὴν μεθέμεν κηδέων τε λαθέσθαι,
ὄφρ᾽ αὐτός με τεῇσι φίλαις ταρχύσαο χερσίν,

τέκνον ἐμόν· τὸ γὰρ οἶον ἔην ἔτι λοιπὸν ἐέλδωρ
ἐκ σέθεν, ἄλλα δὲ πάντα πάλαι θρεπτήρια πέσσω.
νῦν γε μὲν ἡ τὸ πάροιθεν Ἀχαιάδεσσιν ἀγητή        285 Α
δμωὶς ὅπως κενεοῖσι λελείψομαι ἐν μεγάροισιν,
σεῖο πόθῳ μινύθουσα δυσάμμορος, ᾧ ἔπι πολλήν
ἀγλαΐην καὶ κῦδος ἔχον πάρος, ᾧ ἔπι μούνῳ
μίτρην πρῶτον ἔλυσα καὶ ὕστατον, ἔξοχα γάρ μοι
Εἰλείθυια θεὰ πολέος ἐμέγηρε τόκοιο.            290 Α
ὤ μοι ἐμῆς ἄτης· τὸ μὲν οὐδ᾽ ὅσον οὐδ᾽ ἐν ὀνείρῳ
ὠισάμην, εἰ Φρίξος ἐμοὶ κακὸν ἔσσετ᾽ ἀλύξας.
Ὣς ἥγε στενάχουσα κινύρετο, ταὶ δὲ γυναῖκες
ἀμφίπολοι γοάασκον ἐπισταδόν· αὐτὰρ ὁ τήνγε
μειλιχίοις ἐπέεσσι παρηγορέων προσέειπεν·       295 Α
Μή μοι λευγαλέας ἐνιβάλλεο μῆτερ ἀνίας
ὧδε λίην, ἐπεὶ οὐ μὲν ἐρωήσεις κακότητος
δάκρυσιν, ἀλλ᾽ ἔτι κεν καὶ ἐπ᾽ ἄλγεσιν ἄλγος ἄροιο.
πήματα γάρ τ᾽ ἀίδηλα θεοὶ θνητοῖσι νέμουσιν·
τῶν μοῖραν κατὰ θυμὸν ἀνιάζουσά περ ἔμπης       300 Α
τλῆθι φέρειν. θάρσει δὲ συνημοσύνῃσιν Ἀθήνης,
ἠδὲ θεοπροπίῃσιν, ἐπεὶ μάλα δεξιὰ Φοῖβος
ἔχρη, ἀτὰρ μετέπειτά γ᾽ ἀριστήων ἐπαρωγῇ.
ἀλλὰ σὺ μὲν νῦν αὖθι μετ᾽ ἀμφιπόλοισιν ἔκηλος
μίμνε δόμοις, μηδ᾽ ὄρνις ἀεικελίη πέλε νηΐ·      305 Α
κεῖσε δ᾽ ὁμαρτήσουσιν ἔται δμῶές τε κιόντι.
Ἦ, καὶ ὁ μὲν προτέρωσε δόμων ἐξ ὦρτο νέεσθαι.
οἷος δ᾽ ἐκ νηοῖο θυώδεος εἶσιν Ἀπόλλων
Δῆλον ἀν᾽ ἠγαθέην ἠὲ Κλάρον, ἢ ὅγε Πυθώ
ἢ Λυκίην εὐρεῖαν ἐπὶ Ξάνθοιο ῥοῇσι -          310 Α
τοῖος ἀνὰ πληθὺν δήμου κίεν, ὦρτο δ᾽ αὐτή
κεκλομένων ἄμυδις. τῷ δὲ ξύμβλητο γεραιή
Ἰφιὰς Ἀρτέμιδος πολιηόχου ἀρήτειρα,
καί μιν δεξιτερῆς χειρὸς κύσεν· οὐδέ τι φάσθαι
ἔμπης ἱεμένη δύνατο προθέοντος ὁμίλου,          315 Α
ἀλλ᾽ ἡ μὲν λίπετ᾽ αὖθι παρακλιδόν, οἷα γεραιή
ὁπλοτέρων, ὁ δὲ πολλὸν ἀποπλαγχθεὶς ἐλιάσθη.
Αὐτὰρ ἐπεί ῥα πόληος ἐυδμήτους λίπ᾽ ἀγυιάς,

ἀκτήνδ᾽ ἵκανεν Παγασηίδα, τῇ μιν ἑταῖροι
δειδέχατ᾽ Ἀργῴη ἄμυδις παρὰ νηὶ μένοντες.        320 A
στῆ δ᾽ ἄρ᾽ ἐπιπρομολών, οἱ δ᾽ ἀντίοι ἠγερέθοντο·
ἐς δ᾽ ἐνόησαν Ἄκαστον ὁμῶς Ἄργον τε πόληος
νόσφι καταβλώσκοντας, ἐθάμβησαν δ᾽ ἐσιδόντες
πασσυδίῃ Πελίαο παρὲκ νόον ἰθύοντας·
δέρμα δ᾽ ὁ μὲν ταύροιο ποδηνεκὲς ἀμφέχετ᾽ ὤμους        325 A
Ἄργος Ἀρεστορίδης λάχνῃ μέλαν, αὐτὰρ ὁ καλήν
δίπλακα, τήν οἱ ὄπασσε κασιγνήτη Πελόπεια·
ἀλλ᾽ ἔμπης τὼ μέν τε διεξερέεσθαι ἕκαστα
ἔσχετο, τοὺς δ᾽ ἀγορήνδε συνεδριάασθαι ἄνωγεν.
αὐτοῦ δ᾽ ἰλλομένοις ἐπὶ λαίφεσιν ἠδὲ καὶ ἱστῷ        330 A
κεκλιμένῳ μάλα πάντες ἐπισχερὼ ἑδριόωντο.
τοῖσιν δ᾽ Αἴσονος υἱὸς ἐυφρονέων μετέειπεν·
Ἄλλα μέν, ὅσσα τε νηὶ ἐφοπλίσσασθαι ἔοικεν,
πάντα μάλ᾽ εὖ κατὰ κόσμον ἐπαρτέα κεῖται ἰοῦσιν,
τῶ οὐκ ἂν δηναιὸν ἐχοίμεθα τοῖο ἕκητι        335 A
ναυτιλίης, ὅτε μοῦνον ἐπιπνεύσουσιν ἀῆται·
ἀλλὰ φίλοι, ξυνὸς γὰρ ἐς Ἑλλάδα νόστος ὀπίσσω,
ξυναὶ δ᾽ ἄμμι πέλονται ἐς Αἰήταο κέλευθοι,
τούνεκα νῦν τὸν ἄριστον ἀφειδήσαντες ἕλεσθε
ὄρχαμον ἡμείων, ᾧ κεν τὰ ἕκαστα μέλοιτο,        340 A
νείκεα συνθεσίας τε μετὰ ξείνοισι βαλέσθαι.
Ὣς φάτο. πάπτηναν δὲ νέοι θρασὺν Ἡρακλῆα
ἥμενον ἐν μέσσοισι, μιῇ δέ ἑ πάντες ἀυτῇ
σημαίνειν ἐπέτελλον· ὁ δ᾽ αὐτόθεν ἔνθα περ ἧστο
δεξιτερὴν ἀνὰ χεῖρα τανύσσατο, φώνησέν τε·        345 A
Μή τις ἐμοὶ τόδε κῦδος ὀπαζέτω· οὐ γὰρ ἔγωγε
πείσομαι, ὡς δὲ καὶ ἄλλον ἀναστήσεσθαι ἐρύξω.
αὐτὸς ὅτις ξυνάγειρε καὶ ἀρχεύοι ὁμάδοιο.
Ἦ ῥα μέγα φρονέων· ἐπὶ δ᾽ ᾔνεον ὡς ἐκέλευεν
Ἡρακλέης. ἀνὰ δ᾽ αὐτὸς ἀρήιος ὤρνυτ᾽ Ἰήσων        350 A
γηθόσυνος, καὶ τοῖα λιλαιομένοις ἀγόρευεν·
Εἰ μὲν δή μοι κῦδος ἐπιτρωπᾶτε μέλεσθαι,
μηκέτ᾽ ἔπειθ᾽, ὡς καὶ πρίν, ἐρητύοιτο κέλευθα.
νῦν γε μὲν ἤδη Φοῖβον ἀρεσσάμενοι θυέεσσιν

δαῖτ᾽ ἐντυνώμεσθα παρασχεδόν. ὄφρα δ᾽ ἴωσιν    355 Α
δμῶες ἐμοὶ σταθμῶν σημάντορες οἷσι μέμηλεν
δεῦρο βόας ἀγέληθεν ἐὺ κρίναντας ἐλάσσαι,
τόφρα κε νῆ᾽ ἐρύσαιμεν ἔσω ἁλός, ὅπλα δὲ πάντα
ἐνθέμενοι πεπάλαχθε κατὰ κληῖδας ἐρετμά·
τείως δ᾽ αὖ καὶ βωμὸν ἐπάκτιον Ἐμβασίοιο    360 Α
θείομεν Ἀπόλλωνος, ὅ μοι χρείων ὑπέδεκτο
σημανέειν δείξειν τε πόρους ἁλός, εἴ κε θυηλαῖς
οὗ ἔθεν ἐξάρχωμαι ἀεθλεύων βασιλῆι.
Ἦ ῥα, καὶ εἰς ἔργον πρῶτος τράπεθ᾽. οἱ δ᾽ ἐπανέσταν
πειθόμενοι· ἀπὸ δ᾽ εἵματ᾽ ἐπήτριμα νηήσαντο    365 Α
λείῳ ἐπὶ πλαταμῶνι, τὸν οὐκ ἐπέβαλλε θάλασσα
κύμασι, χειμερίη δὲ πάλαι ἀποέκλυσεν ἅλμη.
νῆα δ᾽ ἐπικρατέως Ἄργου ὑποθημοσύνησιν
ἔζωσαν πάμπρωτον ἐυστρεφεῖ ἔνδοθεν ὅπλῳ
τεινάμενοι ἑκάτερθεν, ἵν᾽ εὖ ἀραροίατο γόμφοις    370 Α
δούρατα καὶ ῥοθίοιο βίην ἔχοι ἀντιόωσαν.
σκάπτον δ᾽ αἶψα κατ᾽ εὖρος ὅσον περιβάλλεται χῶρος,
ἠδὲ κατὰ πρώειραν ἔσω ἁλὸς ὁσσάτιόν περ
ἑλκομένη χείρεσσιν ἐπιδραμέεσθαι ἔμελλεν,
αἰεὶ δὲ προτέρω χθαμαλώτερον ἐξελάχαινον    375 Α
στείρης· ἐν δ᾽ ὁλκῷ ξεστὰς στορέσαντο φάλαγγας·
τὴν δὲ κατάντη κλῖναν ἐπὶ πρώτῃσι φάλαγξιν,
ὥς κεν ὀλισθαίνουσα δι᾽ αὐτάων φορέοιτο.
ὕψι δ᾽ ἄρ᾽ ἔνθα καὶ ἔνθα μεταστρέψαντες ἐρετμά
πήχυιον προύχοντα περὶ σκαλμοῖσιν ἔδησαν,    380 Α
τῶν δ᾽ ἐπαμοιβαδὶς αὐτοὶ ἐνέσταθεν ἀμφοτέρωθεν
στέρνα θ᾽ ὁμοῦ καὶ χεῖρας ἐπήλασαν. ἐν δ᾽ ἄρα Τῖφυς
βήσαθ᾽, ἵν᾽ ὀτρύνειε νέους κατὰ καιρὸν ἐρύσσαι.
κεκλόμενος δ᾽ ἤυσε μάλα μέγα, τοὶ δὲ παρᾶσσον
ᾧ κράτεϊ βρίσαντες ἰῇ στυφέλιξαν ἐρωῇ    385 Α
νειόθεν ἐξ ἕδρης, ἐπὶ δ᾽ ἐρρώσαντο πόδεσσιν
προπροβιαζόμενοι· ἡ δ᾽ ἔσπετο Πηλιὰς Ἀργώ
ῥίμφα μάλ᾽, οἱ δ᾽ ἑκάτερθεν ἐπίαχον ἀίσσοντες·
αἱ δ᾽ ἄρ᾽ ὑπὸ τρόπιδι στιβαραὶ στενάχοντο φάλαγγες
τριβόμεναι, περὶ δέ σφιν ἀιδνὴ κήκιε λιγνύς    390 Α

βριθοσύνῃ· κατόλισθε δ᾽ ἔσω ἁλός. οἱ δέ μιν αὖθι
ἂψ ἀνασειράζοντες ἔχον προτέρωσε κιοῦσαν·
σκαλμοῖς δ᾽ ἀμφὶς ἐρετμὰ κατήρτυον, ἐν δέ οἱ ἱστόν
λαίφεά τ᾽ εὐποίητα καὶ ἁρμαλιὴν ἐβάλοντο.
Αὐτὰρ ἐπεὶ τὰ ἕκαστα περιφραδέως ἀλέγυναν,          395 A
κληῖδας μὲν πρῶτα πάλῳ διεμοιρήσαντο,
ἄνδρ᾽ ἐντυναμένω δοιὼ μίαν· ἐκ δ᾽ ἄρα μέσσην
ἥρεον Ἡρακλῆι καὶ ἡρώων ἄτερ ἄλλων
Ἀγκαίῳ, Τεγέης ὅς ῥα πτολίεθρον ἔναιεν·
τοῖς μέσσην οἴοισιν ἀπὸ κληῖδα λίποντο          400 A
αὔτως, οὔτι πάλῳ· ἐπὶ δ᾽ ἔτρεπον αἰνήσαντες
Τῖφυν ἐυστείρης οἰήια νηὸς ἔρυσθαι.
Ἔνθεν δ᾽ αὖ λάιγγας ἁλὸς σχεδὸν ὀχλίζοντες,
νήεον αὐτόθι βωμὸν ἐπάκτιον, Ἀπόλλωνος
Ἀκτίου Ἐμβασίοιό τ᾽ ἐπώνυμον· ὦκα δὲ τοίγε          405 A
φιτροὺς ἀζαλέης στόρεσαν καθύπερθεν ἐλαίης.
τείως δ᾽ αὐτ᾽ ἀγέληθεν ἐπιπροέηκαν ἄγοντες
βουκόλοι Αἰσονίδαο δύω βόε· τοὺς δ᾽ ἐρύσαντο
κουρότεροι ἑτάρων βωμοῦ σχεδόν, οἱ δ᾽ ἄρ᾽ ἔπειτα
χέρνιβά τ᾽ οὐλοχύτας τε παρέσχεθον. αὐτὰρ Ἰήσων          410 A
εὔχετο κεκλόμενος πατρώιον Ἀπόλλωνα·
Κλῦθι ἄναξ Παγασάς τε πόλιν τ᾽ Αἰσωνίδα ναίων
ἡμετέροιο τοκῆος ἐπώνυμον, ὅς μοι ὑπέστης
Πυθοῖ χρειομένῳ ἄνυσιν καὶ πεῖραθ᾽ ὁδοῖο
σημανέειν, αὐτὸς γὰρ ἐπαίτιος ἔπλευ ἀέθλων·          415 A
αὐτὸς νῦν ἄγε νῆα σὺν ἀρτεμέεσσιν ἑταίροις
κεῖσέ τε καὶ παλίνορσον ἐς Ἑλλάδα. σοὶ δ᾽ ἂν ὀπίσσω
τόσσων ὅσσοι κεν νοστήσομεν ἀγλαὰ ταύρων
ἱρὰ πάλιν βωμῷ ἐπιθήσομεν, ἄλλα δὲ Πυθοῖ,
ἄλλα δ᾽ ἐς Ὀρτυγίην ἀπερείσια δῶρα κομίσσω·          420 A
νῦν δ᾽ ἴθι, καὶ τήνδ᾽ ἡμιν, Ἑκηβόλε, δέξο θυηλήν,
ἥν τοι τῇσδ᾽ ἐπίβαθρα χάριν προτιθείμεθα νηός
πρωτίστην· λύσαιμι δ᾽, ἄναξ, ἐπ᾽ ἀπήμονι μοίρῃ
πείσματα σὴν διὰ μῆτιν· ἐπιπνεύσειε δ᾽ ἀήτης
μείλιχος, ᾧ κ᾽ ἐπὶ πόντον ἐλευσόμεθ᾽ εὐδιόωντες.          425 A
Ἦ, καὶ ἅμ᾽ εὐχωλῇ προχύτας βάλε. τὼ δ᾽ ἐπὶ βουσίν

ζωσάσθην, Ἀγκαῖος ὑπέρβιος Ἡρακλέης τε·
ἤτοι ὁ μὲν ῥοπάλῳ μέσσον κάρη ἀμφὶ μέτωπα
πλῆξεν, ὁ δ᾽ ἀθρόος αὖθι πεσὼν ἐνερείσατο γαίῃ·
Ἀγκαῖος δ᾽ ἑτέροιο κατὰ πλατὺν αὐχένα κόψας          430 Α
χαλκείῳ πελέκει κρατεροὺς διέκερσε τένοντας,
ἤριπε δ᾽ ἀμφοτέροισι περιρρηδὴς κεράεσσιν.
τοὺς δ᾽ ἕταροι σφάξαν τε θοῶς δεῖράν τε βοείας,
κόπτον δαίτρευόν τε καὶ ἱερὰ μῆρ᾽ ἐτάμοντο,
κὰδ δ᾽ ἄμυδις τάγε πάντα καλύψαντες πύκα δημῷ          435 Α
καῖον ἐπὶ σχίζῃσιν· ὁ δ᾽ ἀκρήτους χέε λοιβάς
Αἰσονίδης. γήθει δὲ σέλας θηεύμενος Ἴδμων
πάντοσε λαμπόμενον θυέων ἄπο, τοῖό τε λιγνύν
πορφυρέαις ἑλίκεσσιν ἐναίσιμον ἀίσσουσαν·
αἶψα δ᾽ ἀπηλεγέως νόον ἔκφατο Λητοΐδαο·          440 Α
Ὑμῖν μὲν δὴ μοῖρα θεῶν χρειώ τε περῆσαι
ἐνθάδε κῶας ἄγοντας, ἀπειρέσιοι δ᾽ ἐνὶ μέσσῳ
κεῖσέ τε δεῦρό τ᾽ ἔασιν ἀνερχομένοισιν ἄεθλοι·
αὐτὰρ ἐμοὶ θανέειν στυγερῇ ὑπὸ δαίμονος αἴσῃ
τηλόθι που πέπρωται ἐπ᾽ Ἀσίδος ἠπείροιο.          445 Α
ὧδε κακοῖς δεδαὼς ἔτι καὶ πάρος οἰωνοῖσιν
πότμον ἐμόν, πάτρης ἐξήιον, ὄφρ᾽ ἐπιβαίην
νηός, εὐκλείη δὲ δόμοις ἐπιβάντι λίπηται.
Ὣς ἄρ᾽ ἔφη· κοῦροι δὲ θεοπροπίης ἀίοντες
νόστῳ μὲν γήθησαν, ἄχος δ᾽ ἕλεν Ἴδμονος αἴσῃ.          450 Α
ἦμος δ᾽ ἥλιος σταθερὸν παραμείβεται ἦμαρ,
αἱ δὲ νέον σκοπέλοισιν ὕπο σκιόωνται ἄρουραι,
δειελινὸν κλίνοντος ὑπὸ ζόφον ἠελίοιο,
τῆμος ἄρ᾽ ἤδη πάντες ἐπὶ ψαμάθοισι βαθεῖαν
φυλλάδα χευάμενοι πολιοῦ πρόπαρ αἰγιαλοῖο          455 Λ
κέκλινθ᾽ ἑξείης· παρὰ δέ σφισι μυρί᾽ ἔκειτο
εἴδατα καὶ μέθυ λαρόν, ἀφυσσαμένων προχόοισιν
οἰνοχόων. μετέπειτα δ᾽ ἀμοιβαδὶς ἀλλήλοισιν
μυθεῦνθ᾽ οἷά τε πολλὰ νέοι παρὰ δαιτὶ καὶ οἴνῳ
τερπνῶς ἐψιόωνται, ὅτ᾽ ἄατος ὕβρις ἀπείη.          460 Α
ἔνθ᾽ αὖτ᾽ Αἰσονίδης μὲν ἀμήχανος εἰν ἑοῖ αὐτῷ
πορφύρεσκεν ἕκαστα, κατηφιόωντι ἐοικώς·

τὸν δ᾽ ἄρ᾽ ὑποφρασθεὶς μεγάλῃ ὀπὶ νείκεσεν Ἴδας·
Αἰσονίδη, τίνα τήνδε μετὰ φρεσὶ μῆτιν ἑλίσσεις;
αὖδα ἐνὶ μέσσοισι τεὸν νόον. ἦέ σε δαμνᾷ    465 A
τάρβος ἐπιπλόμενον, τό τ᾽ ἀνάλκιδας ἄνδρας ἀτύζει;
ἴστω νῦν δόρυ θοῦρον, ὅτῳ περιώσιον ἄλλων
κῦδος ἐνὶ πτολέμοισιν ἀείρομαι, οὐδέ μ᾽ ὀφέλλει
Ζεὺς τόσον ὁσσάτιόν περ ἐμὸν δόρυ, μή νύ τι πῆμα
λοίγιον ἔσσεσθαι μηδ᾽ ἀκράαντον ἄεθλον    470 A
Ἴδεω γ᾽ ἑσπομένοιο, καὶ εἰ θεὸς ἀντιόῳτο·
τοῖόν μ᾽ Ἀρήνηθεν ἀοσσητῆρα κομίζεις.
Ἦ, καὶ ἐπισχόμενος πλεῖον δέπας ἀμφοτέρῃσι
πῖνε χαλίκρητον λαρὸν μέθυ, δεύετο δ᾽ οἴνῳ
χείλεα κυάνεαί τε γενειάδες. οἱ δ᾽ ὁμάδησαν    475 A
πάντες ὁμῶς, Ἴδμων δὲ καὶ ἀμφαδίην ἀγόρευσεν·
Δαιμόνιε, φρονέεις ὀλοφώια καὶ πάρος αὐτῷ,
ἦέ τοι εἰς ἄτην ζωρὸν μέθυ θαρσαλέον κῆρ
οἰδάνει ἐν στήθεσσι, θεοὺς δ᾽ ἀνέηκεν ἀτίζειν;
ἄλλοι μῦθοι ἔασι παρήγοροι οἷσί περ ἀνήρ    480 A
θαρσύνοι ἕταρον· σὺ δ᾽ ἀτάσθαλα πάμπαν ἔειπας.
τοῖα φάτις καὶ τοὺς πρὶν ἐπιφλύειν μακάρεσσιν
υἷας Ἀλωιάδας, οἷς οὐδ᾽ ὅσον ἰσοφαρίζεις
ἠνορέην, ἔμπης δὲ θοοῖς ἐδάμησαν ὀιστοῖς
ἄμφω Λητοΐδαο, καὶ ἴφθιμοί περ ἐόντες.    485 A
Ὣς ἔφατ᾽· ἐκ δ᾽ ἐγέλασσεν ἄδην Ἀφαρήιος Ἴδας,
καί μιν ἐπιλλίζων ἠμείβετο κερτομίοισιν·
Ἄγρει νυν τόδε σῇσι θεοπροπίῃσιν ἐνίσπες,
εἰ καὶ ἐμοὶ τοιόνδε θεοὶ τελέουσιν ὄλεθρον
οἷον Ἀλωιάδῃσι πατὴρ τεὸς ἐγγυάλιξε·    490 A
φράζεο δ᾽ ὅππως χεῖρας ἐμὰς σόος ἐξαλέαιο,
χρειὼ θεσπίζων μεταμώνιον εἴ κεν ἁλῴης.
Χώετ᾽ ἐνιπτάζων· προτέρω δέ κε νεῖκος ἐτύχθη,
εἰ μὴ δηριόωντας ὁμοκλήσαντες ἑταῖροι
αὐτός τ᾽ Αἰσονίδης κατερήτυεν· ἂν δὲ καὶ Ὀρφεύς,    495 A
λαιῇ ἀνασχόμενος κίθαριν, πείραζεν ἀοιδῆς.
Ἤειδεν δ᾽ ὡς γαῖα καὶ οὐρανὸς ἠδὲ θάλασσα,
τὸ πρὶν ἔτ᾽ ἀλλήλοισι μιῇ συναρηρότα μορφῇ,

νείκεος ἐξ ὀλοοῖο διέκριθεν ἀμφὶς ἕκαστα·
ἠδ᾽ ὡς ἔμπεδον αἰὲν ἐν αἰθέρι τέκμαρ ἔχουσιν       500 A
ἄστρα, σεληναίης τε καὶ ἠελίοιο κέλευθοι·
οὐρεά θ᾽ ὡς ἀνέτειλε, καὶ ὡς ποταμοὶ κελάδοντες
αὐτῇσιν νύμφῃσι καὶ ἑρπετὰ πάντ᾽ ἐγένοντο.
ἤειδεν δ᾽ ὡς πρῶτον Ὀφίων Εὐρυνόμη τε
Ὠκεανὶς νιφόεντος ἔχον κράτος Οὐλύμποιο·       505 A
ὥς τε βίῃ καὶ χερσὶν ὁ μὲν Κρόνῳ εἴκαθε τιμῆς,
ἡ δὲ Ῥέῃ, ἔπεσον δ᾽ ἐνὶ κύμασιν Ὠκεανοῖο·
οἱ δὲ τέως μακάρεσσι θεοῖς Τιτῆσιν ἄνασσον,
ὄφρα Ζεὺς ἔτι κοῦρος, ἔτι φρεσὶ νήπια εἰδώς,
Δικταῖον ναίεσκεν ὑπὸ σπέος, οἱ δέ μιν οὔπω       510 A
γηγενέες Κύκλωπες ἐκαρτύναντο κεραυνῷ,
βροντῇ τε στεροπῇ τε· τὰ γὰρ Διὶ κῦδος ὀπάζει.
Ἦ, καὶ ὁ μὲν φόρμιγγα σὺν ἀμβροσίῃ σχέθεν αὐδῇ·
τοὶ δ᾽ ἄμοτον λήξαντος ἔτι προύχοντο κάρηνα,
πάντες ὁμῶς ὀρθοῖσιν ἐπ᾽ οὔασιν ἠρεμέοντες       515 A
κηληθμῷ· τοῖόν σφιν ἐνέλλιπε θέλκτρον ἀοιδῆς.
οὐδ᾽ ἐπὶ δὴν μετέπειτα κερασσάμενοι Διὶ λοιβάς,
ἦ θέμις, ἑστηῶτες ἐπὶ γλώσσῃσι χέοντο
αἰθομέναις, ὕπνου δὲ διὰ κνέφας ἐμνώοντο.
Αὐτὰρ ὅτ᾽ αἰγλήεσσα φαεινοῖς ὄμμασιν Ἠώς       520 A
Πηλίου αἰπεινὰς ἴδεν ἄκριας, ἐκ δ᾽ ἀνέμοιο
εὔδιοι ἐκλύζοντο τινασσομένης ἁλὸς ἀκταί,
δὴ τότ᾽ ἀνέγρετο Τῖφυς, ἄφαρ δ᾽ ὀρόθυνεν ἑταίρους
βαινέμεναί τ᾽ ἐπὶ νῆα καὶ ἀρτύνασθαι ἐρετμά.
σμερδαλέον δὲ λιμὴν Παγασήιος ἠδὲ καὶ αὐτή       525 A
Πηλιὰς ἴαχεν Ἀργὼ ἐπισπέρχουσα νέεσθαι·
ἐν γὰρ οἱ δόρυ θεῖον ἐλήλατο, τό ῥ᾽ ἀνὰ μέσσην
στεῖραν Ἀθηναίη Δωδωνίδος ἥρμοσε φηγοῦ.
οἱ δ᾽ ἀνὰ σέλματα βάντες ἐπισχερὼ ἀλλήλοισιν,
ὡς ἐδάσαντο πάροιθεν ἐρεσσέμεν, ᾧ ἐνὶ χώρῳ       530 A
εὐκόσμως σφετέροισι παρ᾽ ἔντεσιν ἑδριόωντο·
μέσσῳ δ᾽ Ἀγκαῖος μέγα τε σθένος Ἡρακλῆος
ἵζανον, ἄγχι δέ οἱ ῥόπαλον θέτο· καί οἱ ἔνερθε
ποσσὶν ὑπεκλύσθη νηὸς τρόπις. εἵλκετο δ᾽ ἤδη

19

πείσματα καὶ μέθυ λεῖβον ὕπερθ᾽ ἁλός, αὐτὰρ Ἰήσων    535 A
δακρυόεις γαίης ἀπὸ πατρίδος ὄμματ᾽ ἔνεικεν.
οἱ δ᾽, ὥστ᾽ ἠίθεοι Φοίβῳ χορὸν ἢ ἐνὶ Πυθοῖ
ἤ που ἐν Ὀρτυγίῃ ἢ ἐφ᾽ ὕδασιν Ἰσμηνοῖο
στησάμενοι, φόρμιγγος ὑπαὶ περὶ βωμὸν ὁμαρτῇ
ἐμμελέως κραιπνοῖσι πέδον ῥήσσωσι πόδεσσιν -    540 A
ὣς οἱ ὑπ᾽ Ὀρφῆος κιθάρῃ πέπληγον ἐρετμοῖς
πόντου λάβρον ὕδωρ, ἐπὶ δὲ ῥόθια κλύζοντο·
ἀφρῷ δ᾽ ἔνθα καὶ ἔνθα κελαινὴ κήκιεν ἅλμη
δεινὸν μορμύρουσα περισθενέων μένει ἀνδρῶν,
στράπτε δ᾽ ὑπ᾽ ἠελίῳ φλογὶ εἴκελα νηὸς ἰούσης    545 A
τεύχεα· μακραὶ δ᾽ αἰὲν ἐλευκαίνοντο κέλευθοι,
ἀτραπὸς ὣς χλοεροῖο διειδομένη πεδίοιο.
πάντες δ᾽ οὐρανόθεν λεῦσσον θεοὶ ἤματι κείνῳ
νῆα καὶ ἡμιθέων ἀνδρῶν γένος, οἳ τότ᾽ ἄριστοι
πόντον ἐπιπλώεσκον· ἐπ᾽ ἀκροτάτῃσι δὲ νύμφαι    550 A
Πηλιάδες σκοπιῇσιν ἐθάμβεον, εἰσορόωσαι
ἔργον Ἀθηναίης Ἰτωνίδος ἠδὲ καὶ αὐτούς
ἥρωας χείρεσσιν ἐπικραδάοντας ἐρετμά·
αὐτὰρ ὅγ᾽ ἐξ ὑπάτου ὄρεος κίεν ἄγχι θαλάσσης
Χείρων Φιλλυρίδης, πολιῇ δ᾽ ἐπὶ κύματος ἀγῇ    555 A
τέγγε πόδας, καὶ πολλὰ βαρείῃ χειρὶ κελεύων
νόστον ἐπευφήμησεν ἀπηρέα νισσομένοισιν·
σὺν καί οἱ παράκοιτις, ἐπωλένιον φορέουσα
Πηλεΐδην Ἀχιλῆα, φίλῳ δειδίσκετο πατρί.
Οἱ δ᾽ ὅτε δὴ λιμένος περιηγέα κάλλιπον ἀκτήν    560 A
φραδμοσύνῃ μήτι τε δαΐφρονος Ἀγνιάδαο
Τίφυος, ὅς ῥ᾽ ἐνὶ χερσὶν ἐύξοα τεχνηέντως
πηδάλι᾽ ἀμφιέπεσκ᾽, ὄφρ᾽ ἔμπεδον ἐξιθύνοι,
δή ῥα τότε μέγαν ἱστὸν ἐνεστήσαντο μεσόδμῃ,
δῆσαν δὲ προτόνοισι, τανυσσάμενοι ἑκάτερθεν·    565 A
κὰδ δ᾽ αὐτοῦ λίνα χεῦαν, ἐπ᾽ ἠλακάτην ἐρύσαντες,
ἐν δὲ λιγὺς πέσεν οὖρος· ἐπ᾽ ἰκριόφιν δὲ κάλωας
ξεστῇσιν περόνῃσι διακριδὸν ἀμφιβαλόντες
Τισαίην εὔκηλοι ὑπὲρ δολιχὴν θέον ἄκρην.
τοῖσι δὲ φορμίζων εὐθήμονι μέλπεν ἀοιδῇ    570 A

Οἰάγροιο πάις Νηοσσόον εὐπατέρειαν
Ἄρτεμιν, ἣ κείνας σκοπιὰς ἁλὸς ἀμφιέπεσκεν
ῥυομένη καὶ γαῖαν Ἰωλκίδα. τοὶ δὲ βαθείης
ἰχθύες ἀίσσοντες ὕπερθ᾽ ἁλός, ἄμμιγα παύροις
ἄπλετοι, ὑγρὰ κέλευθα διασκαίροντες ἕποντο·      575 A
ὡς δ᾽ ὁπότ᾽ ἀγραύλοιο μετ᾽ ἴχνια σημαντῆρος
μυρία μῆλ᾽ ἐφέπονται ἄδην κεκορημένα ποίης
εἰς αὖλιν, ὁ δέ τ᾽ εἶσι πάρος, σύριγγι λιγείῃ
καλὰ μελιζόμενος νόμιον μέλος - ὡς ἄρα τοίγε
ὡμάρτευν· τὴν δ᾽ αἰὲν ἐπασσύτερος φέρεν οὖρος.      580 A
Αὐτίκα δ᾽ ἠερίη πολυλήιος αἶα Πελασγῶν
δύετο, Πηλιάδας δὲ παρεξήμειβον ἐρίπνας,
αἰὲν ἐπιπροθέοντες, ἔδυνε δὲ Σηπιὰς ἄκρη·
φαίνετο δ᾽ εἰναλίη Σκίαθος, φαίνοντο δ᾽ ἄπωθεν
Πειρεσιαὶ Μάγνησσά θ᾽ ὑπεύδιος ἠπείροιο      585 A
ἀκτὴ καὶ τύμβος Δολοπήιος. ἔνθ᾽ ἄρα τοίγε
ἑσπέριοι ἀνέμοιο παλιμπνοίῃσιν ἔκελσαν·
καί μιν κυδαίνοντες ὑπὸ κνέφας ἔντομα μήλων
κεῖαν ὀρινομένης ἁλὸς οἴδματι, διπλόα δ᾽ ἀκταῖς
ἤματ᾽ ἐλινύεσκον. ἀτὰρ τριτάτῳ προέηκαν      590 A
νῆα, τανυσσάμενοι περιώσιον ὑψόθι λαῖφος·
τὴν δ᾽ ἀκτὴν Ἀφέτας Ἀργοῦς ἔτι κικλήσκουσιν.
Ἔνθεν δὲ προτέρωσε παρεξέθεον Μελίβοιαν,
ἀκτήν τ᾽ αἰγιαλόν τε δυσήνεμον εἰσορόωντες·
ἠῶθεν δ᾽ Ὁμόλην αὐτοσχεδὸν εἰσορόωντες      595 A
πόντῳ κεκλιμένην παρεμέτρεον. οὐδ᾽ ἔτι δηρόν
μέλλον ὑπὲκ ποταμοῖο βαλεῖν Ἀμύροιο ῥέεθρα·
κεῖθεν δ᾽ Εὐρυμένας τε πολυκλύστους τε φάραγγας
Ὄσσης Οὐλύμποιό τ᾽ ἐσέδρακον, αὐτὰρ ἔπειτα
κλίτεα Παλλήναια, Καναστραίην ὑπὲρ ἄκρην,      600 A
ἤνυσαν, ἐννύχιοι πνοιῇ ἀνέμοιο θέοντες.
ἦρι δὲ νισσομένοισιν Ἄθω ἀνέτειλε κολώνη
Θρηικίη, ἣ τόσσον ἀπόπροθι Λῆμνον ἐοῦσαν
ὅσσον ἐς ἐνδίον κεν εὔστολος ὁλκὰς ἀνύσσαι,
ἀκροτάτῃ κορυφῇ σκιάει καὶ ἐσάχρι Μυρίνης.      605 A
τοῖσιν δ᾽ αὐτῆμαρ μὲν ἄεν καὶ ἐπὶ κνέφας οὖρος

πάγχυ μάλ᾽ ἀκραής, τετάνυστο δὲ λαίφεα νηός·
αὐτὰρ ἄμ᾽ ἠελίοιο βολαῖς ἀνέμοιο λιπόντος,
εἰρεσίῃ κραναὴν Σιντηίδα νῆσον ἵκοντο.
Ἔνθ᾽ ἄμυδις πᾶς δῆμος ὑπερβασίῃσι γυναικῶν     610 A
νηλειῶς δέδμητο παροιχομένῳ λυκάβαντι.
δὴ γὰρ κουριδίας μὲν ἀπηνήναντο γυναῖκας
ἀνέρες ἐχθήραντες, ἔχον δ᾽ ἐπὶ ληιάδεσσι
τρηχὺν ἔρον, ἃς αὐτοὶ ἀγίνεον ἀντιπέρηθεν
Θρηικίην δῃοῦντες· ἐπεὶ χόλος αἰνὸς ὄπαζε     615 A
Κύπριδος, οὕνεκά μιν γεράων ἐπὶ δηρὸν ἄτισσαν.
ὢ μέλεαι ζήλοιό τ᾽ ἐπισμυγερῶς ἀκόρητοι·
οὐκ οἶον σὺν τῇσιν ἑοὺς ἔρραισαν ἀκοίτας
ἀμφ᾽ εὐνῇ, πᾶν δ᾽ ἄρσεν ὁμοῦ γένος, ὥς κεν ὀπίσσω
μή τινα λευγαλέοιο φόνου τείσειαν ἀμοιβήν.     620 A
οἴη δ᾽ ἐκ πασέων γεραροῦ περιφείσατο πατρός
Ὑψιπύλεια Θόαντος, ὃ δὴ κατὰ δῆμον ἄνασσε,
λάρνακι δ᾽ ἐν κοίλῃ μιν ὕπερθ᾽ ἁλὸς ἧκε φέρεσθαι,
αἴ κε φύγῃ. καὶ τὸν μὲν ἐς Οἰνοίην ἐρύσαντο
πρόσθεν, ἀτὰρ Σίκινόν γε μεθύστερον αὐδηθεῖσαν     625 A
νῆσον ἐπακτῆρες Σικίνου ἄπο, τόν ῥα Θόαντι
νηιὰς Οἰνοίη νύμφη τέκεν εὐνηθεῖσα·
τῇσι δὲ βουκόλιαί τε βοῶν χάλκειά τε δύνειν
τεύχεα πυροφόρους τε διατμήξασθαι ἀρούρας
ῥηίτερον πάσῃσιν Ἀθηναίης πέλεν ἔργων,     630 A
οἷς αἰεὶ τὸ πάροιθεν ὁμίλεον. ἀλλὰ γὰρ ἔμπης
ἦ θαμὰ δὴ πάπταινον ἐπὶ πλατὺν ὄμμασι πόντον
δείματι λευγαλέῳ ὁπότε Θρήικες ἴασι·
τῶ καὶ ὅτ᾽ ἐγγύθι νήσου ἐρεσσομένην ἴδον Ἀργώ,
αὐτίκα πασσυδίῃ πυλέων ἔκτοσθε Μυρίνης     635 A
δήια τεύχεα δῦσαι ἐς αἰγιαλὸν προχέοντο,
Θυιάσιν ὠμοβόροις ἴκελαι, φὰν γάρ που ἱκάνειν
Θρήικας· ἡ δ᾽ ἅμα τῇσι Θοαντιὰς Ὑψιπύλεια
δῦν᾽ ἐνὶ τεύχεσι πατρός. ἀμηχανίῃ δ᾽ ἔσχοντο
ἄφθογγοι, τοῖόν σφιν ἐπὶ δέος ἠωρεῖτο.     640 A
Τείως δ᾽ αὖτ᾽ ἐκ νηὸς ἀριστῆες προέηκαν
Αἰθαλίδην κήρυκα θοόν, τῷπέρ τε μέλεσθαι

ἀγγελίας καὶ σκῆπτρον ἐπέτραπον Ἑρμείαο
σφωιτέροιο τοκῆος, ὅ οἱ μνῆστιν πόρε πάντων
ἄφθιτον· οὐδ᾽ ἔτι νῦν περ ἀποιχομένου Ἀχέροντος     645 A
δίνας ἀπροφάτους ψυχὴν ἐπιδέδρομε λήθη·
ἀλλ᾽ ἥγ᾽ ἔμπεδον αἰὲν ἀμειβομένη μεμόρηται,
ἄλλοθ᾽ ὑποχθονίοις ἐναρίθμιος, ἄλλοτ᾽ ἐς αὐγάς
ἠελίου ζωοῖσι μετ᾽ ἀνδράσιν - ἀλλὰ τί μύθους
Αἰθαλίδεω χρειώ με διηνεκέως ἀγορεύειν;     650 A
ὅς ῥα τόθ᾽ Ὑψιπύλην μειλίξατο δέχθαι ἰόντας
ἤματος ἀνομένοιο διὰ κνέφας. οὐδὲ μὲν ἠοῖ
πείσματα νηὸς ἔλυσαν ἐπὶ πνοιῇ βορέαο.
Λημνιάδες δὲ γυναῖκες ἀνὰ πτόλιν ἷζον ἰοῦσαι
εἰς ἀγορήν, αὐτὴ γὰρ ἐπέφραδεν Ὑψιπύλεια.     655 A
καί ῥ᾽ ὅτε δὴ μάλα πᾶσαι ὁμιλαδὸν ἠγερέθοντο,
αὐτίκ᾽ ἄρ᾽ ἥγ᾽ ἐνὶ τῇσιν ἐποτρύνουσ᾽ ἀγόρευεν·
Ὦ φίλαι, εἰ δ᾽ ἄγε δὴ μενοεικέα δῶρα πόρωμεν
ἀνδράσιν, οἷά τ᾽ ἔοικεν ἄγειν ἐπὶ νηὸς ἔχοντας,
ἤια καὶ μέθυ λαρόν, ἵν᾽ ἔμπεδον ἔκτοθι πύργων     660 A
μίμνοιεν, μηδ᾽ ἄμμε κατὰ χρειὼ μεθέποντες
ἀτρεκέως γνώωσι, κακὴ δ᾽ ἐπὶ πολλὸν ἵκηται
βάξις, ἐπεὶ μέγα ἔργον ἐρέξαμεν· οὐδέ τι πάμπαν
θυμηδὲς καὶ τοῖσι τόγ᾽ ἔσσεται εἴ κε δαεῖεν.
ἡμετέρη μὲν νῦν τοίη παρενήνοθε μῆτις·     665 A
ὑμέων δ᾽ εἴ τις ἄρειον ἔπος μητίσεται ἄλλη,
εἰρέσθω· τοῦ γάρ τε καὶ εἵνεκα δεῦρο κάλεσσα.
Ὣς ἄρ᾽ ἔφη, καὶ θῶκον ἐφίζανε πατρὸς ἑοῖο
λάινον. αὐτὰρ ἔπειτα φίλη τροφὸς ὦρτο Πολυξώ.
γήραϊ δὴ ῥικνοῖσιν ἐπισκάζουσα πόδεσσιν,     670 A
βάκτρῳ ἐρειδομένη, πέρι δὲ μενέαιν᾽ ἀγορεῦσαι·
τῇ καὶ παρθενικαὶ πίσυρες σχεδὸν ἑδριόωντο
ἀδμῆτες, λευκῇσιν ἐπιχνοάουσαι ἐθείραις.
στῆ δ᾽ ἄρ᾽ ἐνὶ μέσσῃ ἀγορῇ, ἀνὰ δ᾽ ἔσχεθε δειρήν
ἧκα μόλις κυφοῖο μεταφρένου, ὧδέ τ᾽ ἔειπεν·     675 A
Δῶρα μέν, ὡς αὐτή περ ἐφανδάνει Ὑψιπυλείῃ,
πέμπωμεν ξείνοισιν, ἐπεὶ καὶ ἄρειον ὀπάσσαι·
ὕμμι γε μὴν τίς μῆτις ἐπαυρέσθαι βιότοιο,

αἴ κεν ἐπιβρίσῃ Θρήιξ στρατὸς ἠέ τις ἄλλος
δυσμενέων, ἅ τε πολλὰ μετ᾽ ἀνθρώποισι πέλονται,     680 A
ὡς καὶ νῦν ὅδ᾽ ὅμιλος ἀνωίστως ἐφικάνει;
εἰ δὲ τὸ μὲν μακάρων τις ἀποτρέποι, ἄλλα δ᾽ ὀπίσσω
μυρία δηιοτῆτος ὑπέρτερα πήματα μίμνει.
εὖτ᾽ ἂν δὴ γεραραὶ μὲν ἀποφθινύθωσι γυναῖκες,
κουρότεραι δ᾽ ἄγονοι στυγερὸν ποτὶ γῆρας ἵκησθε,     685 A
πῶς τῆμος βώσεσθε, δυσάμμοροι; ἠὲ βαθείαις
αὐτόματοι βόες ὕμμιν ἐνιζευχθέντες ἀρούραις
γειοτόμον νειοῖο διειρύσσουσιν ἄροτρον,
καὶ πρόκα τελλομένου ἔτεος στάχυν ἀμήσονται;
ἦ μὲν ἐγών, εἰ καί με τὰ νῦν ἔτι πεφρίκασιν     690 A
Κῆρες, ἐπερχόμενόν που ὀίομαι εἰς ἔτος ἤδη
γαῖαν ἐφέσσεσθαι, κτερέων ἀπὸ μοῖραν ἑλοῦσα
αὔτως ᾗ θέμις ἐστί, πάρος κακότητι πελάσσαι·
ὁπλοτέρῃσι δὲ πάγχυ τάδε φράζεσθαι ἄνωγα.
νῦν γὰρ δὴ παρὰ ποσσὶν ἐπήβολός ἐστ᾽ ἀλεωρή,     695 A
εἴ κεν ἐπιτρέψητε δόμους καὶ ληίδα πᾶσαν
ὑμετέρην ξείνοισι καὶ ἀγλαὸν ἄστυ μέλεσθαι.
Ὣς ἔφατ᾽· ἐν δ᾽ ἀγορῇ πλῆτο θρόου, εὖαδε γάρ σφι
μῦθος· ἀτὰρ μετὰ τήνγε παρασχεδὸν αὖτις ἀνῶρτο
Ὑψιπύλη, καὶ τοῖον ὑποβλήδην ἔπος ηὔδα·     700 A
Εἰ μὲν δὴ πάσῃσιν ἐφανδάνει ἥδε μενοινή,
ἤδη κεν μετὰ νῆα καὶ ἄγγελον ὀτρύναιμι.
Ἦ ῥα, καὶ ἀμφίπολον μετεφώνεεν ἆσσον ἐοῦσαν·
Ὄρσο μοι, Ἰφινόη, τοῦδ᾽ ἀνέρος ἀντιόωσα
ἡμετέρονδε μολεῖν ὅστις στόλου ἡγεμονεύει,     705 A
ὄφρα τί οἱ δήμοιο ἔπος θυμηδὲς ἐνίσπω·
καὶ δ᾽ αὐτοὺς γαίης τε καὶ ἄστεος, αἴ κ᾽ ἐθέλωσι,
κέκλεο θαρσαλέως ἐπιβαινέμεν εὐμενέοντας.
Ἦ, καὶ ἔλυσ᾽ ἀγορήν· μετὰ δ᾽ εἰς ἑὸν ὦρτο νέεσθαι.
ὣς δὲ καὶ Ἰφινόη Μινύας ἵκεθ᾽· οἱ δ᾽ ἐρέεινον     710 A
χρεῖος ὅ τι φρονέουσα μετήλυθεν. ὦκα δὲ τούσγε
πασσυδίῃ μύθοισι προσέννεπεν ἐξερέοντας·
Κούρη τοί μ᾽ ἐφέηκε Θοαντιὰς ἐνθάδ᾽ ἰοῦσαν
Ὑψιπύλη καλέειν νηὸς πρόμον ὅστις ὄρωρεν,

ὄφρα τί οἱ δήμοιο ἔπος θυμηδὲς ἐνίσπῃ·   715 A
καὶ δ᾽ αὐτοὺς γαίης τε καὶ ἄστεος, αἴ κ᾽ ἐθέλητε,
κέκλεται αὐτίκα νῦν ἐπιβαινέμεν εὐμενέοντας.
Ὣς ἄρ᾽ ἔφη, πάντεσσι δ᾽ ἐναίσιμος ἥνδανε μῦθος·
Ὑψιπύλην δ᾽ εἴσαντο καταφθιμένοιο Θόαντος
τηλυγέτην γεγαυῖαν ἀνασσέμεν. ὦκα δὲ τόνγε   720 A
πέμπον ἴμεν, καὶ δ᾽ αὐτοὶ ἐπεντύνοντο νέεσθαι.
Αὐτὰρ ὅγ᾽ ἀμφ᾽ ὤμοισι, θεᾶς Ἰτωνίδος ἔργον,
δίπλακα πορφυρέην περονήσατο, τήν οἱ ὄπασσε
Παλλάς, ὅτε πρῶτον δρυόχους ἐπεβάλλετο νηός
Ἀργοῦς, καὶ κανόνεσσι δάε ζυγὰ μετρήσασθαι.   725 A
τῆς μὲν ῥηίτερόν κεν ἐς ἠέλιον ἀνιόντα
ὄσσε βάλοις ἢ κεῖνο μεταβλέψειας ἔρευθος·
δὴ γάρ τοι μέσση μὲν ἐρευθήεσσα τέτυκτο·
ἄκρα δὲ πορφυρέη πάντη πέλεν, ἐν δ᾽ ἄρ᾽ ἑκάστῳ
τέρματι δαίδαλα πολλὰ διακριδὸν εὖ ἐπέπαστο.   730 A
Ἐν μὲν ἔσαν Κύκλωπες ἐπ᾽ ἀφθίτῳ ἡμμένοι ἔργῳ,
Ζηνὶ κεραυνὸν ἄνακτι πονεύμενοι· ὃς τόσον ἤδη
παμφαίνων ἐτέτυκτο, μιῆς δ᾽ ἔτι δεύετο μοῦνον
ἀκτῖνος· τὴν οἵγε σιδηρείης ἐλάασκον
σφύρῃσιν, μαλεροῖο πυρὸς ζείουσαν ἀυτμήν.   735 A
Ἐν δ᾽ ἔσαν Ἀντιόπης Ἀσωπίδος υἱέε δοιώ,
Ἀμφίων καὶ Ζῆθος, ἀπύργωτος δ᾽ ἔτι Θήβη
κεῖτο πέλας· τῆς οἵγε νέον βάλλοντο δομαίους
ἱέμενοι· Ζῆθος μὲν ἐπωμαδὸν ἠέρταζεν
οὔρεος ἠλιβάτοιο κάρη, μογέοντι ἐοικώς·   740 A
Ἀμφίων δ᾽ ἐπὶ οἷ χρυσέῃ φόρμιγγι λιγαίνων
ἤιε, δὶς τόσση δὲ μετ᾽ ἴχνια νίσσετο πέτρη.
Ἑξείης δ᾽ ἤσκητο βαθυπλόκαμος Κυθέρεια
Ἄρεος ὀχμάζουσα θοὸν σάκος, ἐκ δέ οἱ ὤμου
πῆχυν ἔπι σκαιὸν ξυνοχῇ κεχάλαστο χιτῶνος   745 A
νέρθε παρὲκ μαζοῖο· τὸ δ᾽ ἀντίον ἀτρεκὲς αὔτως
χαλκείῃ δείκηλον ἐν ἀσπίδι φαίνετ᾽ ἰδέσθαι.
Ἐν δὲ βοῶν ἔσκεν λάσιος νομός, ἀμφὶ δὲ τῇσιν
Τηλεβόαι μάρναντο καὶ υἱέες Ἠλεκτρύωνος,
οἱ μὲν ἀμυνόμενοι, ἀτὰρ οἵγ᾽ ἐθέλοντες ἀμέρσαι,   750 A

λησταὶ Τάφιοι· τῶν δ᾽ αἵματι δεύετο λειμών
ἑρσήεις, πολέες δ᾽ ὀλίγους βιόωντο νομῆας.
Ἐν δὲ δύω δίφροι πεπονήατο δηριόωντε·
καὶ τοῦ μὲν προπάροιθε Πέλοψ ἴθυνε τινάσσων
ἡνία, σὺν δέ οἱ ἔσκε παραιβάτις Ἱπποδάμεια·     755 A
τοῦ δὲ μεταδρομάδην ἐπὶ Μυρτίλος ἤλαεν ἵππους,
σὺν τῷ δ᾽ Οἰνόμαος, προτενὲς δόρυ χειρὶ μεμαρπώς,
ἄξονος ἐν πλήμνῃσι παρακλιδὸν ἀγνυμένοιο
πῖπτεν, ἐπεσσύμενος Πελοπήια νῶτα δαΐξαι.
Ἐν καὶ Ἀπόλλων Φοῖβος ὀιστεύων ἐτέτυκτο,     760 A
βούπαις, οὔπω πολλός, ἑὴν ἐρύοντα καλύπτρης
μητέρα θαρσαλέως Τιτυὸν μέγαν, ὅν ῥ᾽ ἔτεκέν γε
δῖ᾽ Ἐλάρη, θρέψεν δὲ καὶ ἂψ ἐλοχεύσατο Γαῖα.
Ἐν καὶ Φρίξος ἔην Μινυήιος, ὡς ἐτεόν περ
εἰσαΐων κριοῦ, ὁ δ᾽ ἄρ᾽ ἐξενέποντι ἐοικώς.     765 A
κείνους κ᾽ εἰσορόων ἀκέοις ψεύδοιό τε θυμόν,
ἐλπόμενος πυκινήν τιν᾽ ἀπὸ σφείων ἐσακοῦσαι
βάξιν, ὃ καὶ δηρὸν περιπορπίδα θηήσαιο.
Τοῖ᾽ ἄρα δῶρα θεᾶς Ἰτωνίδος ἦεν Ἀθήνης·
δεξιτερῇ δ᾽ ἔλεν ἔγχος ἑκηβόλον, ὅ ῥ᾽ Ἀταλάντη     770 A
Μαινάλῳ ἔν ποτέ οἱ ξεινήιον ἐγγυάλιξε,
πρόφρων ἀντομένη, πέρι γὰρ μενέαινεν ἕπεσθαι
τὴν ὁδόν· ἀλλ᾽, ὅσον αὐτὸς ἑκών, ἀπερήτυε κούρην,
δεῖσε γὰρ ἀργαλέας ἔριδας φιλότητος ἕκητι.
Βῆ δ᾽ ἴμεναι προτὶ ἄστυ, φαεινῷ ἀστέρι ἶσος,     775 A
ὅν ῥά τε νηγατέῃσιν ἐεργόμεναι καλύβῃσιν
νύμφαι θηήσαντο δόμων ὕπερ ἀντέλλοντα,
καί σφισι κυανέοιο δι᾽ αἰθέρος ὄμματα θέλγει
καλὸν ἐρευθόμενος, γάνυται δέ τε ἠιθέοιο
παρθένος ἱμείρουσα μετ᾽ ἀλλοδαποῖσιν ἐόντος     780 A
ἀνδράσιν, ᾧ κέν μιν μνηστὴν κομέωσι τοκῆες -
τῷ ἴκελος προπόλοιο κατὰ στίβον ἤιεν ἥρως·
καί ῥ᾽ ὅτε δὴ πυλέων τε καὶ ἄστεος ἐντὸς ἔβησαν,
δημότεραι μὲν ὄπισθεν ἐπεκλονέοντο γυναῖκες
γηθόσυναι ξείνῳ· ὁ δ᾽ ἐπὶ χθονὸς ὄμματ᾽ ἐρείσας     785 A
νίσσετ᾽ ἀπηλεγέως, ὄφρ᾽ ἀγλαὰ δώμαθ᾽ ἵκανεν

Ὑψιπύλης. ἄνεσαν δὲ θύρας προφανέντι θεράπναι
δικλίδας, εὐτύκτοισιν ἀρηρεμένας σανίδεσσιν·
ἔνθα μιν Ἰφινόη κλισμῷ ἔνι παμφανόωντι
ἐσσυμένως καλῆς διὰ παστάδος εἷσεν ἄγουσα      790 Α
ἀντία δεσποίνης. ἡ δ᾽ ἐγκλιδὸν ὄσσε βαλοῦσα
παρθενικὴ ἐρύθηνε παρηίδας· ἔμπα δὲ τόνγε
αἰδομένη μύθοισι προσέννεπεν αἱμυλίοισιν·
Ξεῖνε, τίη μίμνοντες ἐπὶ χρόνον ἔκτοθι πύργων
ἧσθ᾽ αὕτως; ἐπεὶ οὐ μὲν ὑπ᾽ ἀνδράσι ναίεται ἄστυ,      795 Α
ἀλλὰ Θρηικίης ἐπινάστιοι ἠπείροιο
πυροφόρους ἀρόωσι γύας. κακότητα δὲ πᾶσαν
ἐξερέω νημερτές, ἵν᾽ εὖ γνοίητε καὶ αὐτοί.
εὖτε Θόας ἀστοῖσι πατὴρ ἐμὸς ἐμβασίλευε,
τηνίκα Θρηικίους οἵ τ᾽ ἀντία ναιετάουσι      800 Α
Λήμνου ἀπορνύμενοι λαοὶ πέρθεσκον ἐναύλους
ἐκ νηῶν, αὐτῇσι δ᾽ ἀπείρονα ληίδα κούραις
δεῦρ᾽ ἄγον. οὐλομένη δὲ θεᾶς πορσύνετο μῆνις
Κύπριδος, ἥ τέ σφιν θυμοφθόρον ἔμβαλεν ἄτην·
δὴ γὰρ κουριδίας μὲν ἀπέστυγον ἔκ τε μελάθρων      805 Α
ἦ ματίη εἴξαντες ἀπεσσεύοντο γυναῖκας,
αὐτὰρ ληιάδεσσι δορικτήταις παρίαυον,
σχέτλιοι. ἦ μὲν δηρὸν ἐτέτλαμεν, εἴ κέ ποτ᾽ αὖτις
ὀψὲ μεταστρέψωσι νόον· τὸ δὲ διπλόον αἰεί
πῆμα κακὸν προύβαινεν. ἀτιμάζοντο δὲ τέκνα      810 Α
γνήσι᾽ ἐνὶ μεγάροις, σκοτίη δ᾽ ἄρα θάλλε γενέθλη·
αὕτως δ᾽ ἀδμῆτες κοῦραι, χῆραί τ᾽ ἐπὶ τῇσι
μητέρες, ἂμ πτολίεθρον ἀτημελέες ἀλάληντο·
οὐδὲ πατὴρ ὀλίγον περ ἑῆς ἀλέγιζε θυγατρός,
εἰ καὶ ἐν ὀφθαλμοῖσι δαϊζομένην ὁρόωτο      815 Α
μητρυιῆς ὑπὸ χερσὶν ἀτασθάλου· οὐδ᾽ ἀπὸ μητρός
λώβην ὡς τὸ πάροιθεν ἀεικέα παῖδες ἄμυνον,
οὐδὲ κασιγνήτοισι κασιγνήτη μέλε θυμῷ·
ἀλλ᾽ οἶαι κοῦραι ληίτιδες ἔν τε δόμοισιν
ἔν τε χοροῖς ἀγορῇ τε καὶ εἰλαπίνῃσι μέλοντο,      820 Α
εἰσόκε τις θεὸς ἄμμιν ὑπέρβιον ἔμβαλε θάρσος,
ἂψ ἀναερχομένους Θρηκῶν ἄπο μηκέτι πύργοις

δέχθαι, ἵν᾽ ἢ φρονέοιεν ἅπερ θέμις, ἠέ πῃ ἄλλῃ
αὐταῖς ληιάδεσσιν ἀφορμηθέντες ἵκοιντο.
οἱ δ᾽ ἄρα θεσσάμενοι παίδων γένος ὅσσον ἔλειπτο     825 A
ἄρσεν ἀνὰ πτολίεθρον, ἔβαν πάλιν ἔνθ᾽ ἔτι νῦν περ
Θρηικίης ἄροσιν χιονώδεα ναιετάουσιν.
τῶ ὑμεῖς στρωφᾶσθ᾽ ἐπιδήμιοι· εἰ δέ κεν αὖθι
ναιετάειν ἐθέλοις καί τοι ἅδοι, ἦ τ᾽ ἂν ἔπειτα
πατρὸς ἐμεῖο Θόαντος ἔχοις γέρας· οὐδέ σ᾽ ὀίω     830 A
γαῖαν ὀνόσσεσθαι, περὶ γὰρ βαθυλήιος ἄλλων
νήσων Αἰγαίῃ ὅσαι εἰν ἁλὶ ναιετάουσιν.
ἀλλ᾽ ἄγε νῦν ἐπὶ νῆα κιὼν ἑτάροισιν ἐνίσπες
μύθους ἡμετέρους, μηδ᾽ ἔκτοθι μίμνε πόληος.
Ἴσκεν, ἀμαλδύνουσα φόνου τέλος οἷον ἐτύχθη     835 A
ἀνδράσιν· αὐτὰρ ὁ τήνγε παραβλήδην προσέειπεν·
Ὑψιπύλη, μάλα κεν θυμηδέος ἀντιάσαιμεν
χρησμοσύνης ἣν ἄμμι σέθεν χατέουσιν ὀπάζεις.
εἶμι δ᾽ ὑπότροπος αὖτις ἀνὰ πτόλιν, εὖτ᾽ ἂν ἕκαστα
ἐξείπω κατὰ κόσμον. ἀνακτορίη δὲ μελέσθω     840 A
σοίγ᾽ αὐτῇ καὶ νῆσος· ἔγωγε μὲν οὐκ ἀθερίζων
χάζομαι, ἀλλά με λυγροὶ ἐπισπέρχουσιν ἄεθλοι.
Ἦ, καὶ δεξιτερῆς χειρὸς θίγεν, αἶψα δ᾽ ὀπίσσω
βῆ ῥ᾽ ἴμεν· ἀμφὶ δὲ τόνγε νεήνιδες ἄλλοθεν ἄλλαι
μυρίαι εἱλίσσοντο κεχαρμέναι, ὄφρα πυλάων     845 A
ἐξέμολεν. μετέπειτα δ᾽ εὐτροχάλοισιν ἀμάξαις
ἀκτὴν εἰσανέβαν ξεινήια πολλὰ φέρουσαι,
μῦθον ὅτ᾽ ἤδη πάντα διηνεκέως ἀγόρευσε
τόν ῥα καλεσσαμένη διεπέφραδεν Ὑψιπύλεια·
καὶ δ᾽ αὐτοὺς ξεινοῦσθαι ἐπὶ σφεὰ δώματ᾽ ἄγεσκον,     850 A
ῥηιδίως· Κύπρις γὰρ ἐπὶ γλυκὺν ἵμερον ὦρσεν,
Ἡφαίστοιο χάριν πολυμήτιος, ὄφρα κεν αὖτις
ναίηται μετόπισθεν ἀκήρατος ἀνδράσι Λῆμνος.
ἔνθ᾽ ὁ μὲν Ὑψιπύλης βασιλήιον ἐς δόμον ὦρτο
Αἰσονίδης· οἱ δ᾽ ἄλλοι ὅπῃ καὶ ἔκυρσαν ἕκαστος,     855 A
Ἡρακλῆος ἄνευθεν, ὁ γὰρ παρὰ νηὶ λέλειπτο
αὐτὸς ἑκὼν παῦροί τε διακρινθέντες ἑταῖροι.
αὐτίκα δ᾽ ἄστυ χοροῖσι καὶ εἰλαπίνῃσι γεγήθει

καπνῷ κνισήεντι περίπλεον· ἔξοχα δ᾽ ἄλλων
ἀθανάτων Ἥρης υἷα κλυτὸν ἠδὲ καὶ αὐτήν    860 A
Κύπριν ἀοιδῇσιν θυέεσσί τε μειλίσσοντο.
Ἀμβολίη δ᾽ εἰς ἦμαρ ἀεὶ ἐξ ἤματος ἦεν
ναυτιλίης. δηρὸν δ᾽ ἂν ἐλίνυον αὖθι μένοντες,
εἰ μὴ ἀολλίσσας ἑτάρους ἀπάνευθε γυναικῶν
Ἡρακλέης τοίοισιν ἐνιπτάζων μετέειπεν·    865 A
Δαιμόνιοι, πάτρης ἐμφύλιον αἷμ᾽ ἀποέργει
ἡμέας, ἦε γάμων ἐπιδευέες ἐνθάδ᾽ ἔβημεν
κεῖθεν, ὀνοσσάμενοι πολιήτιδας, αὖθι δ᾽ ἔαδεν
ναίοντας λιπαρὴν ἄροσιν Λήμνοιο ταμέσθαι;
οὐ μάλ᾽ ἐυκλειεῖς γε σὺν ὀθνείῃσι γυναιξίν    870 A
ἐσσόμεθ᾽ ὧδ᾽ ἐπὶ δηρὸν ἐελμένοι, οὐδὲ τὸ κῶας
αὐτόματον δώσει τις ἑλεῖν θεὸς εὐξαμένοισιν.
ἴομεν αὖτις ἕκαστοι ἐπὶ σφεά· τὸν δ᾽ ἐνὶ λέκτροις
Ὑψιπύλης εἰᾶτε πανήμερον, εἰσόκε Λῆμνον
παισὶν ἐπανδρώσῃ, μεγάλη τέ ἑ βάξις ἔχῃσιν.    875 A
Ὣς νείκεσσεν ὅμιλον· ἐναντία δ᾽ οὔ νύ τις ἔτλη
ὄμματ᾽ ἀνασχεθέειν οὐδὲ προτιμυθήσασθαι,
ἀλλ᾽ αὔτως ἀγορῆθεν ἐπαρτίζοντο νέεσθαι
σπερχόμενοι. ταὶ δέ σφιν ἐπέδραμον, εὖτ᾽ ἐδάησαν·
ὡς δ᾽ ὅτε λείρια καλὰ περιβρομέουσι μέλισσαι    880 A
πέτρης ἐκχύμεναι σιμβληίδος, ἀμφὶ δὲ λειμών
ἑρσήεις γάνυται, ταὶ δὲ γλυκὺν ἄλλοτ᾽ ἐπ᾽ ἄλλον
καρπὸν ἀμέργουσιν πεποτημέναι - ὣς ἄρα ταίγε
ἐνδυκὲς ἀνέρας ἀμφὶ κινυρόμεναι προχέοντο,
χερσὶ δὲ καὶ μύθοισιν ἐδεικανόωντο ἕκαστον,    885 A
εὐχόμεναι μακάρεσσιν ἀπήμονα νόστον ὀπάσσαι.
ὣς δὲ καὶ Ὑψιπύλη ἠρήσατο, χεῖρας ἑλοῦσα
Αἰσονίδεω, τὰ δέ οἱ ῥέε δάκρυα χήτει ἰόντος·
Νίσσεο, καί σε θεοὶ σὺν ἀπηρέσιν αὖτις ἑταίροις
χρύσειον βασιλῆι δέρος κομίσειαν ἄγοντα,    890 A
αὔτως ὡς ἐθέλεις καί τοι φίλον. ἤδε δὲ νῆσος
σκῆπτρά τε πατρὸς ἐμεῖο παρέσσεται, ἢν καὶ ὀπίσσω
δή ποτε νοστήσας ἐθέλῃς ἄψορρον ἱκέσθαι·
ῥηιδίως δ᾽ ἂν ἑοῖ καὶ ἀπείρονα λαὸν ἀγείραις

29

ἄλλων ἐκ πολίων. ἀλλ᾿ οὐ σύγε τήνδε μενοινήν     895 A
σχήσεις, οὔτ᾿ αὐτὴ προτιόσσομαι ὧδε τελεῖσθαι·
μνώεο μήν, ἀπεών περ ὁμῶς καὶ νόστιμος ἤδη,
Ὑψιπύλης· λίπε δ᾿ ἦμιν ἔπος, τό κεν ἐξανύσαιμι
πρόφρων, ἢν ἄρα δή με θεοὶ δώωσι τεκέσθαι.
Τὴν δ᾿ αὖτ᾿ Αἴσονος υἱὸς ἀγαιόμενος προσέειπεν·     900 A
Ὑψιπύλη, τὰ μὲν οὕτω ἐναίσιμα πάντα γένοιτο
ἐκ μακάρων· τύνη δ᾿ ἐμέθεν πέρι θυμὸν ἀρείω
ἴσχαν᾿, ἐπεὶ πάτρην μοι ἅλις Πελίαο ἔκητι
ναιετάειν· μοῦνόν με θεοὶ λύσειαν ἀέθλων.
εἰ δ᾿ οὔ μοι πέπρωται ἐς Ἑλλάδα γαῖαν ἱκέσθαι     905 A
τηλοῦ ἀναπλώοντι, σὺ δ᾿ ἄρσενα παῖδα τέκηαι,
πέμπε μιν ἡβήσαντα Πελασγίδος ἔνδον Ἰωλκοῦ
πατρί τ᾿ ἐμῷ καὶ μητρὶ δύης ἄκος, ἢν ἄρα τούσγε
τέτμῃ ἔτι ζώοντας, ἵν᾿ ἄνδιχα τοῖο ἄνακτος
σφοῖσιν πορσύνωνται ἐφέστιοι ἐν μεγάροισιν.     910 A
Ἦ, καὶ ἔβαιν᾿ ἐπὶ νῆα παροίτατος. ὡς δὲ καὶ ἄλλοι
βαῖνον ἀριστῆες, λάζοντο δὲ χερσὶν ἐρετμά
ἐνσχερὼ ἑζόμενοι· πρυμνήσια δέ σφισιν Ἄργος
λῦσεν ὑπὲκ πέτρης ἁλιμυρέος· ἔνθ᾿ ἄρα τοίγε
κόπτον ὕδωρ δολιχῇσιν ἐπικρατέως ἐλάτῃσι.     915 A
ἑσπέριοι δ᾿ Ὀρφῆος ἐφημοσύνῃσιν ἔκελσαν
νῆσον ἐς Ἠλέκτρης Ἀτλαντίδος, ὄφρα δαέντες
ἀρρήτους ἀγανῇσι τελεσφορίῃσι θέμιστας
σωότεροι κρυόεσσαν ὑπεὶρ ἅλα ναυτίλλοιντο.
τῶν μὲν ἔτ᾿ οὐ προτέρω μυθήσομαι, ἀλλὰ καὶ αὐτή     920 A
νῆσος ὁμῶς κεχάροιτο καὶ οἳ λάχον ὄργια κεῖνα
δαίμονες ἐνναέται, τὰ μὲν οὐ θέμις ἄμμιν ἀείδειν·
κεῖθεν δ᾿ εἰρεσίῃ Μέλανος διὰ βένθεα Πόντου
ἱέμενοι, τῇ μὲν Θρῃκῶν χθόνα τῇ δὲ περαίην
Ἴμβρον ἔχον καθύπερθε· νέον γε μὲν ἡελίοιο     925 A
δυομένου Χέρνησον ἐπὶ προύχουσαν ἵκοντο.
ἔνθα σφιν λαιψηρὸς ἄη νότος, ἱστία δ᾿ οὔρῳ
στησάμενοι κούρης Ἀθαμαντίδος αἰπὰ ῥέεθρα
εἰσέβαλον. πέλαγος δὲ τὸ μὲν καθύπερθε λέλειπτο
ἦρι, τὸ δ᾿ ἐννύχιοι Ῥοιτειάδος ἔνδοθεν ἄκρης     930 A

μέτρεον, Ἰδαίην ἐπὶ δεξιὰ γαῖαν ἔχοντες.
Δαρδανίην δὲ λιπόντες ἐπιπροσέβαλλον Ἀβύδῳ,
Περκώτην δ᾽ ἐπὶ τῇ καὶ Ἀβαρνίδος ἠμαθόεσσαν
ἠιόνα ζαθέην τε παρήμειβον Πιτύειαν.
καὶ δὴ τοίγ᾽ ἐπὶ νυκτὶ διάνδιχα νηὸς ἰούσης        935 A
δίνῃ πορφύροντα διήνυσαν Ἑλλήσποντον·
ἔστι δέ τις αἰπεῖα Προποντίδος ἔνδοθι νῆσος
τυτθὸν ἀπὸ Φρυγίης πολυληίου ἠπείροιο
εἰς ἅλα κεκλιμένη, ὅσσον τ᾽ ἐπιμύρεται ἰσθμός
χέρσῳ ἔπι πρηνὴς καταειμένος· ἐν δέ οἱ ἀκταί        940 A
ἀμφίδυμοι, κεῖται δ᾽ ὑπὲρ ὕδατος Αἰσήποιο·
Ἄρκτων μιν καλέουσιν Ὄρος περιναιετάοντες.
καὶ τὸ μὲν ὑβρισταί τε καὶ ἄγριοι ναιετάουσιν
Γηγενέες, μέγα θαῦμα περικτιόνεσσιν ἰδέσθαι·
ἐξ γὰρ ἑκάστῳ χεῖρες ὑπέρβιοι ἠερέθοντο,        945 A
αἱ μὲν ἀπὸ στιβαρῶν ὤμων δύο, ταὶ δ᾽ ὑπένερθεν
τέσσαρες αἰνοτάτῃσιν ἐπὶ πλευρῆς ἀραρυῖαι·
ἰσθμὸν δ᾽ αὖ πεδίον τε Δολίονες ἀμφενέμοντο
ἀνέρες· ἐν δ᾽ ἥρως Αἰνήιος υἱὸς ἄνασσε
Κύζικος, ὃν κούρη δίου τέκεν Εὐσώροιο        950 A
Αἰνήτῃ. τοὺς δ᾽ οὔτι, καὶ ἔκπαγλοί περ ἐόντες,
Γηγενέες σίνοντο, Ποσειδάωνος ἀρωγῇ,
τοῦ γὰρ ἔσαν τὰ πρῶτα Δολίονες ἐκγεγαῶτες.
Ἔνθ᾽ Ἀργὼ προύτυψεν ἐπειγομένη ἀνέμοισιν
Θρηικίοις· Καλὸς δὲ Λιμὴν ὑπέδεκτο θέουσαν.        955 A
κεῖθι καὶ εὐναίης ὀλίγον λίθον εἰρύσσαντες
Τίφυος ἐννεσίῃσιν ὑπὸ κρήνῃ ἐλίποντο,
κρήνῃ ὑπ᾽ Ἀρτακίῃ· ἕτερον δ᾽ ἕλον, ὅστις ἀρήρει,
βριθύν· ἀτὰρ κεῖνόν γε θεοπροπίαις Ἑκάτοιο
Νηλεΐδαι μετόπισθεν Ἰάονες ἱδρύσαντο        960 A
ἱερόν, ἣ θέμις ἦεν, Ἰησονίης ἐν Ἀθήνης.
τοὺς δ᾽ ἄμυδις φιλότητι Δολίονες ἠδὲ καὶ αὐτός
Κύζικος ἀντήσαντες, ὅτε στόλον ἠδὲ γενέθλην
ἔκλυον οἵτινες εἶεν, ἐυξείνως ἀρέσαντο·
καί σφεας εἰρεσίῃ πέπιθον προτέρωσε κιόντας        965 A
ἄστεος ἐν λιμένι πρυμνήσια νηὸς ἀνάψαι.

ἔνθ᾽ οἵγ᾽ Ἐκβασίῳ βωμὸν θέσαν Ἀπόλλωνι,
εἰσάμενοι παρὰ θῖνα, θυηπολίης τ᾽ ἐμέλοντο.
δῶκεν δ᾽ αὐτὸς ἄναξ λαρὸν μέθυ δευομένοισιν
μῆλά θ᾽ ὁμοῦ. δὴ γάρ οἱ ἔην φάτις, εὖτ᾽ ἂν ἵκωνται     970
ἀνδρῶν ἡρώων θεῖος στόλος, αὐτίκα τοῖσγε
μείλιχον ἀντιάαν μηδὲ πτολέμοιο μέλεσθαι.
νειόν που καὶ κείνῳ ὑποσταχύεσκον ἴουλοι·
οὐδέ νύ πω παίδεσσιν ἀγαλλόμενος μεμόρητο,
ἀλλ᾽ ἔτι οἱ κατὰ δώματ᾽ ἀκήρατος ἦεν ἄκοιτις     975 A
ὠδίνων, Μέροπος Περκωσίου ἐκγεγαυῖα
Κλείτη ἐυπλόκαμος. τὴν μὲν νέον ἐξέτι πατρός
θεσπεσίοις ἕδνοισιν ἀνήγαγεν ἀντιπέρηθεν·
ἀλλὰ καὶ ὣς θάλαμόν τε λιπὼν καὶ δέμνια νύμφης,
τοῖς μέτα δαῖτ᾽ ἀλέγυνε, βάλεν δ᾽ ἀπὸ δείματα θυμοῦ.     980 A
ἀλλήλους δ᾽ ἐρέεινον ἀμοιβαδίς· ἤτοι ὁ μέν σφεων
πεύθετο ναυτιλίης ἄνυσιν Πελιάο τ᾽ ἐφετμάς,
οἱ δὲ περικτιόνων πόλιας καὶ κόλπον ἅπαντα
εὐρείης πεύθοντο Προποντίδος· οὐ μὲν ἐπιπρό
ἠείδει καταλέξαι ἐελδομένοισι δαῆναι.     985 A
Ἠοῖ δ᾽ εἰσανέβαν μέγα Δίνδυμον, ὄφρα κεν αὐτοί
θηήσαιντο πόρους κείνης ἁλός· ἐν δ᾽ ἄρα τοίγε
νῆα Χυτῷ Λιμένι προτέρου ἐξήλασαν ὅρμου·
ἥδε δ᾽ Ἰησονίη πέφαται Ὁδός, ἥνπερ ἔβησαν.
Γηγενέες δ᾽ ἑτέρωθεν ἀπ᾽ οὔρεος ἀίξαντες     990 A
φράξαν ἀπειρεσίῃσι Χυτοῦ στόμα νειόθι πέτρης,
πόντιον οἷά τε θῆρα λοχώμενοι ἔνδον ἐόντα·
ἀλλὰ γὰρ αὖθι λέλειπτο σὺν ἀνδράσιν ὁπλοτέροισιν
Ἡρακλέης, ὃς δή σφι παλίντονον αἶψα τανύσσας
τόξον, ἐπασσυτέρους πέλασε χθονί. τοὶ δὲ καὶ αὐτοί     995 A
πέτρας ἀμφιρρῶγας ἀερτάζοντες ἔβαλλον·
δὴ γάρ που καὶ κεῖνα θεὰ τρέφεν αἰνὰ πέλωρα
Ἥρη, Ζηνὸς ἄκοιτις, ἀέθλιον Ἡρακλῆι·
σὺν δὲ καὶ ὧλλοι δῆθεν, ὑπότροποι ἀντιόωντες
πρίν περ ἀνελθέμεναι σκοπιήν, ἥπτοντο φόνοιο     1.000 A
Γηγενέων ἥρωες ἀρήιοι, ἠμὲν ὀιστοῖς
ἠδὲ καὶ ἐγχείῃσι δεδεγμένοι, εἰσόκε πάντας

ἀντιβίην ἀσπερχὲς ὀρινομένους ἐδάιξαν.
ὡς δ᾽ ὅτε δούρατα μακρὰ νέον πελέκεσσι τυπέντα
ὑλοτόμοι στοιχηδὸν ἐπὶ ῥηγμῖνι βάλωσιν,     1.005 A
ὄφρα νοτισθέντα κρατεροὺς ἀνεχοίατο γόμφους -
ὣς οἱ ἐνὶ ξυνοχῇ λιμένος πολιοῖο τέταντο
ἑξείης, ἄλλοι μὲν ἐς ἁλμυρὸν ἀθρόοι ὕδωρ
δύπτοντες κεφαλὰς καὶ στήθεα, γυῖα δ᾽ ὕπερθεν
χέρσῳ τεινάμενοι· τοὶ δ᾽ ἔμπαλιν, αἰγιαλοῖο     1.010 A
κράατα μὲν ψαμάθοισι, πόδας δ᾽ εἰς βένθος ἔρειδον,
ἄμφω ἄμ᾽ οἰωνοῖσι καὶ ἰχθύσι κύρμα γενέσθαι.
Ἥρωες δ᾽, ὅτε δή σφιν ἀταρβὴς ἔπλε κέλευθος,
δὴ τότε πείσματα νηὸς ἐπὶ πνοιῆς ἀνέμοιο
λυσάμενοι, προτέρωσε διὲξ ἁλὸς οἶδμα νέοντο·     1.015 A
ἡ δ᾽ ἔθεεν λαίφεσσι πανήμερος. οὐ μὲν ἰούσης
νυκτὸς ἔτι ῥιπὴ μένεν ἔμπεδον, ἀλλὰ θύελλαι
ἀντίαι ἁρπάγδην ὀπίσω φέρον, ὄφρ᾽ ἐπέλασσαν
αὖτις ἐυξείνοισι Δολίοσιν. ἐκ δ᾽ ἄρ᾽ ἔβησαν
αὐτονυχί· Ἱερὴ δὲ φατίζεται ἠδ᾽ ἔτι Πέτρη     1.020 A
ᾗ πέρι πείσματα νηὸς ἐπεσσύμενοι ἐβάλοντο,
οὐδέ τις αὐτὴν νῆσον ἐπιφραδέως ἐνόησεν
ἔμμεναι. οὐδ᾽ ὑπὸ νυκτὶ Δολίονες ἂψ ἀνιόντας
ἥρωας νημερτὲς ἐπήισαν, ἀλλά που ἀνδρῶν
Μακριέων εἴσαντο Πελασγικὸν ἄρεα κέλσαι·     1.025 A
τῶ καὶ τεύχεα δύντες ἐπὶ σφίσι χεῖρας ἄειραν.
σὺν δ᾽ ἔλασαν μελίας τε καὶ ἀσπίδας ἀλλήλοισιν,
ὀξείῃ ἴκελοι ῥιπῇ πυρός, ἥ τ᾽ ἐνὶ θάμνοις
αὐαλέοισι πεσοῦσα κορύσσεται· ἐν δὲ κυδοιμός
δεινός τε ζαμενής τε Δολιονίῳ πέσε δήμῳ.     1.030 A
οὐδ᾽ ὅγε δηιοτῆτος ὑπὲρ μόρον αὖτις ἔμελλεν
οἴκαδε νυμφιδίους θαλάμους καὶ λέκτρον ἱκέσθαι,
ἀλλά μιν Αἰσονίδης, τετραμμένον ἰθὺς ἑοῖο,
πλῆξεν ἐπαΐξας στῆθος μέσον, ἀμφὶ δὲ δουρὶ
ὀστέον ἐρραίσθη· ὁ δ᾽ ἐνὶ ψαμάθοισιν ἐλυσθεὶς     1.035 A
μοῖραν ἀνέπλησεν. τὴν γὰρ θέμις οὔποτ᾽ ἀλύξαι
θνητοῖσιν, πάντῃ δὲ περὶ μέγα πέπταται ἕρκος·
ὡς τόν, ὀιόμενόν που ἀδευκέος ἔκτοθεν ἄτης

εἶναι ἀριστήων, αὐτῇ ὑπὸ νυκτὶ πέδησεν
μαρνάμενον κείνοισι. πολεῖς δ᾽ ἐπαρηγόνες ἄλλοι        1.040 A
ἔκταθεν· Ἡρακλέης μὲν ἐνήρατο Τηλεκλῆα
ἠδὲ Μεγαβρόντην, Σφόδριν δ᾽ ἐνάριξεν Ἄκαστος,
Πηλεὺς δὲ Ζέλυν εἷλεν ἀρηίθοόν τε Γέφυρον,
αὐτὰρ ἐυμμελίης Τελαμὼν Βασιλῆα κατέκτα·
Ἴδας δ᾽ αὖ Προμέα, Κλυτίος δ᾽ Ὑάκινθον ἔπεφνεν,        1.045 A
Τυνδαρίδαι δ᾽ ἄμφω Μεγαλοσσάκεα Φλογίον τε,
Οἰνεΐδης δ᾽ ἐπὶ τοῖσιν ἕλε θρασὺν Ἰτυμονῆα
ἠδὲ καὶ Ἀρτακέα, πρόμον ἀνδρῶν· οὓς ἔτι πάντας
ἐνναέται τιμαῖς ἡρώισι κυδαίνουσιν.
οἱ δ᾽ ἄλλοι εἴξαντες ὑπέτρεσαν, ἠύτε κίρκους        1.050 A
ὠκυπέτας ἀγεληδὸν ὑποτρέσσωσι πέλειαι,
ἐς δὲ πύλας ὁμάδῳ πέσον ἀθρόοι· αἶψα δ᾽ αὐτῆς
πλῆτο πόλις στονόεντος ὑποτροπίῃ πολέμοιο.
ἠῶθεν δ᾽ ὀλοὴν καὶ ἀμήχανον εἰσενόησαν
ἀμπλακίην ἄμφω· στυγερὸν δ᾽ ἄχος εἷλεν ἰδόντας        1.055 A
ἥρωας Μινύας Αἰνήιον υἷα πάροιθεν
Κύζικον ἐν κονίῃσι καὶ αἵματι πεπτηῶτα.
ἤματα δὲ τρία πάντα γόων τίλλοντό τε χαίτας
αὐτοὶ ὁμῶς λαοί τε Δολίονες· αὐτὰρ ἔπειτα,
τρὶς περὶ χαλκείοις σὺν τεύχεσι δινηθέντες,        1.060 A
τύμβῳ ἐνεκτερέιξαν, ἐπειρήσαντό τ᾽ ἀέθλων,
ἡ θέμις, ἂμ πεδίον Λειμώνιον· ἔνθ᾽ ἔτι νῦν περ
ἀγκέχυται τόδε σῆμα καὶ ὀψιγόνοισιν ἰδέσθαι.
οὐδὲ μὲν οὐδ᾽ ἄλοχος Κλείτη φθιμένοιο λέλειπτο
οὗ πόσιος μετόπισθε, κακῷ δ᾽ ἔπι κύντερον ἄλλο        1.065 A
ἤνυσεν, ἁψαμένη βρόχον αὐχένι. τὴν δὲ καὶ αὐταί
νύμφαι ἀποφθιμένην ἀλσηίδες ὠδύραντο·
καί οἱ ἀπὸ βλεφάρων ὅσα δάκρυα χεῦατ᾽ ἔραζε,
πάντα τάγε κρήνην τεῦξαν θεαί, ἣν καλέουσιν
Κλείτην, δυστήνοιο περικλεὲς οὔνομα νύμφης.        1.070 A
αἰνότατον δὴ κεῖνο Δολιονίῃσι γυναιξίν
ἀνδράσι τ᾽ ἐκ Διὸς ἦμαρ ἐπήλυθεν· οὐδὲ γὰρ αὐτῶν
ἔτλη τις πάσσασθαι ἐδητύος οὐδ᾽ ἐπὶ δηρόν
ἐξ ἀχέων ἔργοιο μυληφάτου ἐμνώοντο,

ἀλλ᾽ αὔτως ἄφλεκτα διαζώεσκον ἔδοντες.      1.075 A
ἔνθεν νῦν, εὖτ᾽ ἄν σφιν ἐτήσια χύτλα χέωνται
Κύζικον ἐνναίοντες Ἰάονες, ἔμπεδον αἰεί
πανδήμοιο μύλης πελανοὺς ἐπαλετρεύουσιν.
Ἐκ δὲ τόθεν τρηχεῖαι ἀνηέρθησαν ἄελλαι
ἤμαθ᾽ ὁμοῦ νύκτας τε δυώδεκα, τοὺς δὲ καταῦθι      1.080 A
ναυτίλλεσθαι ἔρυκον. ἐπιπλομένη δ᾽ ἐνὶ νυκτί
ὤλλοι μέν ῥα πάρος δεδμημένοι εὐνάζοντο
ὕπνῳ ἀριστῆες πύματον λάχος, αὐτὰρ Ἄκαστος
Μόψος τ᾽ Ἀμπυκίδης ἀδινὰ κνώσσοντας ἔρυντο·
ἡ δ᾽ ἄρ᾽ ὑπὲρ ξανθοῖο καρήατος Αἰσονίδαο      1.085 A
πωτᾶτ᾽ ἀλκυονίς, λιγυρῇ ὀπὶ θεσπίζουσα
λῆξιν ὀρινομένων ἀνέμων· συνέηκε δὲ Μόψος
ἀκταίης ὄρνιθος ἐναίσιμον ὄσσαν ἀκούσας.
καὶ τὴν μὲν θεὸς αὖτις ἀπέτραπεν, ἷζε δ᾽ ὕπερθεν
νηίου ἀφλάστοιο μετήορος ἀίξασα·      1.090 A
τὸν δ᾽ ὅγε, κεκλιμένον μαλακοῖς ἐνὶ κώεσιν οἰῶν,
κινήσας ἀνέγειρε παρασχεδόν, ὧδέ τ᾽ ἔειπεν·
Αἰσονίδη, χρειώ σε τόδε ῥίον εἰσανιόντα
Δινδύμου ὀκριόεντος ἐύθρονον ἱλάξασθαι
μητέρα συμπάντων μακάρων, λήξουσι δ᾽ ἄελλαι      1.095 A
ζαχρηεῖς· τοίην γὰρ ἐγὼ νέον ὄσσαν ἄκουσα
ἀλκυόνος ἁλίης, ἥ τε κνώσσοντος ὕπερθεν
σεῖο πέριξ τὰ ἕκαστα πιφαυσκομένη πεπότητο.
ἐκ γὰρ τῆς ἄνεμοί τε θάλασσά τε νειόθι τε χθών
πᾶσα πεπείρηται νιφόεν θ᾽ ἕδος Οὐλύμποιο·      1.100 A
καί οἱ, ὅτ᾽ ἐξ ὀρέων μέγαν οὐρανὸν εἰσαναβαίνῃ,
Ζεὺς αὐτὸς Κρονίδης ὑποχάζεται, ὡς δὲ καὶ ὤλλοι
ἀθάνατοι μάκαρες δεινὴν θεὸν ἀμφιέπουσιν.
Ὣς φάτο, τῷ δ᾽ ἀσπαστὸν ἔπος γένετ᾽ εἰσαΐοντι·
ὤρνυτο δ᾽ ἐξ εὐνῆς κεχαρημένος, ὦρσε δ᾽ ἑταίρους      1.105 A
πάντας ἐπισπέρχων, καί τέ σφισιν ἐγρομένοισιν
Ἀμπυκίδεω Μόψοιο θεοπροπίας ἀγόρευσεν.
αἶψα δὲ κουρότεροι μὲν ἀπὸ σταθμῶν ἐλάσαντες
ἔνθεν ἐς αἰπεινὴν ἄναγον βόας οὔρεος ἄκρην·
οἱ δ᾽ ἄρα, λυσάμενοι Ἱερῆς ἐκ πείσματα Πέτρης,      1.110 A

ἤρεσαν ἐς λιμένα Θρηίκιον, ἂν δὲ καὶ αὐτοί
βαῖνον, παυροτέρους ἑτάρων ἐν νηὶ λιπόντες.
τοῖσι δὲ Μακριάδες σκοπιαὶ καὶ πᾶσα περαίη
Θρηικίης ἐνὶ χερσὶν ἑαῖς προυφαίνετ᾽ ἰδέσθαι·
φαίνετο δ᾽ ἠερόεν στόμα Βοσπόρου ἠδὲ κολῶναι          1.115 A
Μύσιαι· ἐκ δ᾽ ἑτέρης ποταμοῦ ῥόος Αἰσήποιο
ἄστυ τε καὶ πεδίον Νηπήιον Ἀδρηστείης.
ἔσκε δέ τι βριαρὸν στύπος ἀμπέλου ἔντροφον ὕλῃ,
πρόχνυ γεράνδρυον· τὸ μὲν ἔκταμον, ὄφρα πέλοιτο
δαίμονος οὐρείης ἱερὸν βρέτας, ἔξεσε δ᾽ Ἄργος          1.120 A
εὐκόσμως· καὶ δή μιν ἐπ᾽ ὀκριόεντι κολωνῷ
ἵδρυσαν, φηγοῖσιν ἐπηρεφὲς ἀκροτάτῃσιν
αἵ ῥά τε πασάων πανυπέρταται ἐρρίζωντο·
βωμὸν δ᾽ αὖ χέραδος παρενήνεον. ἀμφὶ δὲ φύλλοις
στεψάμενοι δρυΐνοισι θυηπολίης ἐμέλοντο,          1.125 A
Μητέρα Δινδυμίην πολυπότνιαν ἀγκαλέοντες,
ἐνναέτιν Φρυγίης, Τιτίην θ᾽ ἅμα Κύλληνόν τε,
οἳ μοῦνοι πλεόνων μοιρηγέται ἠδὲ πάρεδροι
Μητέρος Ἰδαίης κεκλήαται, ὅσσοι ἔασιν
Δάκτυλοι Ἰδαῖοι Κρηταιέες, οὕς ποτε νύμφη          1.130 A
Ἀγχιάλη Δικταῖον ἀνὰ σπέος, ἀμφοτέρῃσιν
δραξαμένη γαίης Οἰαξίδος, ἐβλάστησε.
πολλὰ δὲ τήνγε λιτῇσιν ἀποστρέψαι ἐριώλας
Αἰσονίδης γουνάζετ᾽, ἐπιλλείβων ἱεροῖσιν
αἰθομένοις· ἄμυδις δὲ νέοι Ὀρφῆος ἀνωγῇ          1.135 A
σκαίροντες βηταρμὸν ἐνόπλιον εἱλίσσοντο,
καὶ σάκεα ξιφέεσσιν ἐπέκτυπον, ὥς κεν ἰωή
δύσφημος πλάζοιτο δι᾽ ἠέρος ἣν ἔτι λαοί
κηδείῃ βασιλῆος ἀνέστενον. ἔνθεν ἐσαιεί
ῥόμβῳ καὶ τυπάνῳ Ῥείην Φρύγες ἱλάσκονται.          1.140 A
ἡ δέ που εὐαγέεσσιν ἐπὶ φρένα θῆκε θυηλαῖς
ἀνταίη δαίμων, τὰ δ᾽ ἐοικότα σήματ᾽ ἔγεντο·
δένδρεα μὲν καρπὸν χέον ἄσπετον, ἀμφὶ δὲ ποσσίν
αὐτομάτη φύε γαῖα τερείνης ἄνθεα ποίης·
θῆρες δ᾽ εἰλυούς τε κατὰ ξυλόχους τε λιπόντες          1.145 A
οὐρῇσιν σαίνοντες ἐπήλυθον. ἡ δὲ καὶ ἄλλο

θῆκε τέρας, ἐπεὶ οὔτι παροίτερον ὕδατι νᾶεν
Δίνδυμον, ἀλλά σφιν τότ᾽ ἀνέβραχε διψάδος αὔτως
ἐκ κορυφῆς, ἄλληκτον· Ἰησονίην δ᾽ ἐνέπουσιν
κεῖνο ποτὸν Κρήνην περιναιέται ἄνδρες ὀπίσσω.     1.150 A
καὶ τότε μὲν δαῖτ᾽ ἀμφὶ θεᾶς ἔσαν οὔρεσιν Ἄρκτων,
μέλποντες Ῥείην πολυπότνιαν· αὐτὰρ ἐς ἠῶ
ληξάντων ἀνέμων νῆσον λίπον εἰρεσίῃσιν.
Ἔνθ᾽ ἔρις ἄνδρα ἕκαστον ἀριστήων ὀρόθυνεν,
ὅστις ἀπολλήξειε πανύστατος· ἀμφὶ γὰρ αἰθήρ     1.155 A
νήνεμος ἐστόρεσεν δίνας, κατὰ δ᾽ εὔνασε πόντον.
οἱ δὲ γαληναίῃ πίσυνοι ἐλάασκον ἐπιπρό
νῆα βίῃ, τὴν δ᾽ οὔ κε διὲξ ἁλὸς ἀίσσουσαν
οὐδὲ Ποσειδάωνος ἀελλόποδες κίχον ἵπποι·
ἔμπης δ᾽, ἐγρομένοιο σάλου ζαχρηέσιν αὔραις,     1.160 A
αἳ νέον ἐκ ποταμῶν ὑπὸ δείελον ἠερέθοντο,
τειρόμενοι καμάτῳ μετελώφεον· αὐτὰρ ὁ τούσγε
πασσυδίῃ μογέοντας ἐφέλκετο κάρτεϊ χειρῶν
Ἡρακλέης, ἐτίνασσε δ᾽ ἀρηρότα δούρατα νηός.
ἀλλ᾽ ὅτε δή, Μυσῶν λελιημένοι ἠπείροιο,     1.165 A
Ῥυνδακίδας προχοὰς μέγα τ᾽ ἠρίον Αἰγαίωνος
τυτθὸν ὑπὲκ Φρυγίης παρεμέτρεον εἰσορόωντες,
δὴ τότ᾽, ἀνοχλίζων τετρηχότος οἴδματος ὁλκούς,
μεσσόθεν ἆξεν ἐρετμόν· ἀτὰρ τρύφος ἄλλο μὲν αὐτός
ἄμφω χερσὶν ἔχων πέσε δόχμιος, ἄλλο δὲ πόντος     1.170 A
κλύζε παλιρροθίοισι φέρων. ἀνὰ δ᾽ ἕζετο σιγῇ
παπταίνων, χεῖρες γὰρ ἀήθεσον ἠρεμέουσαι.
Ἦμος δ᾽ ἀγρόθεν εἶσι φυτοσκάφος ἤ τις ἀροτρεύς
ἀσπασίως εἰς αὖλιν ἑήν, δόρποιο χατίζων,
αὐτοῦ δ᾽ ἐν προμολῇ τετρυμένα γούνατ᾽ ἔκαμψεν     1.175 A
αὐσταλέος κονίῃσι, περιτριβέας δέ τε χεῖρας
εἰσορόων κακὰ πολλὰ ἑῇ ἠρήσατο γαστρί -
τῆμος ἄρ᾽ οἵγ᾽ ἀφίκοντο Κιανίδος ἤθεα γαίης
ἀμφ᾽ Ἀργανθώνειον ὄρος προχοάς τε Κίοιο.
τοὺς μὲν ἐυξείνως Μυσοὶ φιλότητι κιόντας     1.180 A
δειδέχατ᾽ ἐνναέται κείνης χθονός, ἠιά τέ σφι
μῆλά τε δευομένοις μέθυ τ᾽ ἄσπετον ἐγγυάλιξαν·

ἔνθα δ᾽ ἔπειθ᾽ οἱ μὲν ξύλα κάγκανα, τοὶ δὲ λεχαίην
φυλλάδα λειμώνων φέρον ἄσπετον ἀμήσαντες
στόρνυσθαι, τοὶ δ᾽ αὖτε πυρήια δινεύεσκον,          1.185 A
οἱ δ᾽ οἶνον κρητῆρσι κέρων πονέοντό τε δαῖτα,
Ἐκβασίῳ ῥέξαντες ὑπὸ κνέφας Ἀπόλλωνι.
Αὐτὰρ ὁ, εὖ δαίνυσθαι ἑοῖς ἑτάροις ἐπιτείλας,
βῆ ῥ᾽ ἴμεν εἰς ὕλην υἱὸς Διός, ὥς κεν ἐρετμόν
οἷ αὐτῷ φθαίη καταχείριον ἐντύνασθαι.          1.190 A
εὗρεν ἔπειτ᾽ ἐλάτην ἀλαλήμενος οὔτε τι πολλοῖς
ἀχθομένην ὄζοις οὐδὲ μέγα τηλεθόωσαν,
ἀλλ᾽ οἷον ταναῆς ἔρνος πέλει αἰγείροιο·
τόσση ὁμῶς μῆκός τε καὶ ἐς πάχος ἦεν ἰδέσθαι.
ῥίμφα δ᾽ οἰστοδόκην μὲν ἐπὶ χθονὶ θῆκε φαρέτρην          1.195 A
αὐτοῖσιν τόξοισιν, ἔδυ δ᾽ ἀπὸ δέρμα λέοντος·
τὴν δ᾽ ὅγε, χαλκοβαρεῖ ῥοπάλῳ δαπέδοιο τινάξας
νειόθεν, ἀμφοτέρῃσι περὶ στύπος ἔλλαβε χερσίν
ἠνορέῃ πίσυνος, ἐν δὲ πλατὺν ὦμον ἔρεισεν
εὖ διαβάς· πεδόθεν δὲ βαθύρριζόν περ ἐοῦσαν          1.200 A
προσφὺς ἐξήειρε σὺν αὐτοῖς ἔχμασι γαίης.
ὡς δ᾽ ὅταν ἀπροφάτως ἱστὸν νεός, εὖτε μάλιστα
χειμερίη ὀλοοῖο δύσις πέλει Ὠρίωνος,
ὑψόθεν ἐμπλήξασα θοὴ ἀνέμοιο κατάιξ
αὐτοῖσι σφήνεσσιν ὑπὲκ προτόνων ἐρύσηται -          1.205 A
ὣς ὅγε τὴν ἤειρεν· ὁμοῦ δ᾽ ἀνὰ τόξα καὶ ἰούς
δέρμα θ᾽ ἑλὼν ῥόπαλόν τε, παλίσσυτος ὦρτο νέεσθαι.
Τόφρα δ᾽ Ὕλας χαλκέῃ σὺν κάλπιδι νόσφιν ὁμίλου
δίζητο κρήνης ἱερὸν ῥόον, ὥς κέ οἱ ὕδωρ
φθαίη ἀφυσσάμενος ποτιδόρπιον, ἄλλα τε πάντα          1.210 A
ὀτραλέως κατὰ κόσμον ἐπαρτίσσειεν ἰόντι.
δὴ γάρ μιν τοίοισιν ἐν ἤθεσιν αὐτὸς ἔφερβε,
νηπίαχον τὰ πρῶτα δόμων ἐκ πατρὸς ἀπούρας,
δήου Θειοδάμαντος, ὃν ἐν Δρυόπεσσιν ἔπεφνεν
νηλειῇ, βοὸς ἀμφὶ γεωμόρου ἀντιόωντα.          1.215 A
ἤτοι ὁ μὲν νειοῖο γύας τέμνεσκεν ἀρότρῳ
Θειοδάμας ἀνίῃ βεβολημένος· αὐτὰρ ὁ τόνγε
βοῦν ἀρότην ἤνωγε παρασχέμεν, οὐκ ἐθέλοντα

ἵετο γὰρ πρόφασιν πολέμου Δρυόπεσσι βαλέσθαι
λευγαλέην, ἐπεὶ οὔ τι δίκης ἀλέγοντες ἔναιον.      1.220 A
ἀλλὰ τὰ μὲν τηλοῦ κεν ἀποπλάγξειεν ἀοιδῆς·
αἶψα δ᾽ ὅγε κρήνην μετεκίαθεν ἣν καλέουσιν
Πηγὰς ἀγχίγυοι περιναιέται. οἱ δέ που ἄρτι
νυμφάων ἵσταντο χοροί· μέλε γὰρ σφισι πάσαις
ὅσσαι κεῖν᾽ ἐρατὸν νύμφαι ῥίον ἀμφενέμοντο      1.225 A
Ἄρτεμιν ἐννυχίῃσιν ἀεὶ μέλπεσθαι ἀοιδαῖς.
αἱ μέν, ὅσαι σκοπιὰς ὀρέων λάχον ἢ καὶ ἐναύλους
αἵ γε μὲν ὑλήωροι, ἀπόπροθεν ἐστιχόωντο·
ἡ δὲ νέον κρήνης ἀνεδύετο καλλινάοιο
νύμφη ἐφυδατίη. τὸν δὲ σχεδὸν εἰσενόησεν      1.230 A
κάλλεϊ καὶ γλυκερῇσιν ἐρευθόμενον χαρίτεσσιν,
πρὸς γάρ οἱ διχόμηνις ἀπ᾽ αἰθέρος αὐγάζουσα
βάλλε σεληναίη· τῆς δὲ φρένας ἐπτοίησεν
Κύπρις, ἀμηχανίῃ δὲ μόλις συναγείρατο θυμόν.
αὐτὰρ ὅγ᾽ ὡς τὰ πρῶτα ῥόῳ ἔνι κάλπιν ἔρεισε      1.235 A
λέχρις ἐπιχριμφθείς, περὶ δ᾽ ἄσπετον ἔβραχεν ὕδωρ
χαλκὸν ἐς ἠχήεντα φορεύμενον, αὐτίκα δ᾽ ἧγε
λαιὸν μὲν καθύπερθεν ἐπ᾽ αὐχένος ἄνθετο πῆχυν,
κύσσαι ἐπιθύουσα τέρεν στόμα, δεξιτερῇ δὲ
ἀγκῶν᾽ ἔσπασε χειρί· μέσῃ δ᾽ ἐνὶ κάββαλε δίνῃ.      1.240 A
Τοῦ δ᾽ ἥρως ἰάχοντος ἐπέκλυεν οἶος ἑταίρων
Εἰλατίδης Πολύφημος, ἰὼν προτέρωσε κελεύθου,
δέκτο γὰρ Ἡρακλῆα πελώριον ὁππόθ᾽ ἵκοιτο.
αἶψα δ᾽ ἐρυσσάμενος μέγα φάσγανον ὦρτο δίεσθαι,
μή πως ἢ θήρεσσιν ἕλωρ πέλοι, ἠέ μιν ἄνδρες      1.245 A
μοῦνον ἐόντ᾽ ἐλόχησαν, ἄγουσι δὲ ληΐδ᾽ ἑτοίμην·
βῆ δὲ μεταΐξας Πηγέων σχεδόν, ἠύτε τις θήρ
ἄγριος, ὅν ῥά τε γήρυς ἀπόπροθεν ἵκετο μήλων,
λιμῷ δ᾽ αἰθόμενος μετανίσσεται, οὐδ᾽ ἐπέκυρσε
ποίμνῃσιν, πρὸ γὰρ αὐτοὶ ἐνὶ σταθμοῖσι νομῆες      1.250 A
ἔλσαν· ὁ δὲ στενάχων βρέμει ἄσπετον, ὄφρα κάμῃσιν -
ὡς τότ᾽ ἄρ᾽ Εἰλατίδης μεγάλ᾽ ἔστενεν, ἀμφὶ δὲ χῶρον
φοίτα κεκληγώς, μελέη δέ οἱ ἔπλετ᾽ ἀυτή.
ἔνθ᾽ αὐτῷ ξύμβλητο κατὰ στίβον Ἡρακλῆι

γυμνὸν ἐπισσείων παλάμῃ ξίφος, εὖ δέ μιν ἔγνω     1.255 A
σπερχόμενον μετὰ νῆα διὰ κνέφας· αὐτίκα δ᾽ ἄτην
ἔκφατο λευγαλέην, βεβαρημένος ἄσθματι θυμόν·
Δαιμόνιε, στυγερόν τοι ἄχος πάμπρωτος ἐνίψω.
οὐ γὰρ Ὕλας, κρήνηνδε κιών, σόος αὖτις ἱκάνει,
ἀλλά ἑ ληιστῆρες ἐνιχρίμψαντες ἄγουσιν     1.260 A
ἢ θῆρες σίνονται· ἐγὼ δ᾽ ἰάχοντος ἄκουσα.
Ὣς φάτο· τῷ δ᾽ ἀίοντι κατὰ κροτάφων ἅλις ἱδρὼς
κήκιεν, ἂν δὲ κελαινὸν ὑπὸ σπλάγχνοις ζέεν αἷμα.
χωόμενος δ᾽ ἐλάτην χαμάδις βάλεν, ἐς δὲ κέλευθον
τὴν θέεν ᾗ πόδες αὐτοὶ ὑπέκφερον ἀίσσοντα.     1.265 A
ὡς δ᾽ ὅτε τίς τε μύωπι τετυμμένος ἔσσυτο ταῦρος
πίσεά τε προλιπὼν καὶ ἑλεσπίδας, οὐδὲ νομήων
οὐδ᾽ ἀγέλης ὄθεται, πρήσσει δ᾽ ὁδὸν ἄλλοτ᾽ ἄπαυστος,
ἄλλοτε δ᾽ ἱστάμενος καὶ ἀνὰ πλατὺν αὐχέν᾽ ἀείρων
ἵησιν μύκημα, κακῷ βεβολημένος οἴστρῳ -     1.270 A
ὣς ὅγε μαιμώων ὁτὲ μὲν θοὰ γούνατ᾽ ἔπαλλεν
συνεχέως, ὁτὲ δ᾽ αὖτε μεταλλήγων καμάτοιο
τῆλε διαπρύσιον μεγάλῃ βοάασκεν αὐτῇ.
Αὐτίκα δ᾽ ἀκροτάτας ὑπερέσχεθεν ἄκριας ἀστὴρ
ἠῷος, πνοιαὶ δὲ κατήλυθον· ὦκα δὲ Τῖφυς     1.275 A
ἐσβαίνειν ὀρόθυνεν ἐπαυρέσθαι τ᾽ ἀνέμοιο.
οἱ δ᾽ εἴσβαινον ἄφαρ λελιημένοι, ὕψι δὲ νηός
εὐναίας ἐρύσαντες ἀνεκρούσαντο κάλωας·
κυρτώθη δ᾽ ἀνέμῳ λίνα μεσσόθι, τῆλε δ᾽ ἀπ᾽ ἀκτῆς
γηθόσυνοι φορέοντο παραὶ Ποσιδήιον ἄκρην.     1.280 A
ἦμος δ᾽ οὐρανόθεν χαροπὴ ὑπολάμπεται ἠώς
ἐκ περάτης ἀνιοῦσα, διαγλαύσσουσι δ᾽ ἀταρποί
καὶ πεδία δροσόεντα φαεινῇ λάμπεται αἴγλῃ -
τῆμος τούσγ᾽ ἐνόησαν ἀιδρείῃσι λιπόντες.
ἐν δέ σφιν κρατερὸν νεῖκος πέσεν, ἐν δὲ κολῳός     1.285 A
ἄσπετος, εἰ τὸν ἄριστον ἀποπρολιπόντες ἔβησαν
σφωιτέρων ἑτάρων. ὁ δ᾽ ἀμηχανίῃσιν ἀτυχθείς
οὔτε τι τοῖον ἔπος μετεφώνεεν οὔτε τι τοῖον
Αἰσονίδης, ἀλλ᾽ ἧστο βαρείῃ νειόθεν ἄτῃ
θυμὸν ἔδων. Τελαμῶνα δ᾽ ἕλεν χόλος, ὧδέ τ᾽ ἔειπεν·     1.290 A

Ἧσ᾽ αὔτως εὔκηλος, ἐπεί νύ τοι ἄρμενον ἦεν
Ἡρακλῆα λιπεῖν· σέο δ᾽ ἔκτοθι μῆτις ὄρωρεν,
ὄφρα τὸ κείνου κῦδος ἀν᾽ Ἑλλάδα μή σε καλύψῃ,
αἴ κε θεοὶ δώωσιν ὑπότροπον οἴκαδε νόστον.
ἀλλὰ τί μύθων ἦδος; ἐπεὶ καὶ νόσφιν ἑταίρων       1.295 A
εἶμι τεῶν οἳ τόνδε δόλον συνετεκτήναντο.
Ἦ· καὶ ἐς Ἀγνιάδην Τῖφυν θόρε, τὼ δέ οἱ ὄσσε
ὄστλιγγες μαλεροῖο πυρὸς ὣς ἰνδάλλοντο.
καί νύ κεν ἂψ ὀπίσω Μυσῶν ἐπὶ γαῖαν ἵκοντο,
λαῖτμα βιησάμενοι ἀνέμου τ᾽ ἄλληκτον ἰωήν,       1.300 A
εἰ μὴ Θρηικίοιο δύω υἷες Βορέαο
Αἰακίδην χαλεποῖσιν ἐρητύεσκον ἔπεσσιν,
σχέτλιοι· ἦ τέ σφιν στυγερὴ τίσις ἔπλετ᾽ ὀπίσσω
χερσὶν ὑφ᾽ Ἡρακλῆος, ὅ μιν δίζεσθαι ἔρυκον.
ἄθλων γὰρ Πελίαο δεδουπότος ἂψ ἀνιόντας       1.305 A
Τήνῳ ἐν ἀμφιρύτῃ πέφνεν· καὶ ἀμήσατο γαῖαν
ἀμφ᾽ αὐτοῖς στήλας τε δύω καθύπερθεν ἔτευξεν,
ὧν ἑτέρη, θάμβος περιώσιον ἀνδράσι λεύσσειν,
κίνυται ἠχήεντος ὑπὸ πνοιῇ Βορέαο.
καὶ τὰ μὲν ὣς ἤμελλε μετὰ χρόνον ἐκτελέεσθαι·       1.310 A
τοῖσιν δὲ Γλαῦκος βρυχίης ἁλὸς ἐξεφαάνθη,
Νηρῆος θείοιο πολυφράδμων ὑποφήτης·
ὕψι δὲ λαχνῆέν τε κάρη καὶ στήθε᾽ ἀείρας
νειόθεν ἐκ λαγόνων, στιβαρῇ ἐπορέξατο χειρὶ
νηίου ὁλκαίοιο, καὶ ἴαχεν ἐσσυμένοισιν·       1.315 A
Τίπτε παρὲκ μεγάλοιο Διὸς μενεαίνετε βουλὴν
Αἰήτεω πτολίεθρον ἄγειν θρασὺν Ἡρακλῆα;
Ἄργεΐ οἱ μοῖρ᾽ ἐστὶν ἀτασθάλῳ Εὐρυσθῆι
ἐκπλῆσαι μογέοντα δυώδεκα πάντας ἀέθλους,
ναίειν δ᾽ ἀθανάτοισι συνέστιον, εἴ κ᾽ ἔτι παύρους       1.320 A
ἐξανύσῃ· τῶ μή τι ποθὴ κείνοιο πελέσθω.
αὔτως δ᾽ αὖ Πολύφημον ἐπὶ προχοῇσι Κίοιο
πέπρωται Μυσοῖσι περικλεὲς ἄστυ καμόντα
μοῖραν ἀναπλήσειν Χαλύβων ἐν ἀπείρονι γαίῃ.
αὐτὰρ Ὕλαν φιλότητι θεὰ ποιήσατο νύμφη       1.325 A
ὃν πόσιν, οἷό περ οὕνεκ᾽ ἀποπλαγχθέντες ἔλειφθεν.

Ἦ, καὶ κῦμ᾽ ἀλίαστον ἐφέσσατο νειόθι δύψας·
ἀμφὶ δέ οἱ δίνῃσι κυκώμενον ἄφρεεν ὕδωρ
πορφύρεον, κοίλην δ᾽ ἆιξ ἁλὸς ἔκλυσε νῆα.
γήθησαν δ᾽ ἥρωες· ὁ δ᾽ ἐσσυμένως ἐβεβήκει     1.330 A
Αἰακίδης Τελαμὼν ἐς Ἰήσονα, χεῖρα δὲ χειρί
ἄκρην ἀμφιβαλὼν προσπτύξατο φώνησέν τε·
Αἰσονίδη, μή μοί τι χολώσεαι, ἀφραδίῃσιν
εἴ τί περ ἀασάμην, πέρι γάρ μ᾽ ἄχος εἷλεν ἐνισπεῖν
μῦθον ὑπερφίαλόν τε καὶ ἄσχετον· ἀλλ᾽ ἀνέμοισιν     1.335 A
δώομεν ἀμπλακίην, ὡς καὶ πάρος εὐμενέοντες.
Τὸν δ᾽ αὖτ᾽ Αἴσονος υἱὸς ἐπιφραδέως προσέειπεν·
Ὦ πέπον, ἦ μάλα δή με κακῷ ἐκυδάσσαο μύθῳ,
φὰς ἐνὶ τοισίδ᾽ ἅπασιν ἐνηέος ἀνδρὸς ἀλείτην
ἔμμεναι. ἀλλ᾽ οὐ θήν τοι ἀδευκέα μῆνιν ἀέξω,     1.340 A
πρίν περ ἀνιηθείς· ἐπεὶ οὐ περὶ πώεσι μήλων
οὐδὲ περὶ κτεάτεσσι χαλεψάμενος μενέηνας,
ἀλλ᾽ ἑτάρου περὶ φωτός, ἔολπα δὲ τώς σε καὶ ἄλλῳ
ἀμφ᾽ ἐμεῦ, εἰ τοιόνδε πέλοι ποτέ, δηρίσασθαι.
Ἦ ῥα, καὶ ἀρθμηθέντες ὅπη πάρος ἑδριόωντο.     1.345 A
τὼ δὲ Διὸς βουλῇσιν, ὁ μὲν Μυσοῖσι βαλέσθαι
μέλλεν ἐπώνυμον ἄστυ πολισσάμενος ποταμοῖο
Εἰλατίδης Πολύφημος, ὁ δ᾽ Εὐρυσθῆος ἀέθλους
αὖτις ἰὼν πονέεσθαι· ἐπηπείλησε δὲ γαῖαν
Μυσίδ᾽ ἀναστήσειν αὐτοσχεδόν, ὁππότε μή οἱ     1.350 A
ἢ ζωοῦ εὕροιεν Ὕλα μόρον ἠὲ θανόντος.
τοῖο δὲ ῥύσι᾽ ὄπασσαν ἀποκρίναντες ἀρίστους
υἱέας ἐκ δήμοιο, καὶ ὅρκια ποιήσαντο
μήποτε μαστεύοντες ἀπολλήξειν καμάτοιο.
τούνεκεν εἰσέτι νῦν περ Ὕλαν ἐρέουσι Κιανοί,     1.355 A
κοῦρον Θειοδάμαντος, ἐυκτιμένης τε μέλονται
Τρηχῖνος· δὴ γάρ ῥα καταυτόθι νάσσατο παῖδας
οὕς οἱ ῥύσια κεῖθεν ἐπιπροέηκαν ἄγεσθαι.
Νηῦν δὲ πανημερίην ἄνεμος φέρε νυκτί τε πάσῃ
λάβρος ἐπιπνείων· ἀτὰρ οὐδ᾽ ἐπὶ τυτθὸν ἄητο     1.360 A
ἠοῦς τελλομένης. οἱ δὲ χθονὸς εἰσανέχουσαν

ἀκτὴν ἐκ κόλποιο μάλ᾽ εὐρεῖαν ἐσιδέσθαι
φρασσάμενοι κώπῃσιν ἅμ᾽ ἠελίῳ ἐπέκελσαν.


B

Ἔνθα δ᾽ ἔσαν σταθμοί τε βοῶν αὐλίς τ᾽ Ἀμύκοιο,
Βεβρύκων βασιλῆος ἀγήνορος, ὅν ποτε νύμφη
τίκτε Ποσειδάωνι Γενεθλίῳ εὐνηθεῖσα
Βιθυνὶς Μελίη ὑπεροπλήστατον ἀνδρῶν·
ὅς τ᾽ ἐπὶ καὶ ξείνοισιν ἀεικέα θεσμὸν ἔθηκεν,      5 B
μή τιν᾽ ἀποστείχειν πρὶν πειρήσασθαι ἑοῖο
πυγμαχίης, πολέας δὲ περικτιόνων ἐδάιξεν.
καὶ δὲ τότε, προτὶ νῆα κιών, χρειὼ μὲν ἐρέσθαι
ναυτιλίης οἵ τ᾽ εἶεν ὑπερβασίῃσιν ἄτισσε,
τοῖον δ᾽ ἐν πάντεσσι παρασχεδὸν ἔκφατο μῦθον·   10 B
Κέκλυθ᾽ ἁλίπλαγκτοι τάπερ ἴδμεναι ὕμμιν ἔοικεν.
οὔ τινα θέσμιόν ἐστιν ἀφορμηθέντα νέεσθαι
ἀνδρῶν ὀθνείων ὅς κεν Βέβρυξι πελάσσῃ,
πρὶν χείρεσσιν ἐμῇσιν ἑὰς ἀνὰ χεῖρας ἀεῖραι.
τῶ καί μοι τὸν ἄριστον ἀποκριδὸν οἶον ὁμίλου     15 B
πυγμαχίῃ στήσασθε καταυτόθι δηρινθῆναι.
εἰ δ᾽ αὖ ἀπηλεγέοντες ἐμὰς πατέοιτε θέμιστας,
ἦ κέν τις στυγερῶς κρατερῇ ἐπιέψετ᾽ ἀνάγκῃ.
Ἦ ῥα μέγα φρονέων. τοὺς δ᾽ ἄγριος εἰσαΐοντας
εἷλε χόλος, πέρι δ᾽ αὖ Πολυδεύκεα τύψεν ὁμοκλή·  20 B
αἶψα δ᾽ ἑῶν ἑτάρων πρόμος ἵστατο, φώνησέν τε·
Ἴσχεο νῦν, μηδ᾽ ἄμμι κακήν, ὅτις εὔχεαι εἶναι,
φαῖνε βίην· θεσμοῖς γὰρ ὑπείξομεν, ὡς ἀγορεύεις.
αὐτὸς ἑκὼν ἤδη τοι ὑπίσχομαι ἀντιάασθαι.
Ὣς φάτ᾽ ἀπηλεγέως. ὁ δ᾽ ἐσέδρακεν ὄμμαθ᾽ ἑλίξας, 25 B
ὥστε λέων ὑπ᾽ ἄκοντι τετυμμένος, ὅν τ᾽ ἐν ὄρεσσι
ἀνέρες ἀμφιπένονται· ὁ δ᾽ ἰλλόμενός περ ὁμίλῳ
τῶν μὲν ἔτ᾽ οὐκ ἀλέγει, ἐπὶ δ᾽ ὄσσεται οἰόθεν οἶος
ἄνδρα τὸν ὅς ͱιν ἔτυψε παρυΐτατος οὐδ᾽ ἐδάμασσεν.
ἔνθ᾽ ἀπὸ Τυνδαρίδης μὲν ἐΰστιππον θέτο φᾶρος      30 B

λεπταλέον, τό ῥά οἵ τις ἑὸν ξεινήιον εἶναι
ὤπασε Λημνιάδων· ὁ δ᾽ ἐρεμνὴν δίπτυχα λώπην
αὐτῇσιν περόνῃσι καλαύροπά τε τρηχεῖαν
κάββαλε τὴν φορέεσκεν ὀριτρεφέος κοτίνοιο.
αὐτίκα δ᾽ ἐγγύθι χῶρον ἐαδότα παπτήναντες,      35 B
ἷζον ἑοὺς δίχα πάντας ἐνὶ ψαμάθοισιν ἑταίρους,
οὐ δέμας οὐδὲ φυὴν ἐναλίγκιοι εἰσοράασθαι·
ἀλλ᾽ ὁ μὲν ἢ ὀλοοῖο Τυφωέος ἠὲ καὶ αὐτῆς
Γαίης εἶναι ἔικτο πέλωρ τέκος οἷα πάροιθεν
χωομένη Διὶ τίκτεν· ὁ δ᾽ οὐρανίῳ ἀτάλαντος      40 B
ἀστέρι Τυνδαρίδης, οὗπερ κάλλισται ἔασιν
ἑσπερίην διὰ νύκτα φαεινομένου ἀμαρυγαί·
τοῖος ἔην Διὸς υἱός, ἔτι χνοάοντας ἰούλους
ἀντέλλων, ἔτι φαιδρὸς ἐν ὄμμασιν, ἀλλά οἱ ἀλκή
καὶ μένος ἠύτε θηρὸς ἀέξετο· πῆλε δὲ χεῖρας      45 B
πειράζων εἴθ᾽ ὡς πρὶν εὐτρόχαλοι φορέονται
μηδ᾽ ἄμυδις καμάτῳ τε καὶ εἰρεσίῃ βαρύθοιεν.
οὐ μὰν αὐτ᾽ Ἄμυκος πειρήσατο· σῖγα δ᾽ ἄπωθεν
ἑστηὼς εἰς αὐτὸν ἔχ᾽ ὄμματα, καί οἱ ὀρέχθει
θυμὸς ἐελδομένῳ στηθέων ἐξ αἷμα κεδάσσαι.      50 B
τοῖσι δὲ μεσσηγὺς θεράπων Ἀμύκοιο Λυκωρεύς
θῆκε πάροιθε ποδῶν δοιοὺς ἑκάτερθεν ἱμάντας
ὠμούς, ἀζαλέους, πέρι δ᾽ οἵγ᾽ ἔσαν ἐσκληῶτες.
αὐτὰρ ὁ τόνγ᾽ ἐπέεσσιν ὑπερφιάλοισι μετηύδα·
Τῶνδέ τοι ᾧ κ᾽ ἐθέλῃσθα πάλου ἄτερ ἐγγυαλίξω      55 B
αὐτὸς ἑκών, ἵνα μή μοι ἀτέμβῃαι μετόπισθεν.
ἀλλὰ βάλευ περὶ χερσί, δαεὶς δέ κεν ἄλλῳ ἐνίσποις
ὅσσον ἐγὼ ῥινούς τε βοῶν περίειμι ταμέσθαι
ἀζαλέας, ἀνδρῶν τε παρηίδας αἵματι φύρσαι.
Ὣς ἔφατ᾽· αὐτὰρ ὅγ᾽ οὔ τι παραβλήδην ἐρίδηνεν,      60 B
ἦκα δὲ μειδήσας, οἵ οἱ παρὰ ποσσὶν ἔκειντο,
τοὺς ἕλεν ἀπροφάτως. τοῦ δ᾽ ἀντίος ἤλυθε Κάστωρ
ἠδὲ Βιαντιάδης Ταλαὸς μέγας, ὦκα δ᾽ ἱμάντας
ἀμφέδεον, μάλα πολλὰ παρηγορέοντες ἐς ἀλκήν·
τῷ δ᾽ αὖτ᾽ Ἀρητός τε καὶ Ὄρνυτος, οὐδέ τι ᾔδειν      65 B
νήπιοι ὕστατα κεῖνα κακῇ δήσαντες ἐπ᾽ αἴσῃ.

Οἱ δ᾽ ἐπεὶ οὖν ἐν ἱμᾶσι διασταδὸν ἠρτύναντο,
αὐτίκ᾽ ἀνασχόμενοι ῥεθέων προπάροιθε βαρείας
χεῖρας, ἐπ᾽ ἀλλήλοισι μένος φέρον ἀντιόωντες.
ἔνθα δὲ Βεβρύκων μὲν ἄναξ, ἄτε κῦμα θαλάσσης        70 Β
τρηχὺ θοῇ ἐπὶ νηὶ κορύσσεται, ἡ δ᾽ ὑπὸ τυτθόν
ἰδρείῃ πυκινοῖο κυβερνητῆρος ἀλύσκει
ἱεμένου φορέεσθαι ἔσω τοίχοιο κλύδωνος -
ὣς ὅγε Τυνδαρίδην φοβέων ἕπετ᾽ οὐδέ μιν εἴα
δηθύνειν, ὁ δ᾽ ἄρ᾽ αἰὲν ἀνούτατος ἦν διὰ μῆτιν        75 Β
ἀίσσοντ᾽ ἀλέεινεν. ἀπηνέα δ᾽ αἶψα νοήσας
πυγμαχίην, ᾗ κάρτος ἀάατος ᾗ τε χερείων,
στῆ ῥ᾽ ἄμοτον καὶ χερσὶν ἐναντία χεῖρας ἔμειξεν.
ὡς δ᾽ ὅτε νήϊα δοῦρα θοοῖς ἀντίξοα γόμφοις
ἀνέρες ὑληουργοὶ ἐπιβλήδην ἐλάοντες        80 Β
θείνωσι σφύρῃσιν, ἐπ᾽ ἄλλῳ δ᾽ ἄλλος ἄηται
δοῦπος ἄδην - ὣς τοῖσι παρήϊά τ᾽ ἀμφοτέρωθεν
καὶ γένυες κτύπεον, βρυχὴ δ᾽ ὑπετέλλετ᾽ ὀδόντων
ἄσπετος· οὐδ᾽ ἔλληξαν ἐπισταδὸν οὐτάζοντες
ἔστε περ οὐλοὸν ἆσθμα καὶ ἀμφοτέρους ἐδάμασσεν.        85 Β
στάντε δὲ βαιὸν ἄπωθεν ἀπωμόρξαντο μετώπων
ἱδρῶ ἅλις, καματηρὸν ἀυτμένα φυσιόωντε.
ἂψ δ᾽ αὖτις συνόρουσαν ἐναντίω, ἠύτε ταύρω
φορβάδος ἀμφὶ βοὸς κεκοτηότε δηριάασθον.
ἔνθα δ᾽ ἔπειτ᾽ Ἄμυκος μὲν ἐπ᾽ ἀκροτάτοισιν ἀερθείς        90 Β
βουτύπος οἷα πόδεσσι τανύσσατο, κὰδ δὲ βαρεῖαν
χεῖρ᾽ ἐπὶ οἷ πελέμιξεν· ὁ δ᾽ ἀίσσοντος ὑπέστη,
κρᾶτα παρακλίνας, ὤμῳ δ᾽ ἀνεδέξατο πῆχυν.
τυτθὸν δ᾽ ἄνδιχα τοῖο παρὲκ γόνυ γουνὸς ἀμείβων,
κόψε μεταΐγδην ὑπὲρ οὔατος, ὀστέα δ᾽ εἴσω        95 Β
ῥῆξεν· ὁ δ᾽ ἀμφ᾽ ὀδύνῃ γνὺξ ἤριπεν. οἱ δ᾽ ἰάχησαν
ἥρωες Μινύαι· τοῦ δ᾽ ἀθρόος ἔκχυτο θυμός.
Οὐδ᾽ ἄρα Βέβρυκες ἄνδρες ἀφείδησαν βασιλῆος,
ἀλλ᾽ ἄμυδις κορύνας ἀζηχέας ἠδὲ σιγύννους
ἰθὺς ἀνασχόμενοι Πολυδεύκεος ἀντιάασκον·        100 Β
τοῦ δὲ πάρος κολεῶν εὐήκεα φάσγαν᾽ ἑταῖροι
ἔσταν ἐρυσσάμενοι. πρῶτός γε μὲν ἀνέρα Κάστωρ

ἤλασ᾽ ἐπεσσύμενον κεφαλῆς ὕπερ· ἡ δ᾽ ἑκάτερθεν
ἔνθα καὶ ἔνθ᾽ ὤμοισιν ἐπ᾽ ἀμφοτέροισι κεάσθη·
αὐτὸς δ᾽ Ἰτυμονῆα πελώριον ἠδὲ Μίμαντα,      105 B
τὸν μὲν ὑπὸ στέρνοιο θοῷ ποδί, λὰξ ἐπορούσας,
πλῆξε καὶ ἐν κονίῃσι βάλεν, τοῦ δ᾽ ἄσσον ἰόντος
δεξιτερῇ σκαιῆς ὑπὲρ ὀφρύος ἤλασε χειρί,
δρύψε δέ οἱ βλέφαρον, γυμνὴ δ᾽ ὑπελείπετ᾽ ὀπωπή.
Ὠρείτης δ᾽, Ἀμύκοιο βίην ὑπέροπλος ὀπάων,      110 B
οὖτα Βιαντιάδαο κατὰ λαπάρην Ταλαοῖο,
ἀλλά μιν οὐ κατέπεφνεν, ὅσον δ᾽ ἐπὶ δέρματι μοῦνον
νηδυίων ἄψαυστος ὑπὸ ζώνην τόρε χαλκός.
αὔτως δ᾽ Ἄρητος μενεδήιον Εὐρύτου υἷα
Ἴφιτον ἀζαλέῃ κορύνῃ στυφέλιξεν ἐλάσσας,      115 B
οὔπω κηρὶ κακῇ πεπρωμένον· ἦ τάχ᾽ ἔμελλεν
αὐτὸς δῃώσεσθαι ὑπὸ ξίφεϊ Κλυτίοιο.
καὶ τότ᾽ ἄρ᾽ Ἀγκαῖος Λυκοόργοιο θρασὺς υἱός
αἶψα μέλαν τεταγὼν πέλεκυν μέγαν ἠδὲ κελαινόν
ἄρκτου προσχόμενος σκαιῇ δέρος ἔνθορε μέσσῳ      120 B
ἐμμεμαὼς Βέβρυξιν· ὁμοῦ δέ οἱ ἐσσεύοντο
Αἰακίδαι, σὺν δέ σφιν ἀρήιος ὤρνυτ᾽ Ἰήσων.
ὡς δ᾽ ὅτ᾽ ἐνὶ σταθμοῖσιν ἀπείρονα μῆλ᾽ ἐφόβησαν
ἤματι χειμερίῳ πολιοὶ λύκοι, ὁρμηθέντες
λάθρῃ εὐρρίνων τε κυνῶν αὐτῶν τε νομήων,      125 B
μαίονται δ᾽ ὅ τι πρῶτον ἐπαΐξαντες ἕλωσι,
πόλλ᾽ ἐπιπαμφαλόωντες ὁμοῦ, τὰ δὲ πάντοθεν αὔτως
στείνονται πίπτοντα περὶ σφίσιν - ὣς ἄρα τοίγε
λευγαλέως Βέβρυκας ὑπερφιάλους ἐφόβησαν.
ὡς δὲ μελισσάων σμῆνος μέγα μηλοβοτῆρες      130 B
ἠὲ μελισσοκόμοι πέτρῃ ἔνι καπνιόωσιν,
αἱ δ᾽ ἤτοι τείως μὲν ἀολλέες ᾧ ἐνὶ σίμβλῳ
βομβηδὸν κλονέονται, ἐπιπρὸ δὲ λιγνυόεντι
καπνῷ τυφόμεναι πέτρης ἑκὰς ἀίσσουσιν -
ὣς οἵγ᾽ οὐκέτι δὴν μένον ἔμπεδον ἀλλὰ κέδασθεν      135 B
εἴσω Βεβρυκίης, Ἀμύκου μόρον ἀγγελέοντες·
νήπιοι, οὐδ᾽ ἐνόησαν ὃ δή σφισιν ἐγγύθεν ἄλλο
πῆμ᾽ ἀίδηλον ἔην. πέρθοντο γὰρ ἠμὲν ἀλωαί

ἠδ᾽ οἷαι τῆμος δήῳ ὑπὸ δουρὶ Λύκοιο
καὶ Μαριανδυνῶν ἀνδρῶν, ἀπεόντος ἄνακτος·    140 B
αἰεὶ γὰρ μάρναντο σιδηροφόρου περὶ γαίης.
οἱ μὲν δὴ σταθμούς τε καὶ αὔλια δηιάασκον·
ἤδη δ᾽ ἄσπετα μῆλα περιτροπάδην ἐτάμοντο
ἥρωες· καὶ δή τις ἔπος μετὰ τοῖσιν ἔειπεν·
Φράζεσθ᾽ ὅττι κεν ᾖσιν ἀναλκείῃσιν ἔρεξαν,    145 B
εἴ πως Ἡρακλῆα θεὸς καὶ δεῦρο κόμισσεν.
ἤτοι μὲν γὰρ ἐγὼ κείνου παρεόντος ἔολπα
οὐδ᾽ ἂν πυγμαχίῃ κρινθήμεναι· ἀλλ᾽ ὅτε θεσμούς
ἤλυθεν ἐξερέων, αὐτοῖς ἄφαρ οἷς ἀγόρευεν
θεσμοῖσιν ῥοπάλῳ μιν ἀγηνορίης λελαθέσθαι.    150 B
ναὶ μὲν ἀκήδεστον γαίῃ ἔνι τόνγε λιπόντες
πόντον ἐπέπλωμεν, μάλα δ᾽ ἡμέων αὐτὸς ἕκαστος
εἴσεται οὐλομένην ἄτην ἀπάνευθεν ἐόντος.
Ὣς ἄρ᾽ ἔφη· τὰ δὲ πάντα Διὸς βουλῇσι τέτυκτο.
καὶ τότε μὲν μένον αὖθι διὰ κνέφας, ἕλκεά τ᾽ ἀνδρῶν    155 B
οὐταμένων ἀκέοντο, καὶ ἀθανάτοισι θυηλάς
ῥέξαντες μέγα δόρπον ἐφώπλισαν, οὐδέ τιν᾽ ὕπνος
εἷλε παρὰ κρητῆρι καὶ αἰθομένοις ἱεροῖσιν·
ξανθὰ δ᾽ ἐρεψάμενοι δάφνης καθύπερθε μέτωπα
ἀγχιάλου φύλλοις, τῇ περ πρυμνῇσι᾽ ἀνῆπτο,    160 B
Ὀρφείῃ φόρμιγγι συνοίμιον ὕμνον ἄειδον
ἐμμελέως, περὶ δέ σφιν ἰαίνετο νήνεμος ἀκτή
μελπομένοις· κλεῖον δὲ Θεραπναῖον Διὸς υἷα.
Ἦμος δ᾽ ἠέλιος δροσερὰς ἐπέλαμψε κολώνας
ἐκ περάτων ἀνιών, ἤγειρε δὲ μηλοβοτῆρας,    165
δὴ τότε λυσάμενοι νεάτης ἐκ πείσματα δάφνης,
ληίδα τ᾽ εἰσβήσαντες ὅσην χρεὼ ἦεν ἄγεσθαι,
πνοιῇ δινήεντ᾽ ἀνὰ Βόσπορον ἰθύνοντο.
ἔνθα μὲν ἠλιβάτῳ ἐναλίγκιον οὔρεϊ κῦμα
ἀμφέρεται προπάροιθεν ἐπαΐσσοντι ἐοικός,    170 B
αἰὲν ὑπὲρ λαιφέων ἠερμένον· οὐδέ κε φαίης
φεύξεσθαι κακὸν οἶτον, ἐπεὶ μάλα μεσσόθι νηός
λάβρον ἐπικρέμαται ὑπὲρ νέφεος, ἀλλὰ τόγ᾽ ἔμπης
στόρνυται εἴ κ᾽ ἐσθλοῖο κυβερνητῆρος ἐπαύρῃ.

τῶ καὶ Τίφυος οἵδε δαημοσύνῃσι νέοντο     175 B
ἀσκηθεῖς μέν, ἀτὰρ πεφοβημένοι. ἤματι δ᾽ ἄλλῳ
ἀντιπέρην γαίῃ Θυνηίδι πείσματ᾽ ἀνῆψαν.
Ἔνθα δ᾽ ἐπάκτιον οἶκον Ἀγηνορίδης ἔχε Φινεύς,
ὃς περὶ δὴ πάντων ὀλοώτατα πήματ᾽ ἀνέτλη
εἵνεκα μαντοσύνης, τήν οἱ πάρος ἐγγυάλιξεν     180 B
Λητοΐδης, οὐδ᾽ ὅσσον ὀπίζετο καὶ Διὸς αὐτοῦ
χρείων ἀτρεκέως ἱερὸν νόον ἀνθρώποισιν·
τῶ καί οἱ γῆρας μὲν ἐπὶ δηναιὸν ἴαλλεν,
ἐκ δ᾽ ἕλετ᾽ ὀφθαλμῶν γλυκερὸν φάος, οὐδὲ γάνυσθαι
εἴα ἀπειρεσίοισιν ὀνείασιν ὅσσα οἱ αἰεί     185 B
θέσφατα πευθόμενοι περιναιέται οἴκαδ᾽ ἄγειρον·
ἀλλὰ διὰ νεφέων ἄφνω πέλας ἀίσσουσαι
Ἅρπυιαι στόματος χειρῶν τ᾽ ἀπὸ γαμφηλῇσι
συνεχέως ἥρπαζον, ἐλείπετο δ᾽ ἄλλοτε φορβῆς
οὐδ᾽ ὅσον· ἄλλοτε τυτθόν, ἵνα ζώων ἀκάχοιτο,     190 B
καὶ δ᾽ ἐπὶ μυδαλέην ὀδμὴν χέον· οὐδέ τις ἔτλη
μὴ καὶ λευκανίηνδε φορεύμενος ἀλλ᾽ ἀποτηλοῦ
ἑστηώς, τοῖόν οἱ ἀπέπνεε λείψανα δαιτός.
αὐτίκα δ᾽, εἰσαΐων ἐνοπὴν καὶ δοῦπον ὁμίλου,
τούσδ᾽ αὐτοὺς παρεόντας ἐπήισεν ὧν οἱ ἰόντων     195 B
θέσφατον ἐκ Διὸς ἦεν ἑῆς ἀπόνασθαι ἐδωδῆς.
ὀρθωθεὶς δ᾽ εὐνῆθεν, ἀκήριον ἠΰτ᾽ ὄνειρον,
βάκτρῳ σκηπτόμενος ῥικνοῖς ποσὶν ἦε θύραζε,
τοίχους ἀμφαφόων, τρέμε δ᾽ ἅψεα νισσομένοιο
ἀδρανίῃ γήραι τε· πίνῳ δέ οἱ αὐσταλέος χρώς     200 B
ἐσκλήκει, ῥινοὶ δὲ σὺν ὀστέα μοῦνον ἔεργον.
ἐκ δ᾽ ἐλθὼν μεγάροιο καθέζετο γοῦνα βαρυνθείς
οὐδοῦ ἐπ᾽ αὐλείοιο· κάρος δέ μιν ἀμφεκάλυψεν
πορφύρεος, γαῖαν δὲ πέριξ ἐδόκησε φέρεσθαι
νειόθεν, ἀβληχρῷ δ᾽ ἐπὶ κώματι κέκλιτ᾽ ἄναυδος.     205 B
οἱ δέ μιν ὡς εἴδοντο, περισταδὸν ἠγερέθοντο
καὶ τάφον. αὐτὰρ ὁ τοῖσι, μάλα μόλις ἐξ ὑπάτοιο
στήθεος ἀμπνεύσας, μετεφώνεε μαντοσύνῃσι·
Κλῦτε Πανελλήνων προφερέστατοι, εἰ ἐτεὸν δή
οἵδ᾽ ὑμεῖς οὓς δὴ κρυερῇ βασιλῆος ἐφετμῇ     210 B

Ἀργῴης ἐπὶ νηὸς ἄγει μετὰ κῶας Ἰήσων -
ὑμεῖς ἀτρεκέως· ἔτι μοι νόος οἶδεν ἕκαστα
ἦσι θεοπροπίῃσι - χάριν νύ τοι, ὦ ἄνα Λητοῦς
υἱέ, καὶ ἀργαλέοισιν ἀνάπτομαι ἐν καμάτοισιν.
Ἱκεσίου πρὸς Ζηνός, ὅτις ῥίγιστος ἀλιτροῖς    215 B
ἀνδράσι, Φοίβου τ᾽ ἀμφί, καὶ αὐτῆς εἵνεκεν Ἥρης
λίσσομαι, ᾗ περίαλλα θεῶν μέμβλεσθε κιόντες·
χραίσμετέ μοι, ῥύσασθε δυσάμμορον ἀνέρα λύμης,
μηδέ μ᾽ ἀκηδείῃσιν ἀφορμήθητε λιπόντες
αὔτως. οὐ γὰρ μοῦνον ἐπ᾽ ὀφθαλμοῖσιν Ἐρινύς    220 B
λὰξ ἐπέβη, καὶ γῆρας ἀμήρυτον ἐς τέλος ἕλκω·
πρὸς δ᾽ ἐπὶ πικρότατον κρέμαται κακὸν ἄλλο κακοῖσιν.
Ἅρπυιαι στόματός μοι ἀφαρπάζουσιν ἐδωδήν
ἔκποθεν ἀφράστοιο καταΐσσουσαι ὀλέθρου,
ἴσχω δ᾽ οὔτινα μῆτιν ἐπίρροθον· ἀλλά κε ῥεῖα    225 B
αὐτὸς ἑὸν λελάθοιμι νόον δόρποιο μεμηλώς
ἢ κείνας, ὧδ᾽ αἶψα διηέριαι ποτέονται.
τυτθὸν δ᾽ ἢν ἄρα δήποτ᾽ ἐδητύος ἄμμι λίπωσιν,
πνεῖ τόδε μυδαλέον τε καὶ οὐ τλητὸν μένος ὀδμῆς.
οὔ κέ τις οὐδὲ μίνυνθα βροτῶν ἄνσχοιτο πελάσσας,    230 B
οὐδ᾽ εἴ οἱ ἀδάμαντος ἐληλάμενον κέαρ εἴη·
ἀλλά με πικρὴν δαῖτα κατ᾽ ἄατος ἴσχει ἀνάγκη
μίμνειν, καὶ μίμνοντα κακῇ ἐν γαστέρι θέσθαι.
τὰς μὲν θέσφατόν ἐστιν ἐρητῦσαι Βορέαο
υἱέας· οὐδ᾽ ὀθνεῖοι ἀλαλκήσουσιν ἐόντες,    235 B
εἰ δὴ ἐγὼν ὁ πρίν ποτ᾽ ἐπικλυτὸς ἀνδράσι Φινεύς
ὄλβῳ μαντοσύνῃ τε, πατὴρ δέ με γείνατ᾽ Ἀγήνωρ,
τῶν δὲ κασιγνήτην, ὅτ᾽ ἐνὶ Θρήκεσσιν ἄνασσον,
Κλειοπάτρην ἕδνοισιν ἐμὸν δόμον ἦγον ἄκοιτιν.
Ἴσκεν Ἀγηνορίδης. ἀδινὸν δ᾽ ἕλε κῆδος ἕκαστον    240 B
ἡρώων, πέρι δ᾽ αὖτε δύο υἷας Βορέαο·
δάκρυ δ᾽ ὀμορξαμένω σχεδὸν ἤλυθον, ὧδέ τ᾽ ἔειπεν
Ζήτης, ἀσχαλόωντος ἑλὼν χερὶ χεῖρα γέροντος·
Ἆ δείλ᾽, οὔ τινά φημι σέθεν σμυγερώτερον ἄλλον
ἔμμεναι ἀνθρώπων. τί νύ τοι τόσα κήδε᾽ ἀνῆπται;    245 B
ἦ ῥα θεοὺς ὀλοῇσι παρήλιτες ἀφραδίῃσιν,

μαντοσύνας δεδαώς; τῶ τοι μέγα μηνίωσιν;
ἄμμι γε μὴν νόος ἔνδον ἀτύζεται, ἱεμένοισιν
χραισμεῖν εἰ δὴ πρόχνυ γέρας τόδε πάρθετο δαίμων
νῶιν· ἀρίζηλοι γὰρ ἐπιχθονίοισιν ἐνιπαί     250 B
ἀθανάτων· οὐδ᾽ ἂν πρὶν ἐρητύσαιμεν ἰούσας
Ἁρπυίας, μάλα περ λελιημένοι, ἔστ᾽ ἂν ὀμόσσῃς
μὴ μὲν τοῖο ἕκητι θεοῖς ἀπὸ θυμοῦ ἔσεσθαι.
Ὣς φάτο· τοῦ δ᾽ ἰθὺς κενεὰς ὁ γεραιὸς ἀνέσχε
γλήνας ἀμπετάσας, καὶ ἀμείψατο τοῖσδ᾽ ἐπέεσσι·     255 B
Σίγα· μή μοι ταῦτα νόῳ ἔνι βάλλεο τέκνον.
ἴστω Λητοῦς υἱός, ὅ με πρόφρων ἐδίδαξε
μαντοσύνας· ἴστω δὲ δυσώνυμος ἥ μ᾽ ἔλαχεν Κήρ,
καὶ τόδ᾽ ἐπ᾽ ὀφθαλμῶν ἀλαὸν νέφος, οἵ θ᾽ ὑπένερθεν
δαίμονες, οἳ μηδ᾽ ὧδε θανόντι περ εὐμενέοιεν,     260 B
ὡς οὔ τις θεόθεν χόλος ἔσσεται εἵνεκ᾽ ἀρωγῆς.
Τὼ μὲν ἔπειθ᾽ ὅρκῳ, καὶ ἀλαλκέμεναι μενέαινον·
αἶψα δὲ κουρότεροι πεπονήατο δαῖτα γέροντι,
λοίσθιον Ἁρπυίῃσιν ἑλώριον· ἐγγύθι δ᾽ ἄμφω
στῆσαν, ἵνα ξιφέεσσιν ἐπεσσυμένας ἐλάσειαν.     265 B
καὶ δὴ τὰ πρώτισθ᾽ ὁ γέρων ἔψαυεν ἐδωδῆς,
αἱ δ᾽ ἄφαρ, ἠύτ᾽ ἄελλαι ἀδευκέες ἢ στεροπαὶ ὥς,
ἀπρόφατοι νεφέων ἐξάλμεναι ἐσσεύοντο
κλαγγῇ μαιμώωσαι ἐδητύος. οἱ δ᾽ ἐσιδόντες
ἥρωες μεσσηγὺς ἀνίαχον, αἱ δ᾽ ἄμ᾽ αὐτῇ     270 B
πάντα καταβρώξασαι, ὑπὲρ πόντοιο φέροντο
τῆλε παρέξ, ὀδμὴ δὲ δυσάνσχετος αὖθι λέλειπτο.
τάων δ᾽ αὖ κατόπισθε δύω υἷες Βορέαο
φάσγαν᾽ ἐπισχόμενοι ἐπ᾽ ἴσῳ θέον, ἐν γὰρ ἔηκεν
Ζεὺς μένος ἀκάματόν σφιν· ἀτὰρ Διὸς οὔ κεν ἐπέσθην     275 B
νόσφιν, ἐπεὶ ζεφύροιο παραΐσσεσκον ἀέλλας
αἰέν, ὅτ᾽ ἐς Φινῆα καὶ ἐκ Φινῆος ἴοιεν.
ὡς δ᾽ ὅτ᾽ ἐνὶ κνημοῖσι κύνες δεδαημένοι ἄγρης
ἢ αἶγας κεραοὺς ἠὲ πρόκας ἰχνεύοντες
θείωσιν, τυτθὸν δὲ τιταινόμενοι μετόπισθεν     280 B
ἄκρης ἐν γενύεσσι μάτην ἀράβησαν ὀδόντας -
ὡς Ζήτης Κάλαΐς τε μάλα σχεδὸν ἀίσσοντες

τάων ἀκροτάτῃσιν ἐπέχραον ἤλιθα χερσίν.
καί νύ κε δή σφ᾽ ἀέκητι θεῶν διεδηλήσαντο,
πολλὸν ἑκὰς νήσοισιν ἔπι Πλωτῇσι κιχόντες,     285 Β
εἰ μὴ ἄρ᾽ ὠκέα Ἶρις ἴδεν, κατὰ δ᾽ αἰθέρος ἆλτο
οὐρανόθεν, καὶ τοῖα παραιφαμένη κατέρυκεν·
Οὐ θέμις, ὦ υἱεῖς Βορέω, ξιφέεσσιν ἐλάσσαι
Ἁρπυίας, μεγάλοιο Διὸς κύνας· ὅρκια δ᾽ αὐτή
δώσω ἐγὼν ὡς οὔ οἱ ἔτι χρίμψουσιν ἰοῦσαι.     290 Β
Ὣς φαμένη, λοιβὴν Στυγὸς ὤμοσεν, ἥ τε θεοῖσιν
ῥιγίστη πάντεσσιν ὀπιδνοτάτη τε τέτυκται,
μὴ μὲν Ἀγηνορίδαο δόμοις ἔτι τάσδε πελάσσαι
εἰσαῦτις Φινῆος, ἐπεὶ καὶ μόρσιμον ἦεν.
οἱ δ᾽ ὅρκῳ εἴξαντες ὑπέστρεφον ἂψ ἐπὶ νῆα     295 Β
σώεσθαι· Στροφάδας δὲ μετακλείουσ᾽ ἄνθρωποι
νήσους τοῖο ἕκητι, πάρος Πλωτὰς καλέοντες.
Ἅρπυιαι δ᾽ Ἶρίς τε διέτμαγον· αἱ μὲν ἔδυσαν
κευθμῶνα Κρήτης Μινωΐδος, ἡ δ᾽ ἀνόρουσεν
Οὔλυμπόνδε θοῇσι μεταχρονίη πτερύγεσσιν.     300 Β
Τόφρα δ᾽ ἀριστῆες, πινόεν περὶ δέρμα γέροντος
πάντη φοιβήσαντες, ἐπικριδὸν ἱρεύσαντο
μῆλα τά τ᾽ ἐξ Ἀμύκοιο λεηλασίης ἐκόμισσαν.
αὐτὰρ ἐπεὶ μέγα δόρπον ἐνὶ μεγάροισιν ἔθεντο,
δαίνυνθ᾽ ἑζόμενοι· σὺν δέ σφισι δαίνυτο Φινεύς     305 Β
ἁρπαλέως, οἷόν τ᾽ ἐν ὀνείρασι θυμὸν ἰαίνων.
ἔνθα δ᾽, ἐπεὶ δόρποιο κορέσσαντ᾽ ἠδὲ ποτῆτος,
παννύχιοι Βορέω μένον υἱέας ἐγρήσσοντες·
αὐτὸς δ᾽ ἐν μέσσοισι παρ᾽ ἐσχάρῃ ἧσθ᾽ ὁ γεραιός,
πείρατα ναυτιλίης ἐνέπων ἄνυσίν τε κελεύθου·     310 Β
Κλῦτέ νυν· οὐ μὲν πάντα πέλει θέμις ὔμμι δαῆναι
ἀτρεκές, ὅσσα δ᾽ ὄρωρε θεοῖς φίλον, οὐκ ἐπικεύσω.
ἀασάμην καὶ πρόσθε Διὸς νόον ἀφραδίῃσιν
χρείων ἐξείης τε καὶ ἐς τέλος. ὧδε γὰρ αὐτός
βούλεται ἀνθρώποις ἐπιδευέα θέσφατα φαίνειν     315 Β
μαντοσύνης, ἵνα καί τι θεῶν χατέωσι νόοιο.
Πέτρας μὲν πάμπρωτον ἀφορμηθέντες ἐμεῖο
Κυανέας ὄψεσθε δύω ἁλὸς ἐν ξυνοχῇσι.

51

τάων οὔ τινά φημι διαμπερὲς ἐξαλέασθαι·
οὐ γάρ τε ῥίζῃσιν ἐρήρεινται νεάτῃσιν,      320 B
ἀλλὰ θαμὰ ξυνίασιν ἐναντίαι ἀλλήλῃσιν
εἰς ἕν, ὕπερθε δὲ πολλὸν ἁλὸς κορθύεται ὕδωρ
βρασσόμενον, στρηνὲς δὲ πέρι στυφελὴ βρέμει ἀκτή.
τῶ νῦν ἡμετέρῃσι παραιφασίῃσι πίθεσθε,
εἰ ἐτεὸν πυκινῷ τε νόῳ μακάρων τ᾽ ἀλέγοντες      325 B
πείρετε, μηδ᾽ αὔτως αὐτάγρετον οἶτον ὀλέσθαι
ἀφραδέως ἰθύετ᾽ ἐπισπόμενοι νεότητι.
οἰωνῷ δὴ πρόσθε πελειάδι πειρήσασθαι,
νηὸς ἄπο πρό μιν ἔντας, ἐφίεμαι. ἢν δὲ δι᾽ αὐτῶν
πετράων Πόντονδε σόη πτερύγεσσι δίηται,      330 B
μηκέτι δὴν μηδ᾽ αὐτοὶ ἐρητύεσθε κελεύθου,
ἀλλ᾽ εὖ καρτύναντες ἑαῖς ἐνὶ χερσὶν ἐρετμά
τέμνεθ᾽ ἁλὸς στεινωπόν, ἐπεὶ φάος οὔ νύ τι τόσσον
ἔσσετ᾽ ἐν εὐχωλῇσιν ὅσον τ᾽ ἐνὶ κάρτεϊ χειρῶν·
τῶ καὶ τἆλλα μεθέντας ὀνήιστον πονέεσθαι      335 B
θαρσαλέως· πρὶν δ᾽ οὔ τι θεοὺς λίσσεσθαι ἐρύκω.
εἰ δέ κεν ἀντικρὺ πταμένη μεσσηγὺς ὄληται,
ἄψορροι στέλλεσθαι, ἐπεὶ πολὺ βέλτερον εἶξαι
ἀθανάτοις· οὐ γάρ κε κακὸν μόρον ἐξαλέαισθε
πετράων, οὐδ᾽ εἴ κε σιδηρείη πέλοι Ἀργώ.      340 B
ὦ μέλεοι, μὴ τλῆτε παρὲξ ἐμὰ θέσφατα βῆναι,
εἰ καί με τρὶς τόσσον ὀίεσθ᾽ Οὐρανίδῃσιν
ὅσσον ἀνάρσιός εἰμι, καὶ εἰ πλεῖον, στυγέεσθαι·
μὴ τλῆτ᾽ οἰωνοῖο πάρεξ ἔτι νηὶ περῆσαι.
καὶ τὰ μὲν ὥς κε πέλῃ, τὼς ἔσσεται· ἢν δὲ φύγητε      345 B
σύνδρομα πετράων ἀσκηθέες ἔνδοθι Πόντου,
αὐτίκα Βιθυνῶν ἐπὶ δεξιὰ γαῖαν ἔχοντες
πλώετε ῥηγμῖνας πεφυλαγμένοι, εἰσόκεν αὖτε
Ῥήβαν ὠκυρόην ποταμόν, ἄκρην τε Μέλαιναν
γνάμψαντες νήσου Θυνηίδος ὅρμον ἵκησθε.      350 B
κεῖθεν δ᾽ οὐ μάλα πουλὺ διὲξ ἁλὸς ἀντιπέραιαν
γῆν Μαριανδυνῶν ἐπικέλσετε νοστήσαντες,
ἔνθα μὲν εἰς Ἀίδαο καταιβάτις ἐστὶ κέλευθος,
ἄκρη δὲ προβλὴς Ἀχερουσιὰς ὑψόθι τείνει,

δινήεις τ' Ἀχέρων, αὐτὴν διὰ νειόθι τέμνων     355 B
ἄκρην, ἐκ μεγάλης προχοὰς ἵησι φάραγγος.
ἀγχίμολον δ' ἐπὶ τῇ πολέας παρανεῖσθε κολωνούς
Παφλαγόνων, τοῖσίν τ' Ἐνετήιος ἐμβασίλευε
πρῶτα Πέλοψ, τοῦ περ καὶ ἀφ' αἵματος εὐχετόωνται.
ἔστι δέ τις ἄκρη Ἑλίκης κατεναντίον Ἄρκτου,     360 B
πάντοθεν ἠλίβατος, καί μιν καλέουσι Κάραμβιν,
τῆς τ' αἴπει βορέαο πέρι σχίζονται ἄελλαι,
ὧδε μάλ' ἀμ πέλαγος τετραμμένη αἰθέρι κύρει·
τήνδε περιγνάμψαντι, Πολὺς παρακέκλιται ἤδη
Αἰγιαλός. Πολέος δ' ἐπὶ πείρασιν Αἰγιαλοῖο     365 B
ἀκτῇ ἐπὶ προβλῆτι ῥοαὶ Ἅλυος ποταμοῖο
δεινὸν ἐρεύγονται· μετὰ τὸν δ' ἀγχίρροος Ἶρις
μειότερος λευκῇσιν ἑλίσσεται εἰς ἅλα δίναις.
κεῖθεν δὲ προτέρωσε μέγας καὶ ὑπείροχος ἀγκὼν
ἐξανέχει γαίης· ἔπι δὲ στόμα Θερμώδοντος     370 B
κόλπῳ ἐν εὐδιόωντι Θεμισκύρειον ὑπ' ἄκρην
μύρεται, εὐρείης διαειμένος ἠπείροιο.
ἔνθα δὲ Δοίαντος πεδίον, σχεδόθεν δὲ πόληες
τρισσαὶ Ἀμαζονίδων· μετὰ δὲ σμυγερώτατοι ἀνδρῶν,
τρηχείην Χάλυβες καὶ ἀτειρέα γαῖαν ἔχοντες     375 B
ἐργατίναι, τοὶ δ' ἀμφὶ σιδήρεα ἔργα μέλονται.
ἄγχι δὲ ναιετάουσι πολύρρηνες Τιβαρηνοί
Ζηνὸς Εὐξείνοιο Γενηταίην ὑπὲρ ἄκρην.
τοῖς δ' ἐπὶ Μοσσύνοικοι ὁμούριοι ὑλήεσσαν
ἑξείης ἤπειρον ὑπωρείας τε νέμονται,     380 B
δουρατέοις πύργοισιν ἐν οἰκία τεκτήναντες
κάλινα καὶ πύργους εὐπηγέας, οὓς καλέουσιν
μόσσυνας, καὶ δ' αὐτοὶ ἐπώνυμοι ἔνθεν ἔασιν.
τοὺς παραμειβόμενοι, λισσῇ ἐπικέλσατε νήσῳ,
μήτι παντοίη μέγ' ἀναιδέας ἐξελάσαντες     385 B
οἰωνοὺς οἳ δῆθεν ἀπειρέσιοι ἐφέπουσιν
νῆσον ἐρημαίην· τῇ μέν τ' ἐνὶ νηὸν Ἄρηος
λαΐνεον ποίησαν Ἀμαζονίδων βασίλειαι
Ὀτρηρή τε καὶ Ἀντιόπη, ὁπότε στρατόωντο
ἔνθα γὰρ ὕμμιν ὄνειαρ ἀδευκέος ἐξ ἁλὸς εἶσιν     390 B

53

ἄρητον· τῶ καί τε φίλα φρονέων ἀγορεύω
ἰσχέμεν - ἀλλὰ τίη με πάλιν χρειὼ ἀλιτέσθαι
μαντοσύνῃ τὰ ἕκαστα διηνεκὲς ἐξενέποντα;
νήσου δὲ προτέρωσε καὶ ἠπείροιο περαίης
φέρβονται Φίλυρες· Φιλύρων δ᾽ ἐφύπερθεν ἔασιν          395 B
Μάκρωνες, μετὰ δ᾽ αὖ περιώσια φῦλα Βεχείρων·
ἑξείης δὲ Σάπειρες ἐπὶ σφίσι ναιετάουσιν,
Βύζηρες δ᾽ ἐπὶ τοῖσιν ὁμώλακες, ὧν ὕπερ ἤδη
αὐτοὶ Κόλχοι ἔχονται ἀρήιοι. ἀλλ᾽ ἐνὶ νηί
πείρεθ᾽, ἕως μυχάτῃ κεν ἐνιχρίμψητε θαλάσσῃ.          400 B
ἔνθα δ᾽ ἀπ᾽ ἠπείροιο Κυταιίδος ἠδ᾽ Ἀμαραντῶν
τηλόθεν ἐξ ὀρέων πεδίοιό τε Κιρκαίοιο
Φᾶσις δινήεις εὐρὺν ῥόον εἰς ἅλα βάλλει·
κείνου νῆ᾽ ἐλάοντες ἐπὶ προχοὰς ποταμοῖο,
πύργους εἰσόψεσθε Κυταιέος Αἰήταο,          405 B
ἄλσος τε σκιόειν Ἄρεος, τόθι κῶας ἐπ᾽ ἄκρης
πεπτάμενον φηγοῖο δράκων, τέρας αἰνὸν ἰδέσθαι,
ἀμφὶς ὀπιπτεύει δεδοκημένος· οὐδέ οἱ ἦμαρ,
οὐ κνέφας ἥδυμος ὕπνος ἀναιδέα δάμναται ὄσσε.
Ὣς ἄρ᾽ ἔφη· τοὺς δ᾽ εἶθαρ ἕλεν δέος εἰσαΐοντας,          410 B
δὴν δ᾽ ἔσαν ἀμφασίῃ βεβολημένοι. ὀψὲ δ᾽ ἔειπε
ἥρως Αἴσονος υἱός, ἀμηχανέων κακότητι·
Ὦ γέρον, ἤδη μέν τε διίκεο πείρατ᾽ ἀέθλων
ναυτιλίης καὶ τέκμαρ ὅτῳ στυγερὰς διὰ πέτρας
πειθόμενοι Πόντονδε περήσομεν· εἰ δέ κεν αὖτις,          415 B
τάσδ᾽ ἡμῖν προφυγοῦσιν, ἐς Ἑλλάδα νόστος ὀπίσσω
ἔσσεται, ἀσπαστῶς κε παραὶ σέο καὶ τὸ δαείην.
πῶς ἔρδω, πῶς αὖτε τόσην ἁλὸς εἶμι κέλευθον,
νῆις ἐὼν ἑτάροις ἅμα νήισιν - Αἶα δὲ Κολχίς
Πόντου καὶ γαίης ἐπικέκλιται ἐσχατιῇσιν;          420 B
Ὣς φάτο· τὸν δ᾽ ὁ γεραιὸς ἀμειβόμενος προσέειπεν·
Ὦ τέκος, εὖτ᾽ ἂν πρῶτα φύγῃς ὀλοὰς διὰ πέτρας,
θάρσει· ἐπεὶ δαίμων ἕτερον πλόον ἡγεμονεύσει
ἐξ Αἴης, μετὰ δ᾽ Αἶαν ἅλις πομπῆες ἔσονται.
ἀλλὰ φίλοι φράζεσθε θεᾶς δολόεσσαν ἀρωγήν          425 B
Κύπριδος, ἐν γὰρ τῇ κλυτὰ πείρατα κεῖται ἀέθλου·

καὶ δέ με μηκέτι τῶνδε περαιτέρω ἐξερέεσθε.
Ὣς φάτ' Ἀγηνορίδης· ἐπὶ δὲ σχεδὸν υἷε δοιὼ
Θρηικίου Βορέαο κατ' αἰθέρος ἀίξαντε
οὐδῷ ἔπι κραιπνοὺς ἔβαλον πόδας· οἱ δ' ἀνόρουσαν     430 Β
ἐξ ἑδέων ἥρωες, ὅπως παρεόντας ἴδοντο.
Ζήτης δ' ἱεμένοισιν, ἔτ' ἄσπετον ἐκ καμάτοιο
ἄσθμ' ἀναφυσιόων, μετεφώνεεν ὅσσον ἄπωθεν
ἤλασαν, ἠδ' ὡς Ἶρις ἐρύκακε τάσδε δαΐξαι,
ὅρκιά τ' εὐμενέουσα θεὰ πόρεν, αἱ δ' ὑπέδυσαν     435 Β
δείματι Δικταίης περιωσίῳ ἄντρον ἐρίπνης.
γηθόσυνοι δἤπειτα δόμοις ἔνι πάντες ἑταῖροι
αὐτός τ' ἀγγελίῃ Φινεὺς πέλεν. ὦκα δὲ τόνγε
Αἰσονίδης, περιπολλὸν ἐυφρονέων, προσέειπεν·
Ἦ ἄρα δή τις ἔην Φινεῦ θεὸς ὃς σέθεν ἄτης     440 Β
κήδετο λευγαλέης, καὶ δ' ἡμέας αὖθι πέλασσεν
τηλόθεν, ὄφρα τοι υἷες ἀμύνειαν Βορέαο·
εἰ δὲ καὶ ὀφθαλμοῖσι φόως πόροι, ἦ τ' ἂν ὀίω
γηθήσειν ὅσον εἴπερ ὑπότροπος οἴκαδ' ἱκοίμην.
Ὣς ἔφατ'· αὐτὰρ ὁ τόνγε κατηφήσας προσέειπεν·     445 Β
Αἰσονίδη, τὸ μὲν οὐ παλινάγρετον οὐδέ τι μῆχος
ἔστ' ὀπίσω, κενεαὶ γὰρ ὑποσμύχονται ὀπωπαί·
ἀντὶ δὲ τοῦ θάνατόν μοι ἄφαρ θεὸς ἐγγυαλίξαι,
καί τε θανὼν πάσῃσι μετέσσομαι ἀγλαΐῃσιν.
Ὣς τώγ' ἀλλήλοισι παραβλήδην ἀγόρευον·     450 Β
αὐτίκα δ' οὐ μετὰ δηρὸν ἀμειβομένων ἐφαάνθη
ἠριγενής, τὸν δ' ἀμφὶ περικτίται ἠγερέθοντο
ἀνέρες, οἳ καὶ πρόσθεν ἐπ' ἤματι κεῖσε θάμιζον
αἰὲν ὁμῶς φορέοντες ἑῆς ἀπὸ μοῖραν ἐδωδῆς·
τοῖς ὁ γέρων πάντεσσιν, ὅτις καὶ ἀφαυρὸς ἵκοιτο,     455 Β
ἔχραεν ἐνδυκέως, πολέων δ' ἀπὸ πήματ' ἔλυσεν
μαντοσύνῃ· τῷ καί μιν ἐποιχόμενοι κομέεσκον.
σὺν τοῖσιν δ' ἵκανε Παραίβιος, ὅς ῥά οἱ ἦεν
φίλτατος, ἀσπάσιος δὲ δόμοις ἔνι τούσγ' ἐνόησεν·
πρὶν γὰρ δή νύ ποτ' αὐτὸς ἀριστήων στόλον ἀνδρῶν     460 Β
Ἑλλάδος ἐξ ἀνιόντα μετὰ πτόλιν Αἰήταο
πείσματ' ἀνάψεσθαι μυθήσατο Θυνίδι γαίῃ,

οἵ τέ οἱ Ἁρπυίας Διόθεν σχήσουσιν ἰούσας.
τοὺς μὲν ἔπειτ᾽, ἐπέεσσιν ἀρεσσάμενος πυκινοῖσιν,
πέμφ᾽ ὁ γέρων, οἷον δὲ Παραίβιον αὐτόθι μίμνειν        465 Β
κέκλετ᾽ ἀριστήεσσι σὺν ἀνδράσιν. αἶψα δὲ τόνγε
σφωιτέρων ὀίων ὅτις ἔξοχος εἰς ἓ κομίσσαι
ἧκεν ἐποτρύνας· τοῦ δ᾽ ἐκ μεγάροιο κιόντος,
μειλιχίως ἐρέτῃσιν ὁμηγερέεσσι μετηύδα·
Ὦ φίλοι, οὐκ ἄρα πάντες ὑπέρβιοι ἄνδρες ἔασιν,        470 Β
οὐδ᾽ εὐεργεσίης ἀμνήμονες· ὡς καὶ ὅδ᾽ ἀνὴρ
τοῖος ἐὼν δεῦρ᾽ ἦλθεν, ἑὸν μόρον ὄφρα δαείη.
εὖτε γὰρ οὖν ὡς πλεῖστα κάμοι καὶ πλεῖστα μογήσαι,
δὴ τότε μιν περιπολλὸν ἐπασσυτέρῃ βιότοιο
χρησμοσύνη τρύχεσκεν, ἐπ᾽ ἤματι δ᾽ ἦμαρ ὀρώρει        475 Β
κύντερον· οὐδέ τις ἦεν ἀνάπνευσις μογέοντι,
ἀλλ᾽ ὅγε πατρὸς ἑοῖο κακὴν τίνεσκεν ἀμοιβήν
ἀμπλακίης. ὁ γὰρ οἶος ἐν οὔρεσι δένδρεα τάμνων
δή ποθ᾽ ἁμαδρυάδος νύμφης ἀθέριξε λιτάων,
ἥ μιν ὀδυρομένη ἀδινῷ μειλίσσετο μύθῳ        480 Β
μὴ ταμέειν πρέμνον δρυὸς ἥλικος, ᾗ ἔπι πουλύν
αἰῶνα τρίβεσκε διηνεκές· αὐτὰρ ὁ τήνγε
ἀφραδέως ἔτμηξεν ἀγηνορίῃ νεότητος.
τῷδ᾽ ἄρα νηκερδῆ νύμφη πόρεν οἶτον ὀπίσσω
αὐτῷ καὶ τεκέεσσιν. ἔγωγε μέν, εὖτ᾽ ἀφίκανεν,        485 Β
ἀμπλακίην ἔγνων· βωμὸν δ᾽ ἐκέλευσα καμόντα
Θυνιάδος νύμφης, λωφήια ῥέξαι ἐπ᾽ αὐτῷ
ἱερά, πατρῴην αἰτεύμενον αἶσαν ἀλύξαι.
ἔνθ᾽ ἐπεὶ ἔκφυγε κῆρα θεήλατον, οὔποτ᾽ ἐμεῖο
ἐκλάθετ᾽ οὐδ᾽ ἀθέριξε· μόλις δ᾽ ἀέκοντα θύραζε        490 Β
πέμπω, ἐπεὶ μέμονέν γε παρέμμεναι ἀσχαλόωντι.
Ὣς φάτ᾽ Ἀγηνορίδης· ὁ δ᾽ ἐπισχεδὸν αὐτίκα δοιὼ
ἤλυθ᾽ ἄγων ποίμηθεν ὄις. ἀνὰ δ᾽ ἵστατ᾽ Ἰήσων,
ἂν δὲ Βορήιοι υἷες ἐφημοσύνῃσι γέροντος,
ὦκα δὲ κεκλόμενοι Μαντήιον Ἀπόλλωνα        495 Β
ῥέζον ἐπ᾽ ἐσχαρόφιν, νέον ἤματος ἀνομένοιο·
κουρότεροι δ᾽ ἑτάρων μενοεικέα δαῖτ᾽ ἀλέγυνον.
ἔνθ᾽ εὖ δαισάμενοι, τοὶ μὲν παρὰ πείσματα νηός,

τοὶ δ᾽ αὐτοῦ κατὰ δώματ᾽ ἀολλέες εὐνάζοντο.
Ἦρι δ᾽ ἐτήσιοι αὖραι ἐπέχραον, αἵ τ᾽ ἀνὰ πᾶσαν    500 B
γαῖαν ὁμῶς τοιῇδε Διὸς πνείουσιν ἀρωγῇ.
Κυρήνη πεφάτισται ἕλος πάρα Πηνειοῖο
μῆλα νέμειν προτέροισι παρ᾽ ἀνδράσιν, εὗαδε γάρ οἱ
παρθενίη καὶ λέκτρον ἀκήρατον. αὐτὰρ Ἀπόλλων
τήνγ᾽ ἀνερειψάμενος ποταμῷ ἔπι ποιμαίνουσαν,    505 B
τηλόθεν Αἱμονίης χθονίης παρακάτθετο νύμφαις
αἳ Λιβύην ἐνέμοντο παραὶ Μυρτώσιον αἶπος.
ἔνθα δ᾽ Ἀρισταῖον Φοίβῳ τέκεν, ὃν καλέουσιν
Ἀγρέα καὶ Νόμιον πολυλήιοι Αἱμονιῆες·
τὴν μὲν γὰρ φιλότητι θεὸς ποιήσατο νύμφην    510 B
αὐτοῦ μακραίωνα καὶ ἀγρότιν, υἷα δ᾽ ἔνεικεν
νηπίαχον Χείρωνος ὑπ᾽ ἄντροισιν κομέεσθαι·
τῷ καὶ ἀεξηθέντι θεαὶ γάμον ἐμνήστευσαν
Μοῦσαι· ἀκεστορίην τε θεοπροπίας τ᾽ ἐδίδαξαν,
καί μιν ἑῶν μήλων θέσαν ἤρανον ὅσσ᾽ ἐνέμοντο    515 B
ἂμ πεδίον Φθίης Ἀθαμάντιον ἀμφί τ᾽ ἐρυμνήν
Ὄθρυν καὶ ποταμοῦ ἱερὸν ῥόον Ἀπιδανοῖο.
ἦμος δ᾽ οὐρανόθεν Μινωίδας ἔφλεγε νήσους
Σείριος οὐδέ τι δηρὸν ἔην ἄκος ἐνναέτησιν,
τῆμος τόνγ᾽ ἐκάλεσσαν ἐφημοσύνης Ἑκάτοιο    520 B
λοιμοῦ ἀλεξητῆρα. λίπεν δ᾽ ὅγε πατρὸς ἐφετμῇ
Φθίην, ἐν δὲ Κέῳ κατενάσσατο, λαὸν ἀγείρας
Παρράσιον τοίπερ τε Λυκάονός εἰσι γενέθλης·
καὶ βωμὸν ποίησε μέγαν Διὸς Ἰκμαίοιο,
ἱερά τ᾽ εὖ ἔρρεξεν ἐν οὔρεσιν ἀστέρι κείνῳ    525 B
Σειρίῳ αὐτῷ τε Κρονίδῃ Διί. τοῖο ἕκητι
γαῖαν ἐπιψύχουσιν ἐτήσιοι ἐκ Διὸς αὖραι
ἤματα τεσσαράκοντα, Κέῳ δ᾽ ἔτι νῦν ἱερῆες
ἀντολέων προπάροιθε Κυνὸς ῥέζουσι θυηλάς.
καὶ τὰ μὲν ὣς ὑδέονται· ἀριστῆες δὲ καταῦθι    530 B
μίμνον ἐρυκόμενοι, ξεινήια δ᾽ ἄσπετα Θυνοί
πάνδημοι, Φινῆι χαριζόμενοι, προΐαλλον.
Ἐκ δὲ τόθεν μακάρεσσι δυώδεκα δωμήσαντες
βωμὸν ἁλὸς ῥηγμῖνι πέρην καὶ ἐφ᾽ ἱερὰ θέντες,

νῆα θοὴν εἴσβαινον ἐρεσσέμεν· οὐδὲ πελείης     535 Β
τρήρωνος λήθοντο μετὰ φρεσίν, ἀλλ᾽ ἄρα τήνγε
δείματι πεπτηυῖαν ἑῇ φέρε χειρὶ μεμαρπώς
Εὔφημος· γαίης δ᾽ ἀπὸ διπλόα πείσματ᾽ ἔλυσαν.
οὐδ᾽ ἄρ᾽ Ἀθηναίην προτέρω λάθον ὁρμηθέντες·
αὐτίκα δ᾽ ἐσσυμένως, νεφέλης ἐπιβᾶσα πόδεσσι     540 Β
κούφης, ἥ κε φέροι μιν ἄφαρ βριαρήν περ ἐοῦσαν,
σεύατ᾽ ἴμεν Πόντονδε, φίλα φρονέουσ᾽ ἐρέτῃσιν.
ὡς δ᾽ ὅτε τις πάτρηθεν ἀλώμενος, οἷά τε πολλά
πλαζόμεθ᾽ ἄνθρωποι τετληότες, | ἄλλοτε ἄλλῃ
ὀξέα πορφύρων ἐπιμαίεται, | οὐδέ τις αἶα     545 Β
τηλουρός, πᾶσαι δὲ κατόψιοί εἰσι πόληες,
σφωιτέρους δ᾽ ἐνόησε δόμους, ἄμυδις δὲ κέλευθος
ὑγρή τε τραφερή τ᾽ ἰνδάλλεται | ὀφθαλμοῖσιν -
ὡς ἄρα καρπαλίμως κούρη Διὸς ἀίξασα
θῆκεν ἐπ᾽ ἀξείνοιο πόδας Θυνηίδος ἀκτῆς.     550 Β
Οἱ δ᾽ ὅτε δὴ σκολιοῖο πόρου στεινωπὸν ἵκοντο
τρηχείης σπιλάδεσσιν ἐεργμένον ἀμφοτέρωθεν,
δινήεις ὑπένερθεν ἀνακλύζεσκεν ἰοῦσαν
νῆα ῥόος, πολλὸν δὲ φόβῳ προτέρωσε νέοντο.
ἤδη δέ σφισι δοῦπος ἀρασσομένων πετράων     555 Β
νωλεμὲς οὔατ᾽ ἔβαλλε, βόων δ᾽ ἁλιμυρέες ἀκταί·
δὴ τότ᾽ ἔπειθ᾽ ὁ μὲν ὦρτο, πελειάδα χειρὶ μεμαρπώς,
Εὔφημος πρῴρης ἐπιβήμεναι, οἱ δ᾽ ὑπ᾽ ἀνωγῇ
Τίφυος Ἁγνιάδαο θελήμονα ποιήσαντο
εἰρεσίην, ἵν᾽ ἔπειτα διὲκ πέτρας ἐλάσειαν     560 Β
κάρτεϊ ᾧ πίσυνοι. τὰς δ᾽ αὐτίκα λοίσθιον ἄλλων
οἰγομένας ἀγκῶνα περιγνάμψαντες ἴδοντο,
σὺν δέ σφιν χύτο θυμός. ὁ δ᾽ ἀίξαι πτερύγεσσιν
Εὔφημος προέηκε πελειάδα, τοὶ δ᾽ ἅμα πάντες
ἤειραν κεφαλὰς ἐσορώμενοι· ἡ δὲ δι᾽ αὐτῶν     565 Β
ἔπτατο. ταὶ δ᾽ ἄμυδις πάλιν ἀντίαι ἀλλήλῃσιν
ἄμφω ὁμοῦ ξυνιοῦσαι ἐπέκτυπον· ὦρτο δὲ πολλή
ἅλμη ἀναβρασθεῖσα, νέφος ὥς· αὖε δὲ πόντος
σμερδαλέον, πάντῃ δὲ περὶ μέγας ἔβρεμεν αἰθήρ·
κοῖλαι δὲ σπήλυγγες ὑπὸ σπιλάδας τρηχείας     570 Β

κλυζούσης ἁλὸς ἔνδον ἐβόμβεον, ὑψόθι δ᾽ ὄχθης
λευκὴ καχλάζοντος ἀνέπτυε κύματος ἄχνη·
νῆα δ᾽ ἔπειτα πέριξ εἴλει ῥόος· ἄκρα δ᾽ ἔκοψαν
οὐραῖα πτερὰ ταίγε πελειάδος, ἡ δ᾽ ἀπόρουσεν
ἀσκηθής, ἐρέται δὲ μέγ᾽ ἴαχον. ἔβραχε δ᾽ αὐτός          575 B
Τῖφυς ἐρεσσέμεναι κρατερῶς· οἴγοντο γὰρ αὖτις
ἄνδιχα. τοὺς δ᾽ ἐλάοντας ἔχεν τρόμος, ὄφρα μιν αὖτις
πλημυρίς, παλίνορσος ἀνερχομένη, κατένεικεν
εἴσω πετράων. τότε δ᾽ αἰνότατον δέος εἷλεν
πάντας, ὑπὲρ κεφαλῆς γὰρ ἀμήχανος ἦεν ὄλεθρος.          580 B
ἤδη δ᾽ ἔνθα καὶ ἔνθα διὰ πλατὺς εἴδετο Πόντος,
καί σφισιν ἀπροφάτως ἀνέδυ μέγα κῦμα πάροιθεν
κυρτόν, ἀποτμῆγι σκοπιῇ ἴσον· οἱ δ᾽ ἐσιδόντες
ἤμυσαν λοξοῖσι καρήασιν, εἴσατο γάρ ῥα
νηὸς ὑπὲρ πάσης κατεπάλμενον ἀμφικαλύψειν,          585 B
ἀλλά μιν ἔφθη Τῖφυς ὑπ᾽ εἰρεσίῃ βαρύθουσαν
ἀγχαλάσας· τὸ δὲ πολλὸν ὑπὸ τρόπιν ἐξεκυλίσθη,
ἐκ δ᾽ αὐτὴν πρύμνηθεν ἀνείρυσε τηλόθι νῆα
πετράων, ὑψοῦ δὲ μεταχρονίη πεφόρητο.
Εὔφημος δ᾽ ἀνὰ πάντας ἰὼν βοάασκεν ἑταίρους          590 B
ἐμβαλέειν κώπῃσιν ὅσον σθένος. οἱ δ᾽ ἀλαλητῷ
κόπτον ὕδωρ· ὅσσον δ᾽ ὑποείκαθε νηῦς ἐρέτῃσιν,
δὶς τόσον ἂψ ἀπόρουσεν, ἐπεγνάμπτοντο δὲ κῶπαι
ἠύτε καμπύλα τόξα, βιαζομένων ἡρώων.
ἔνθεν δ᾽ αὐτίκ᾽ ἔπειτα καταρρεπὲς ἔσσυτο κῦμα,          595 B
ἡ δ᾽ ἄφαρ ὥστε κυλίνδρῳ ἐπέτρεχε κύματι λάβρῳ
προπροκαταΐγδην κοίλης ἁλός. ἐν δ᾽ ἄρα μέσσαις
Πληγάσι δινήεις εἷλεν ῥόος· αἱ δ᾽ ἑκάτερθεν
σειόμεναι βρόμεον, πεπέδητο δὲ νήια δοῦρα·
καὶ τότ᾽ Ἀθηναίη στιβαρῇ ἀντέσπασε πέτρης          600 B
σκαιῇ, δεξιτερῇ δὲ διαμπερὲς ὦσε φέρεσθαι·
ἡ δ᾽ ἰκέλη πτερόεντι μετήορος ἔσσυτ᾽ ὀιστῷ,
ἔμπης δ᾽ ἀφλάστοιο παρέθρισαν ἄκρα κόρυμβα
νωλεμὲς ἐμπλήξασαι ἐναντίαι. αὐτὰρ Ἀθήνη
Οὔλυμπόνδ᾽ ἀνόρουσεν, ὅτ᾽ ἀσκηθεῖς ὑπάλυξαν·          605 B
πέτραι δ᾽ εἰς ἕνα χῶρον ἐπισχεδὸν ἀλλήλῃσιν

νωλεμὲς ἐρρίζωθεν· ὃ δὴ καὶ μόρσιμον ἦεν
ἐκ μακάρων, εὖτ᾽ ἄν τις ἰδὼν διὰ νηὶ περάσσῃ.
Οἱ δέ που ὀκρυόεντος ἀνέπνεον ἄρτι φόβοιο,
ἠέρα παπταίνοντες ὁμοῦ πέλαγός τε θαλάσσης     610 B
τῆλ᾽ ἀναπεπτάμενον· δὴ γὰρ φάσαν ἐξ Ἀίδαο
σώεσθαι. Τῖφυς δὲ παροίτατος ἤρχετο μύθων·
Ἔλπομαι αὐτῇ νηὶ τόγ᾽ ἔμπεδον ἐξαλέασθαι
ἡμέας· οὐδέ τις ἄλλος ἐπαίτιος ὅσσον Ἀθήνη,
ἥ οἱ ἐνέπνευσεν θεῖον μένος εὖτέ μιν Ἄργος     615 B
γόμφοισιν συνάρασσε, θέμις δ᾽ οὐκ ἔστιν ἁλῶναι.
Αἰσονίδη, τύνη δὲ τεοῦ βασιλῆος ἐφετμήν,
εὖτε διὲκ πέτρας φυγέειν θεὸς ἧμιν ὄπασσε,
μηκέτι δείδιθι τοῖον, ἐπεὶ μετόπισθεν ἀέθλους
εὐπαλέας τελέεσθαι Ἀγηνορίδης φάτο Φινεύς.     620 B
Ἦ ῥ᾽ ἅμα καὶ προτέρωσε παραὶ Βιθυνίδα γαῖαν
νῆα διὲκ πέλαγος σεῦεν μέσον· αὐτὰρ ὁ τόνγε
μειλιχίοις ἐπέεσσι παραβλήδην προσέειπεν·
Τῖφυ, τίη μοι ταῦτα παρηγορέεις ἀχέοντι;
ἤμβροτον, ἀασάμην τε κακὴν καὶ ἀμήχανον ἄτην·     625 B
χρῆν γὰρ ἐφιεμένοιο κατάντικρυ Πελίαο
αὐτίκ᾽ ἀνήνασθαι τόνδε στόλον, εἰ καὶ ἔμελλον
νηλειῶς μελεϊστὶ κεδαιόμενος θανέεσθαι.
νῦν δὲ περισσὸν δεῖμα καὶ ἀτλήτους μελεδῶνας
ἄγκειμαι, στυγέων μὲν ἁλὸς κρυόεντα κέλευθα     630 B
νηὶ διαπλώειν, στυγέων δ᾽ ὅτ᾽ ἐπ᾽ ἠπείροιο
βαίνωμεν, πάντη γὰρ ἀνάρσιοι ἄνδρες ἔασιν.
αἰεὶ δὲ στονόεσσαν ἐπ᾽ ἤματι νύκτα φυλάσσω,
ἐξότε τὸ πρώτιστον ἐμὴν χάριν ἠγερέθεσθε,
φραζόμενος τὰ ἕκαστα. σὺ δ᾽ εὐμαρέως ἀγορεύεις,     635 B
οἶον ἑῆς ψυχῆς ἀλέγων ὕπερ· αὐτὰρ ἔγωγε
εἶο μὲν οὐδ᾽ ἠβαιὸν ἀτύζομαι, ἀμφὶ δὲ τοῖο
καὶ τοῦ ὁμῶς καὶ σεῖο καὶ ἄλλων δείδι᾽ ἑταίρων,
εἰ μὴ ἐς Ἑλλάδα γαῖαν ἀπήμονας ὕμμε κομίσσω.
Ὣς φάτ᾽, ἀριστήων πειρώμενος· οἱ δ᾽ ὁμάδησαν     640 B
θαρσαλέοις ἐπέεσσιν. ὁ δὲ φρένας ἔνδον ἰάνθη
κεκλομένων, καί ῥ᾽ αὖτις ἐπιρρήδην μετέειπεν·

Ὦ φίλοι, ὑμετέρῃ ἀρετῇ ἔπι θάρσος ἀέξω.
τούνεκα νῦν οὐδ᾽ εἴ κε διὲξ Ἀίδαο βερέθρων
στελλοίμην, ἔτι τάρβος ἀνάψομαι, εὖτε πέλεσθε    645 B
ἔμπεδοι ἀργαλέοις ἐνὶ δείμασιν. ἀλλ᾽ ὅτε πέτρας
Πληγάδας ἐξέπλωμεν, οἴομαι οὐκ ἔτ᾽ ὀπίσσω
ἔσσεσθαι τοιόνδ᾽ ἕτερον φόβον, εἰ ἐτεόν γε
φραδμοσύνῃ Φινῆος ἐπισπόμενοι νεόμεσθα.
Ὣς φάτο· καὶ τοίων μὲν ἐλώφεον αὐτίκα μύθων,    650 B
εἰρεσίῃ δ᾽ ἀλίαστον ἔχον πόνον. αἶψα δὲ τοίγε
Ῥήβαν ὠκυρόην ποταμὸν σκόπελόν τε Κολώνης,
ἄκρην δ᾽ οὐ μετὰ δηθὰ παρεξενέοντο Μέλαιναν,
τῇ δ᾽ ἄρ᾽ ἐπὶ προχοὰς Φυλληίδας, ἔνθα πάροιθεν
Διψακὸς υἷ᾽ Ἀθάμαντος ἑοῖς ὑπέδεκτο δόμοισιν,    655 B
ὁππόθ᾽ ἅμα κριῷ φεῦγε πτόλιν Ὀρχομενοῖο·
τίκτε δέ μιν νύμφη λειμωνιάς· οὐδέ οἱ ὕβρις
ἥνδανεν, ἀλλ᾽ ἐθελημὸς ἐφ᾽ ὕδασι πατρὸς ἑοῖο
μητέρι συνναίεσκεν, ἐπάκτια πώεα φέρβων.
τοῦ μέν τ᾽ ἠρίον αἶψα, καὶ εὐρείας ποταμοῖο    660 B
ἠιόνας πεδίον τε, βαθυρρείοντά τε Κάλπην
δερκόμενοι παράμειβον, ὁμῶς ὅτ᾽ ἐπ᾽ ἤματι νύκτα
νήνεμον ἀκαμάτῃσιν ἐπερρώοντ᾽ ἐλάτῃσιν.
οἷοι δὲ πλαδόωσαν ἐπισχίζοντες ἄρουραν
ἐργατίναι μογέουσι βόες, πέρι δ᾽ ἄσπετος ἱδρώς    665 B
εἴβεται ἐκ λαγόνων τε καὶ αὐχένος, ὄμματα δέ σφιν
λοξὰ παραστρωφῶνται ὑπὸ ζυγοῦ, αὐτὰρ ἀυτμή
αὐαλέη στομάτων ἄμοτον βρέμει· οἱ δ᾽ ἐνὶ γαίῃ
χηλὰς σκηρίπτοντε πανημέριοι πονέονται -
τοῖς ἴκελοι ἥρωες ὑπὲξ ἁλὸς εἷλκον ἐρετμά.    670 B
Ἦμος δ᾽ οὔτ᾽ ἄρ πω φάος ἄμβροτον οὔτ᾽ ἔτι λίην
ὀρφναίη πέλεται, λεπτὸν δ᾽ ἐπιδέδρομε νυκτί
φέγγος, ὅτ᾽ ἀμφιλύκην μιν ἀνεγρόμενοι καλέουσιν,
τῆμος ἐρημαίης νήσου λιμέν᾽ εἰσελάσαντες
Θυνιάδος καμάτῳ πολυπήμονι βαῖνον ἔραζε.    675 B
τοῖσι δὲ Λητοῦς υἱός, ἀνερχόμενος Λυκίηθεν
τῆλ᾽ ἐπ᾽ ἀπείρονα δῆμον Ὑπερβορέων ἀνθρώπων,
ἐξεφάνη· χρύσεοι δὲ παρειάων ἑκάτερθεν

πλοχμοὶ βοτρυόεντες ἐπερρώοντο κιόντι·
λαιῇ δ᾽ ἀργύρεον νώμα βιόν, ἀμφὶ δὲ νώτοις        680 B
ἰοδόκη τετάνυστο κατωμαδόν· ἡ δ᾽ ὑπὸ ποσσίν
σείετο νῆσος ὅλη, κλύζεν δ᾽ ἐπὶ κύματα χέρσῳ.
τοὺς δ᾽ ἕλε θάμβος ἰδόντας ἀμήχανον, οὐδέ τις ἔτλη
ἀντίον αὐγάσσασθαι ἐς ὄμματα καλὰ θεοῖο,
στὰν δὲ κάτω νεύσαντες ἐπὶ χθονός· αὐτὰρ ὁ τηλοῦ        685 B
βῆ ῥ᾽ ἴμεναι πόντονδε δι᾽ ἠέρος. ὀψὲ δὲ τοῖον
Ὀρφεὺς ἔκφατο μῦθον ἀριστήεσσι πιφαύσκων·
Εἰ δ᾽ ἄγε δὴ νῆσον μὲν Ἑῴου Ἀπόλλωνος
τήνδ᾽ ἱερὴν κλείωμεν, ἐπεὶ πάντεσσι φαάνθη
ἠῷος μετιών· τὰ δὲ ῥέξομεν οἷα πάρεστιν,        690 B
βωμὸν ἀναστήσαντες ἐπάκτιον. εἰ δ᾽ ἂν ὀπίσσω
γαῖαν ἐς Αἱμονίην ἀσκηθέα νόστον ὀπάσσῃ,
δὴ τότε οἱ κεραῶν ἐπὶ μηρία θήσομεν αἰγῶν·
νῦν δ᾽ αὔτως κνίσῃ λοιβῇσί τε μειλίξασθαι
κέκλομαι· ἀλλ᾽ ἵληθι ἄναξ, ἵληθι φαανθείς.        695 B
Ὣς ἄρ᾽ ἔφη· καὶ τοὶ μὲν ἄφαρ βωμὸν τετύκοντο
χερμάσιν, οἱ δ᾽ ἀνὰ νῆσον ἐδίνεον, ἐξερέοντες
εἴ κέ τιν᾽ ἢ κεμάδων ἢ ἀγροτέρων ἐσίδοιεν
αἰγῶν, οἷά τε πολλὰ βαθείῃ βόσκεται ὕλῃ.
τοῖσι δὲ Λητοΐδης ἄγρην πόρεν· ἐκ δέ νυ πάντων        700 B
εὐαγέως ἱερῷ ἀνὰ διπλόα μηρία βωμῷ
καῖον, ἐπικλείοντες Ἑῷον Ἀπόλλωνα.
ἀμφὶ δὲ δαιομένοις εὐρὺν χορὸν ἐστήσαντο,
καλὸν Ἰηπαιήον᾽ Ἰηπαιήονα Φοῖβον
μελπόμενοι, σὺν δέ σφιν ἐὺς πάις Οἰάγροιο        705 B
Βιστονίῃ φόρμιγγι λιγείης ἦρχεν ἀοιδῆς·
ὡς ποτε πετραίῃ ὑπὸ δειράδι Παρνησσοῖο
Δελφύνην τόξοισι πελώριον ἐξενάριξεν,
κοῦρος ἐὼν ἔτι γυμνός, ἔτι πλοκάμοισι γεγηθώς
ἱλήκοις· αἰεί τοι, ἄναξ, ἄτμητοι ἔθειραι,        710 B
αἰὲν ἀδήλητοι, τὼς γὰρ θέμις, οἰόθι δ᾽ αὐτή
Λητὼ Κοιογένεια φίλαις ἐνὶ χερσὶν ἀφάσσει.
πολλὰ δὲ Κωρύκιαι νύμφαι, Πλειστοῖο θύγατρες,
θαρσύνεσκον ἔπεσσιν, ἰὴ ἴε κεκληγυῖαι·

ἔνθεν δὴ τόδε καλὸν ἐφύμνιον ἔπλετο Φοίβῳ.    715 B
αὐτὰρ ἐπειδὴ τόνγε χορείῃ μέλψαν ἀοιδῇ,
λοιβαῖς εὐαγέεσσιν ἐπώμοσαν ἦ μὲν ἀρήξειν
ἀλλήλοις εἰσαιὲν ὁμοφροσύνῃσι νόοιο,
ἁπτόμενοι θυέων· καί τ᾽ εἰσέτι νῦν γε τέτυκται
κεῖν᾽ Ὁμονοίης ἱρὸν ἐύφρονος ὅ ῥ᾽ ἐκάμοντο    720 B
αὐτοὶ κυδίστην τότε δαίμονα πορσαίνοντες.
Ἦμος δὲ τρίτατον φάος ἤλυθε, δὴ τότ᾽ ἔπειτα
ἀκραεῖ ζεφύρῳ νῆσον λίπον αἰπήεσσαν.
ἔνθεν δ᾽ ἀντιπέρην ποταμοῦ στόμα Σαγγαρίοιο
καὶ Μαριανδυνῶν ἀνδρῶν ἐριθηλέα γαῖαν    725 B
ἠδὲ Λύκοιο ῥέεθρα καὶ Ἀνθεμοεισίδα λίμνην
δερκόμενοι παράμειβον· ὑπὸ πνοιῇ δὲ κάλωες
ὅπλα τε νήια πάντα τινάσσετο νισσομένοισιν.
ἠῶθεν δ᾽, ἀνέμοιο διὰ κνέφας εὐνηθέντος,
ἀσπασίως ἄκρης Ἀχερουσίδος ὅρμον ἵκοντο.    730 B
ἥ μέν τε κρημνοῖσιν ἀνίσχεται ἠλιβάτοισιν,
εἰς ἅλα δερκομένη Βιθυνίδα· τῇ δ᾽ ὑπὸ πέτραι
λισσάδες ἐρρίζωνται ἁλίβροχοι, ἀμφὶ δὲ τῇσιν
κῦμα κυλινδόμενον μεγάλα βρέμει· αὐτὰρ ὕπερθεν
ἀμφιλαφεῖς πλατάνιστοι ἐπ᾽ ἀκροτάτῃ πεφύασιν.    735 B
ἐκ δ᾽ αὐτῆς εἴσω κατακέκλιται ἤπειρόνδε
κοίλη ὕπαιθα νάπη, ἵνα τε σπέος ἔστ᾽ Ἀίδαο
ὕλῃ καὶ πέτρῃσιν ἐπηρεφές, ἔνθεν ἀυτμή
πηγυλίς, ὀκρυόεντος ἀναπνείουσα μυχοῖο,
συνεχὲς ἀργινόεσσαν ἀεὶ περιτέτροφε πάχνην,    740 B
οὐδὲ μεσημβριόωντος ἰαίνεται ἠελίοιο.
σιγὴ δ᾽ οὔποτε τήνδε κατὰ βλοσυρὴν ἔχει ἄκρην,
ἀλλ᾽ ἄμυδις πόντοιό θ᾽ ὑπὸ στένει ἠχήεντος
φύλλων τε πνοιῇσι τινασσομένων μυχίῃσιν.
ἔνθα δὲ καὶ προχοαὶ ποταμοῦ Ἀχέροντος ἔασιν,    745 B
ὅς τε διὲξ ἄκρης ἀνερεύγεται εἰς ἅλα βάλλων
ἠοίην, κοίλη δὲ φάραγξ κατάγει μιν ἄνωθεν.
τὸν μὲν ἐν ὀψιγόνοισι Σοωναύτην ὀνόμηναν
Νισαῖοι Μεγαρῆες, ὅτε νάσσεσθαι ἔμελλον
γῆν Μαριανδυνῶν· δὴ γάρ σφεας ἐξεσάωσεν    750 B

αὐτῆσιν νήεσσι, κακῇ χρίμψαντας ἀέλλῃ.
τῇ ῥ᾽ οἵγ᾽ αὐτίκα νῆα διὲξ Ἀχερουσίδος ἄκρης
εἰσωποί, ἀνέμοιο νέον λήγοντος, ἔκελσαν.
Οὐδ᾽ ἄρα δηθὰ Λύκον, κείνης πρόμον ἠπείροιο,
καὶ Μαριανδυνοὺς λάθον ἀνέρας ὁρμισθέντες          755 B
αὐθένται Ἀμύκοιο κατὰ κλέος ὃ πρὶν ἄκουον·
ἀλλὰ καὶ ἀρθμὸν ἔθεντο μετὰ σφίσι τοῖο ἕκητι,
αὐτὸν δ᾽ ὥστε θεὸν Πολυδεύκεα δεξιόωντο,
πάντοθεν ἀγρόμενοι· ἐπεὶ ἦ μάλα τοίγ᾽ ἐπὶ δηρόν
ἀντιβίην Βέβρυξιν ὑπερφιάλοις πολέμιζον.          760 B
καὶ δὴ πασσυδίῃ μεγάρων ἔντοσθε Λύκοιο
κεῖν᾽ ἦμαρ φιλότητι, μετὰ πτολίεθρον ἰόντες,
δαίτην ἀμφίεπον τέρποντό τε θυμὸν ἔπεσσιν.
Αἰσονίδης μέν οἱ γενεὴν καί τ᾽ οὔνομ᾽ ἑκάστου
σφωιτέρων μυθεῖθ᾽ ἑτάρων, Πελίαό τ᾽ ἐφετμάς·          765 B
ἠδ᾽ ὡς Λημνιάδεσσιν ἐπεξεινοῦντο γυναιξίν·
ὅσσα τε Κύζικον ἀμφὶ Δολιονίην τ᾽ ἐτέλεσσαν·
Μυσίδα θ᾽ ὡς ἀφίκοντο Κίον θ᾽, ὅθι κάλλιπον ἥρω
Ἡρακλέην ἀέκοντι νόῳ, Γλαύκοιό τε βάξιν
πέφραδε· καὶ Βέβρυκας ὅπως Ἄμυκόν τ᾽ ἐδάιξαν·          770 B
καὶ Φινῆος ἔειπε θεοπροπίας τε δύην τε·
ἠδ᾽ ὡς Κυανέας πέτρας φύγον· ὥς τ᾽ ἀβόλησαν
Λητοΐδῃ κατὰ νῆσον. ὁ δ᾽ ἑξείης ἐνέποντος
θέλγετ᾽ ἀκουῇ θυμόν· ἄχος δ᾽ ἕλεν Ἡρακλῆι
λειπομένῳ, καὶ τοῖον ἔπος πάντεσσι μετηύδα·          775 B
Ὦ φίλοι, οἵου φωτὸς ἀποπλαγχθέντες ἀρωγῆς
πείρετ᾽ ἐς Αἰήτην τόσσον πλόον. εὖ γὰρ ἐγώ μιν
Δασκύλου ἐν μεγάροισι καταυτόθι πατρὸς ἐμεῖο
οἶδ᾽ ἐσιδών, ὅτε δεῦρο δι᾽ Ἀσίδος ἠπείροιο
πεζὸς ἔβη, ζωστῆρα φιλοπτολέμοιο κομίζων          780 B
Ἱππολύτης· ἐμὲ δ᾽ εὗρε νέον χνοάοντα παρειάς.
ἔνθα δ᾽ ἐπὶ Πριόλαο κασιγνήτοιο θανόντος
ἡμετέρου Μυσοῖσιν ὑπ᾽ ἀνδράσιν, ὅντινα λαός
οἰκτίστοις ἐλέγοισιν ὀδύρεται ἐξέτι κείνου,
ἀθλεύων, Τιτίην ἀπεκαίνυτο πυγμαχέοντα          785 B
καρτερόν, ὃς πάντεσσι μετέπρεπεν ἰθέοισιν

εἶδός τ᾽ ἠδὲ βίην, χαμάδις δέ οἱ ἤλασ᾽ ὀδόντας.
αὐτὰρ ὁμοῦ Μυσοῖσιν ἐμῷ ὑπὸ πατρὶ δάμασσεν
Μύγδονας, οἳ ναίουσιν ὁμώλακας ἡμιν ἀρούρας,
φῦλά τε Βιθυνῶν αὐτῇ κτεατίσσατο γαίῃ      790 B
ἔστ᾽ ἐπὶ Ῥήβαο προχοὰς σκόπελόν τε Κολώνης·
Παφλαγόνες τ᾽ ἐπὶ τοῖς Πελοπήιοι εἴκαθον αὔτως
ὅσσους Βιλλαίοιο μέλαν περιάγνυται ὕδωρ.
ἀλλ᾽ ἐμὲ τῶν Βέβρυκες ὑπερβασίη τ᾽ Ἀμύκοιο
τηλόθι ναιετάοντος ἐνόσφισαν Ἡρακλῆος,      795 B
δὴν ἀποτεμνόμενοι γαίης ἅλις, ὄφρ᾽ ἐβάλοντο
οὖρα βαθυρρείοντος ἐφ᾽ εἰαμεναῖς Ὑπίοιο.
ἔμπης δ᾽ ἐξ ὑμέων ἔδοσαν τίσιν· οὐδέ ἕ φημι
ἤματι τῷδ᾽ ἀέκητι θεῶν ἐπελάσσαι ἄρηα,
Τυνδαρίδη, Βέβρυξιν, ὅτ᾽ ἀνέρα κεῖνον ἔπεφνες.      800 B
τῶν νῦν ἥντιν᾽ ἐγὼ τεῖσαι χάριν ἄρκιός εἰμι,
τείσω προφρονέως· ἡ γὰρ θέμις ἠπεδανοῖσιν
ἀνδράσιν, εὖτ᾽ ἄρξωσιν ἀρείονες ἄλλοι ὀφέλλειν.
ξυνῇ μὲν πάντεσσιν, ὁμόστολον ὔμμιν ἕπεσθαι
Δάσκυλον ὀτρυνέω, ἐμὸν υἱέα τοῖο δ᾽ ἰόντος,      805 B
ἦ τ᾽ ἂν εὐξείνοισι διαμπερὲς ἀντιάοιτε
ἀνδράσι μέσφ᾽ αὐτοῖο ποτὶ στόμα Θερμώδοντος·
νόσφι δὲ Τυνδαρίδαις, Ἀχερουσίδος ὑψόθεν ἄκρης
εἴσομαι ἱερὸν αἰπύ, τὸ μὲν μάλα τηλόθι πάντες
ναυτίλοι ἂμ πέλαγος θηεύμενοι ἱλάξονται,      810 B
καί κέ σφιν μετέπειτα πρὸ ἄστεος, οἷα θεοῖσιν,
πίονας εὐαρότοιο γύας πεδίοιο ταμοίμην.
Ὡς τότε μὲν δαῖτ᾽ ἀμφὶ πανήμεροι ἐψιόωντο·
ἠρί γε μὴν ἐπὶ νῆα κατήισαν ἐγκονέοντες,
καὶ δ᾽ αὐτὸς σὺν τοῖσι Λύκος κίε, μυρί᾽ ὀπάσσας      815 B
δῶρα φέρειν, ἅμα δ᾽ υἷα δόμων ἔκπεμπε νέεσθαι.
Ἔνθα δ᾽ Ἀβαντιάδην πεπρωμένη ἤλασε μοῖρα
Ἴδμονα, μαντοσύνῃσι κεκασμένον, ἀλλά μιν οὔ τι
μαντοσύναι ἐσάωσαν, ἐπεὶ χρεὼ ἦγε δαμῆναι.
κεῖτο γὰρ εἰαμενῇ δυνακώδεϊς ἐν ποταμοῖο,      820 B
ψυχόμενος λαγόνας τε καὶ ἄσπετον ἰλύι νηδύν,
κάπριος ἀργιόδων, ὀλοὸν τέρας, ὅν ῥα καὶ αὐταί

νύμφαι ἑλειονόμοι ὑπεδείδισαν· οὐδέ τις ἀνδρῶν
ἠείδει, οἷος δὲ κατὰ πλατὺ βόσκετο τῖφος.
αὐτὰρ ὅγ᾽ ἰλυόεντος ἀνὰ θρωσμοὺς πεδίοιο      825 B
νίσσετ᾽ Ἀβαντιάδης, ὁ δ᾽ ἄρ᾽ ἔκποθεν ἀφράστοιο
ὕψι μάλ᾽ ἐκ δονάκων ἀνεπάλμενος, ἤλασε μηρόν
ἀίγδην, μέσσας δὲ σὺν ὀστέῳ ἶνας ἔκερσεν.
ὀξὺ δ᾽ ὅγε κλάγξας, οὔδει πέσεν· οἱ δ᾽ ἐρυγόντος
ἀθρόοι ἀντιάχησαν. ὀρέξατο δ᾽ αἶψ᾽ ὀλοοῖο      830 B
Πηλεὺς αἰγανέῃ φύγαδ᾽ εἰς ἕλος ὁρμηθέντος
καπρίου· ἔσσυτο δ᾽ αὖτις ἐναντίος, ἀλλά μιν Ἴδας
οὔτασε, βεβρυχὼς δὲ θοῷ περὶ κάππεσε δουρί.
καὶ τὸν μὲν χαμάδις λίπον αὐτόθι πεπτηῶτα·
τὸν δ᾽ ἕταροι ἐπὶ νῆα φέρον ψυχορραγέοντα      835 B
ἀχνύμενοι· χείρεσσι δ᾽ ἑῶν ἐνὶ κάτθαν᾽ ἑταίρων.
Ἔνθα δὲ ναυτιλίης μὲν ἐρητύοντο μέλεσθαι,
ἀμφὶ δὲ κηδείῃ νέκυος μένον ἀσχαλόωντες,
ἤματα δὲ τρία πάντα γόων· ἑτέρῳ δέ μιν ἤδη
τάρχυον μεγαλωστί, συνεκτερέιζε δὲ λαός      840 B
αὐτῷ ὁμοῦ βασιλῆι Λύκῳ· παρὰ δ᾽ ἄσπετα μῆλα,
ἣ θέμις οἰχομένοισι, ταφήια λαιμοτόμησαν.
καὶ δή τοι κέχυται τοῦδ᾽ ἀνέρος ἐν χθονὶ κείνῃ
τύμβος, σῆμα δ᾽ ἔπεστι καὶ ὀψιγόνοισιν ἰδέσθαι,
νήιος ἐκ κοτίνοιο φάλαγξ, θαλέθει δέ τε φύλλοις,      845 B
ἄκρης τυτθὸν ἔνερθ᾽ Ἀχερουσίδος. εἰ δέ με καὶ τό
χρειὼ ἀπηλεγέως Μουσέων ὕπο γηρύσασθαι·
τόνδε πολισσοῦχον διεπέφραδε Βοιωτοῖσιν
Νισαίοισί τε Φοῖβος ἐπιρρήδην ἱλάεσθαι,
ἀμφὶ δὲ τήνδε φάλαγγα παλαιγενέος κοτίνοιο      850 B
ἄστυ βαλεῖν, οἱ δ᾽ ἀντὶ θεουδέος Αἰολίδαο
Ἴδμονος εἰσέτι νῦν Ἀγαμήστορα κυδαίνουσιν.
Τίς γὰρ δὴ θάνεν ἄλλος ἐπεὶ καὶ ἔτ᾽ αὖτις ἔχευαν
ἥρωες τότε τύμβον ἀποφθιμένου ἑτάροιο,
δοιὰ γὰρ οὖν κείνων ἔτι σήματα φαίνεται ἀνδρῶν;      855 B
Ἁγνιάδην Τῖφυν θανέειν φάτις· οὐδέ οἱ ἦεν
μοῖρ᾽ ἔτι ναυτίλλεσθαι ἑκαστέρω, ἀλλά νυ καὶ τόν
αὖθι μινυνθαδίῃ πάτρης ἑκὰς εὔνασε νοῦσος.

εἰσόκ᾽ Ἀβαντιάδαο νέκυν κτερέιξεν ὅμιλος.
ἄτλητον δ᾽ ὀλοῷ ἐπὶ πήματι κῆδος ἕλοντο·   860 B
δὴν ἄρ᾽, ἐπεὶ καὶ τόνδε παρασχεδὸν ἐκτερέιξαν
αὐτοῦ ἀμηχανίῃσιν ἁλὸς προπάροιθε πεσόντες,
ἐντυπὰς εὐκήλως εἰλυμένοι οὔτε τι σίτου
μνώοντ᾽ οὔτε ποτοῖο· κατήμυσαν δ᾽ ἀχέεσσι
θυμόν, ἐπεὶ μάλα πολλὸν ἀπ᾽ ἐλπίδος ἔπλετο νόστος.   865 B
καί νύ κ᾽ ἔτι προτέρω τετιημένοι ἰσχανόωντο,
εἰ μὴ ἄρ᾽ Ἀγκαίῳ περιώσιον ἔμβαλεν Ἥρη
θάρσος, ὃν Ἰμβρασίοισι παρ᾽ ὕδασιν Ἀστυπάλαια
τίκτε Ποσειδάωνι, περιπρὸ γὰρ εὖ ἐκέκαστο
ἰθύνειν· Πηλῆα δ᾽ ἐπεσσύμενος προσέειπεν·   870 B
Αἰακίδη, πῶς καλὸν ἀφειδήσαντας ἀέθλων
γαίῃ ἐν ἀλλοδαπῇ δὴν ἔμμεναι; οὐ μὲν ἄρηος
ἴδριν ἐόντ᾽ ἐμὲ τόσσον ἄγει μετὰ κῶας Ἰήσων
Παρθενίης ἀπάνευθεν ὅσον τ᾽ ἐπιίστορα νηῶν·
τῶ μή τοι τυτθόν γε δέος περὶ νηὶ πελέσθω.   875 B
ὣς δὲ καὶ ἄλλοι δεῦρο δαήμονες ἄνδρες ἔασιν,
τῶν ὅτινα πρύμνης ἐπιβήσομεν, οὔ τις ἰάψει
ναυτιλίην. ἀλλ᾽ ὦκα παραιφάμενος τάδε πάντας
θαρσαλέως ὀρόθυνον ἐπιμνήσασθαι ἀέθλου.
Ὣς φάτο· τοῖο δὲ θυμὸς ἀέξετο γηθοσύνῃσιν.   880 B
αὐτίκα δ᾽ οὐ μετὰ δηρὸν ἐνὶ μέσσοις ἀγόρευεν·
Δαιμόνιοι, τί νυ πένθος ἐτώσιον ἴσχομεν αὔτως;
οἱ μὲν δή ποθι τοῦτον ὃν ἔλλαχον οἶτον ὄλοντο·
ἡμῖν δ᾽ ἐν γὰρ ἔασι κυβερνητῆρες ὁμίλῳ
καὶ πολέες, τῶ μή τι διατριβώμεθα πείρης·   885 B
ἀλλ᾽ ἔγρεσθ᾽ εἰς ἔργον, ἀπορρίψαντες ἀνίας.
Τὸν δ᾽ αὖτ᾽ Αἴσονος υἱὸς ἀμηχανέων προσέειπεν·
Αἰακίδη, πῇ δ᾽ οἵδε κυβερνητῆρες ἔασιν;
οὕς περ γὰρ τὸ πάροιθε δαήμονας εὐχόμεθ᾽ εἶναι,
οἵδε κατηφήσαντες ἐμεῦ πλέον ἀσχαλόωσι·   890 B
τῶ καὶ ὁμοῦ φθιμένοισι κακὴν προτιόσσομαι ἄτην,
εἰ δὴ μήτ᾽ ὀλοοῖο μετὰ πτόλιν Αἰήταο
ἔσσεται ἠὲ καὶ αὖτις ἐς Ἑλλάδα γαῖαν ἱκέσθαι
πετράων ἔκτοσθε· καταυτόθι δ᾽ ἄμμε καλύψει

ἀκλειῶς κακὸς οἶτος, ἐτώσια γηράσκοντας.　895 B
Ὣς ἔφατ᾿· Ἀγκαῖος δὲ μάλ᾿ ἐσσυμένως ὑπέδεκτο
νῆα θοὴν ἄξειν, δὴ γὰρ θεοῦ ἐτράπεθ᾿ ὁρμή·
τὸν δὲ μετ᾿ Ἐργῖνος καὶ Ναύπλιος Εὔφημός τε
ὤρνυντ᾿, ἰθύνειν λελιημένοι. ἀλλ᾿ ἄρα τούσγε
ἔσχεθον, Ἀγκαίῳ δὲ πολεῖς ἤνησαν ἑταίρων.　900 B
Ἠῷοι δήπειτα δυωδεκάτῳ ἐπέβαινον
ἤματι, δὴ γάρ σφιν ζεφύρου μέγας οὖρος ἄητο
καρπαλίμως δ᾿ Ἀχέροντα διεξεπέρησαν ἐρετμοῖς,
ἐκ δ᾿ ἔχεαν πίσυνοι ἀνέμῳ λίνα, πουλὺ δ᾿ ἐπιπρό
λαιφέων πεπταμένων τέμνον πλόον εὐδιόωντες.　905 B
ὦκα δὲ Καλλιχόροιο παρὰ προχοὰς ποταμοῖο
ἤλυθον, ἔνθ᾿ ἐνέπουσι Διὸς Νυσήιον υἷα,
Ἰνδῶν ἡνίκα φῦλα λιπὼν κατενίσσετο Θήβας,
ὀργιάσαι, στῆσαί τε χοροὺς ἄντροιο πάροιθεν
ᾧ ἐν ἀμειδήτους ἁγίας ηὐλίζετο νύκτας·　910 B
ἐξ οὗ Καλλίχορον ποταμὸν περιναιετάοντες
ἠδὲ καὶ Αὔλιον ἄντρον ἐπωνυμίην καλέουσιν.
Ἔνθεν δὲ Σθενέλου τάφον ἔδρακον Ἀκτορίδαο,
ὅς ῥά τ᾿ Ἀμαζονίδων πολυθαρσέος ἐκ πολέμοιο
ἂψ ἀνιὼν δὴ γὰρ συνανήλυθεν Ἡρακλῆι　915 B
βλήμενος ἰῷ κεῖθεν, ἐπ᾿ ἀγχιάλου θάνεν ἀκτῆς.
οὐ μέν θην προτέρω ἔτ᾿ ἐμέτρεον· ἧκε γὰρ αὐτή
Φερσεφόνη ψυχὴν πολυδάκρυον Ἀκτορίδαο,
λισσομένην τυτθόν περ ὁμήθεας ἄνδρας ἰδέσθαι·
τύμβου δὲ στεφάνης ἐπιβὰς σκοπιάζετο νῆα,　920 B
τοῖος ἐὼν οἷος πόλεμόνδ᾿ ἴεν, ἀμφὶ δὲ καλή
τετράφαλος φοίνικι λόφῳ ἐπελάμπετο πήληξ.
καί ῥ᾿ ὁ μὲν αὖτις ἔδυ μέλανα ζόφον, οἱ δ᾿ ἐσιδόντες
θάμβησαν. τοὺς δ᾿ ὦρσε θεοπροπέων ἐπικέλσαι
Ἀμπυκίδης Μόψος λοιβῇσί τε μειλίξασθαι.　925 B
οἱ δ᾿ ἀνὰ μὲν κραιπνῶς λαῖφος σπάσαν, ἐκ δὲ βαλόντες
πείσματ᾿ ἐν αἰγιαλῷ, Σθενέλου τάφον ἀμφεπένοντο,
χύτλα τέ οἱ χεύαντο καὶ ἤγνισαν ἔντομα μήλων.
ἄνδιχα δ᾿ αὖ χύτλων Νηοσσόῳ Ἀπόλλωνι
βωμὸν δειμάμενοι μῆρ᾿ ἔφλεγον· ἂν δὲ καὶ Ὀρφεύς　930 B

θῆκε λύρην· ἐκ τοῦ δὲ Λύρη πέλει οὔνομα χώρῳ.
Αὐτίκα δ᾽ οἵγ᾽ ἀνέμοιο κατασπέρχοντος ἔβησαν
νῆ᾽ ἔπι, κὰδ δ᾽ ἄρα λαῖφος ἐρυσσάμενοι τανύοντο
ἐς πόδας ἀμφοτέρους. ἡ δ᾽ ἐς πέλαγος πεφόρητο
ἐντενές, ἠύτε τίς τε δι᾽ ἠέρος ὑψόθι κίρκος          935 Β
ταρσὸν ἐφεὶς πνοιῇ φέρεται ταχύς, οὐδὲ τινάσσει
ῥιπήν, εὐκήλοισιν ἐνευδιόων πτερύγεσσιν.
καὶ δὴ Παρθενίοιο ῥοὰς ἁλιμυρήεντος,
πρηυτάτου ποταμοῦ, παρεμέτρεον, ᾧ ἔνι κούρη
Λητωίς, ἄγρηθεν ὅτ᾽ οὐρανὸν εἰσαναβαίνῃ,          940 Β
ὃν δέμας ἱμερτοῖσιν ἀναψύχει ὑδάτεσσιν.
νυκτὶ δ᾽ ἔπειτ᾽ ἄλληκτον ἐπιπροτέρωσε θέοντες
Σήσαμον αἰπεινούς τε παρεξενέοντ᾽ Ἐρυθίνους,
Κρωβίαλον Κρῶμνάν τε καὶ ὑλήεντα Κύτωρον.
ἔνθεν δ᾽ αὖτε Κάραμβιν ἅμ᾽ ἠελίοιο βολῇσιν          945 Β
γνάμψαντες, παρὰ Πουλὺν ἔπειτ᾽ ἤλαυνον ἐρετμοῖς
Αἰγιαλὸν πρόπαν ἦμαρ ὁμῶς καὶ ἐπ᾽ ἤματι νύκτα.
Αὐτίκα δ᾽ Ἀσσυρίης ἐπέβαν χθονός, ἔνθα Σινώπην
θυγατέρ᾽ Ἀσωποῖο καθίσσατο καί οἱ ὄπασσε
παρθενίην Ζεὺς αὐτός, ὑποσχεσίῃσι δολωθείς.          950 Β
δὴ γὰρ ὁ μὲν φιλότητος ἐέλδετο, νεῦσε δ᾽ ὅγ᾽ αὐτῇ
δωσέμεναι ὅ κεν ᾖσι μετὰ φρεσὶν ἰθύσειεν·
ἡ δέ ἑ παρθενίην ᾐτήσατο κερδοσύνῃσιν.
ὡς δὲ καὶ Ἀπόλλωνα παρήπαφεν, εὐνηθῆναι
ἱέμενον, ποταμόν τ᾽ ἐπὶ τοῖς Ἅλυν· οὐδὲ μὲν ἀνδρῶν          955 Β
τήνγε τις ἱμερτῇσιν ἐν ἀγκοίνῃσι δάμασσεν.
ἔνθα δὲ Τρικκαίοιο ἀγαυοῦ Δημάχοιο
υἷες, Δηιλέων τε καὶ Αὐτόλυκος Φλογίος τε,
τημόσδ᾽, Ἡρακλῆος ἀποπλαγχθέντες, ἔναιον·
οἵ ῥα τόθ᾽, ὡς ἐνόησαν ἀριστήων στόλον ἀνδρῶν,          960 Β
σφᾶς αὐτοὺς νημερτὲς ἐπέφραδον ἀντιάσαντες·
οὐδ᾽ ἔτι μιμνάζειν θέλον ἔμπεδον, ἀλλ᾽ ἐνὶ νηί,
ἀργέσταο παρᾶσσον ἐπιπνείοντος, ἔβησαν.
Τοῖσι δ᾽ ὁμοῦ μετέπειτα θοῇ πεφορημένοι αὔρῃ
λεῖπον Ἅλυν ποταμόν, λεῖπον δ᾽ ἀγχίρροον Ἶριν          965 Β
ἠδὲ καὶ Ἀσσυρίης πρόχυσιν χθονός. ἤματι δ᾽ αὐτῷ

γνάμψαν Ἀμαζονίδων ἔκαθεν λιμενήοχον ἄκρην,
ἔνθα ποτὲ προμολοῦσαν Ἀρητιάδα Μελανίππην
ἥρως Ἡρακλέης ἐλοχήσατο, καί οἱ ἄποινα
Ἱππολύτη ζωστῆρα παναίολον ἐγγυάλιξεν        970 B
ἀμφὶ κασιγνήτης, ὁ δ᾽ ἀπήμονα πέμψεν ὀπίσσω·
τῆς οἵγ᾽ ἐν κόλπῳ προχοαῖς ἔπι Θερμώδοντος
κέλσαν, ἐπεὶ καὶ πόντος ὀρίνετο νισσομένοισιν.
τῷ δ᾽ οὔ τις ποταμῶν ἐναλίγκιος οὐδὲ ῥέεθρα
τόσσ᾽ ἐπὶ γαῖαν ἵησι παρὲξ ἕθεν ἄνδιχα βάλλων·     975 B
τετράδος εἰς ἑκατὸν δεύοιτό κεν, εἴ τις ἕκαστα
πεμπάζοι. μία δ᾽ οἴη ἐτήτυμος ἔπλετο πηγή·
ἡ μέν τ᾽ ἐξ ὀρέων κατανίσσεται ἤπειρόνδε
ὑψηλῶν, ἅ τέ φασιν Ἀμαζόνια κλείεσθαι,
ἔνθεν δ᾽ αἰπυτέρην ἐπικίδναται ἔνδοθι γαῖαν      980 B
ἀντικρύ· τῷ καί οἱ ἐπίστροφοί εἰσι κέλευθοι,
αἰεὶ δ᾽ ἄλλυδις ἄλλη, ὅπη κύρσειε μάλιστα
ἠπείρου χθαμαλῆς, εἰλίσσεται, ἡ μὲν ἄπωθεν,
ἡ δὲ πέλας· πολέες δὲ πόροι νώνυμοι ἔασιν
ὅππη ὑπεξαφύονται, ὁ δ᾽ ἀμφαδὸν ἄμμιγα παύροις      985 B
Πόντον ἐς Ἄξεινον κυρτὴν ὑπ᾽ ἐρεύγεται ἄκρην.
καί νύ κε δηθύνοντες Ἀμαζονίδεσσιν ἔμειξαν
ὑσμίνην, καὶ δ᾽ οὔ κεν ἀναιμωτί γ᾽ ἐρίδηναν
οὐ γὰρ Ἀμαζονίδες μάλ᾽ ἐπητέες οὐδὲ θέμιστας
τίουσαι πεδίον Δοιάντιον ἀμφενέμοντο,        990 B
ἀλλ᾽ ὕβρις στονόεσσα καὶ Ἄρεος ἔργα μεμήλει·
δὴ γὰρ καὶ γενεὴν ἔσαν Ἄρεος Ἁρμονίης τε
νύμφης, ἥ τ᾽ Ἄρηϊ φιλοπτολέμους τέκε κούρας,
ἄλσεος Ἀκμονίοιο κατὰ πτύχας εὐνηθεῖσα
εἰ μὴ ἄρ᾽ ἐκ Διόθεν πνοιαὶ πάλιν ἀργέσταο      995 B
ἤλυθον, οἱ δ᾽ ἀνέμῳ περιηγέα κάλλιπον ἄκρην,
ἔνθα Θεμισκύρειαι Ἀμαζόνες ὡπλίζοντο·
οὐ γὰρ ὁμηγερέες μίαν ἂμ πόλιν, ἀλλ᾽ ἀνὰ γαῖαν
κεκριμέναι κατὰ φῦλα διάτριχα ναιετάασκον·
νόσφι μὲν αἵδ᾽ αὐταί, τῇσιν τότε κοιρανέεσκεν     1.000 B
Ἱππολύτη, νόσφιν δὲ Λυκάστιαι ἀμφενέμοντο,
νόσφι δ᾽ ἀκοντοβόλοι Χαδήσιαι. ἤματι δ᾽ ἄλλῳ

νυκτί τ᾽ ἐπιπλομένη Χαλύβων παρὰ γαῖαν ἵκοντο.
τοῖσι μὲν οὔτε βοῶν ἄροτος μέλει οὔτε τις ἄλλη
φυταλιὴ καρποῖο μελίφρονος, οὐδὲ μὲν οἵγε      1.005 B
ποίμνας ἐρσήεντι νομῷ ἔνι ποιμαίνουσιν·
ἀλλὰ σιδηροφόρον στυφελὴν χθόνα γατομέοντες
ὦνον ἀμείβονται βιοτήσιον· οὐδέ ποτέ σφιν
ἠὼς ἀντέλλει καμάτων ἄτερ, ἀλλὰ κελαινῇ
λιγνύι καὶ καπνῷ κάματον βαρὺν ὀτλεύουσιν.      1.010 B
Τοὺς δὲ μετ᾽ αὐτίκ᾽ ἔπειτα Γενηταίου Διὸς ἄκρην
γνάμψαντες σώοντο παρὲξ Τιβαρηνίδα γαῖαν·
ἔνθ᾽ ἐπεὶ ἄρ κε τέκωνται ὑπ᾽ ἀνδράσι τέκνα γυναῖκες,
αὐτοὶ μὲν στενάχουσιν ἐνὶ λεχέεσσι πεσόντες,
κράατα δησάμενοι· ταὶ δ᾽ εὖ κομέουσιν ἐδωδῇ      1.015 B
ἀνέρας ἠδὲ λοετρὰ λεχώια τοῖσι πένονται.
Ἱερὸν αὖτ᾽ ἐπὶ τοῖσιν ὄρος καὶ γαῖαν ἄμειβον
ᾗ ἔνι Μοσσύνοικοι ἀν᾽ οὔρεα ναιετάουσιν.
ἀλλοίη δὲ δίκη καὶ θέσμια τοῖσι τέτυκται·
ὅσσα μὲν ἀμφαδίῃ ῥέζειν θέμις ἢ ἐνὶ δήμῳ      1.020 B
ἢ ἀγορῇ, τάδε πάντα δόμοις ἔνι μηχανόωνται·
ὅσσα δ᾽ ἐνὶ μεγάροις πεπονήμεθα, κεῖνα θύραζε
ἀψεγέως μέσσησιν ἐνὶ ῥέζουσιν ἀγυιαῖς·
οὐδ᾽ εὐνῆς αἰδὼς ἐπιδήμιος, ἀλλὰ σύες ὥς
φορβάδες, οὐδ᾽ ἠβαιὸν ἀτυζόμενοι παρεόντας,      1.025 B
μίσγονται χαμάδις ξυνῇ φιλότητι γυναικῶν·
αὐτὰρ ἐν ὑψίστῳ βασιλεὺς μόσσυνι θαάσσων
ἰθείας πολέεσσι δίκας λαοῖσι δικάζει,
σχέτλιος· ἢν γάρ πού τι θεμιστεύων ἀλίτηται,
λιμῷ μιν κεῖν᾽ ἦμαρ ἐνικλείσαντες ἔχουσιν.      1.030 B
Τοὺς παρανισσόμενοι καὶ δὴ σχεδὸν ἀντιπέρηθεν
νήσου Ἀρητιάδος τέμνον πλόον εἰρεσίῃσιν
ἡμάτιοι, λιαρὴ γὰρ ὑπὸ κνέφας ἔλλιπεν αὔρη·
ἤδη καί τιν᾽ ὕπερθεν Ἀρήιον ἀίσσοντα
ἐννάετην νήσοιο δι᾽ ἠέρος ὄρνιν ἴδοντο·      1.035 B
ὅς ῥα, τιναξάμενος πτέρυγας κατὰ νῆα θέουσαν,
ἧκ᾽ ἐπὶ οἷ πτερὸν ὀξύ. τὸ δ᾽ ἐν λαιῷ πέσεν ὤμῳ
δίου Ὀιλῆος, μεθέηκε δὲ χερσὶν ἐρετμόν

βλήμενος· οἱ δὲ τάφον πτερόεν βέλος εἰσορόωντες.
καὶ τὸ μὲν ἐξείρυσσε παρεδριόων Ἐριβώτης,     1.040 B
ἕλκος δὲ ξυνέδησεν, ἀπὸ σφετέρου κολεοῖο
λυσάμενος τελαμῶνα κατήορον. ἐκ δ᾽ ἐφαάνθη
ἄλλος ἐπὶ προτέρῳ πεποτημένος· ἀλλά μιν ἥρως
Εὐρυτίδης Κλυτίος πρὸ γὰρ ἀγκύλα τείνατο τόξα
ἧκέ τ᾽ ἐπ᾽ οἰωνὸν ταχινὸν βέλος αὐτὸς ὑποφθάς     1.045 B
πλῆξεν, δινηθεὶς δὲ θοῆς πέσεν ἀγχόθι νηός.
τοῖσιν δ᾽ Ἀμφιδάμας μυθήσατο παῖς Ἀλεοῖο·
Νῆσος μὲν πέλας ἧμιν Ἀρητιάς ἴστε καὶ αὐτοί
τούσδ᾽ ὄρνιθας ἰδόντες· ἐγὼ δ᾽ οὐκ ἔλπομαι ἰούς
τόσσον ἐπαρκέσσειν εἰς ἔκβασιν· ἀλλά τιν᾽ ἄλλην     1.050 B
μῆτιν πορσύνωμεν ἐπίρροθον, εἴ γ᾽ ἐπικέλσαι
μέλλετε, Φινῆος μεμνημένοι ὡς ἐπέτελλεν.
οὐδὲ γὰρ Ἡρακλέης, ὁπότ᾽ ἤλυθεν Ἀρκαδίηνδε,
πλωάδας ὄρνιθας Στυμφαλίδος ἔσθενε λίμνης
ὤσασθαι τόξοισι τὸ μέν τ᾽ ἐγὼ αὐτὸς ὄπωπα·     1.055 B
ἀλλ᾽ ὅγε χαλκείην πλαταγὴν ἐνὶ χερσὶ τινάσσων
δούπει ἐπὶ σκοπιῆς περιμήκεος, αἱ δ᾽ ἐφέβοντο
τηλοῦ ἀτυζηλῷ ὑπὸ δείματι κεκληγυῖαι.
τῶ καὶ νῦν τοίην τιν᾽ ἐπιφραζώμεθα μῆτιν -
αὐτὸς δ᾽ ἄν, τὸ πάροιθεν ἐπιφρασθείς, ἐνέποιμι·     1.060 B
ἀνθέμενοι κεφαλῆσιν ἀερσιλόφους τρυφαλείας,
ἡμίσεες μὲν ἐρέσσετ᾽ ἀμοιβαδίς, ἡμίσεες δέ
δούρασί τε ξυστοῖσι καὶ ἀσπίσιν ἄρσετε νῆα,
αὐτὰρ πασσυδίῃ περιώσιον ὄρνυτ᾽ αὐτήν
ἀθρόοι, ὄφρα κολῳὸν ἀηθείῃ φοβέωνται     1.065 B
νεύοντάς τε λόφους καὶ ἐπήορα δούραθ᾽ ὕπερθεν.
εἰ δέ κεν αὐτὴν νῆσον ἱκώμεθα, δὴ τότ᾽ ἔπειτα
σὺν κελάδῳ σακέεσσι πελώριον ὄρσετε δοῦπον.
Ὣς ἄρ᾽ ἔφη, πάντεσσι δ᾽ ἐπίρροθος ἥνδανε μῆτις.
ἀμφὶ δὲ χαλκείας κόρυθας κεφαλῆσιν ἔθεντο     1.070 B
δεινὸν λαμπομένας, ἐπὶ δὲ λόφοι ἐσσείοντο
φοινίκεοι· καὶ τοὶ μὲν ἀμοιβήδην ἐλάασκον,
τοὶ δ᾽ αὖτ᾽ ἐγχείῃσι καὶ ἀσπίσι νῆα κάλυψαν.
ὡς δ᾽ ὅτε τις κεράμῳ κατερέψεται ἕρκιον ἀνήρ,

δώματος ἀγλαΐην τε καὶ ὑετοῦ ἔμμεναι ἄλκαρ,        1.075 B
ἄλλῳ δ᾽ ἔμπεδον ἄλλος ὁμῶς ἐπαμοιβὸς ἄρηρεν -
ὣς οἵγ᾽ ἀσπίσι νῆα συναρτύναντες ἔρεψαν·
οἵη δὲ κλαγγὴ δήου πέλει ἐξ ὁμάδοιο
ἀνδρῶν κινυμένων, ὁπότε ξυνίωσι φάλαγγες -
τοίη ἄρ᾽ ὑψόθι νηὸς ἐς ἠέρα κίδνατ᾽ ἀυτή·        1.080 B
οὐδέ τιν᾽ οἰωνῶν ἔτ᾽ ἐσέδρακον. ἀλλ᾽ ὅτε νήσῳ
χρίμψαντες σακέεσσιν ἐπέκτυπον, αὐτίκ᾽ ἄρ᾽ οἵγε
μυρίοι ἔνθα καὶ ἔνθα πεφυζότες ἠερέθοντο·
ὡς δ᾽ ὁπότε Κρονίδης πυκινὴν ἐφέηκε χάλαζαν
ἐκ νεφέων ἀνά τ᾽ ἄστυ καὶ οἰκία, τοὶ δ᾽ ὑπὸ τοῖσιν        1.085 B
ἐνναέται, κόναβον τεγέων ὕπερ εἰσαΐοντες,
ἥνται ἀκήν, ἐπεὶ οὔ σφε κατέλλαβε χείματος ὥρη
ἀπροφάτως, ἀλλὰ πρὶν ἐκαρτύναντο μέλαθρον -
ὣς πυκινὰ πτερὰ τοῖσιν ἐφίεσαν, ἀίσσοντες
ὕψι μάλ᾽ ἂμ πέλαγος περάτης εἰς οὔρεα γαίης.        1.090 B
Τίς γὰρ δὴ Φινῆος ἔην νόος, ἐνθάδε κέλσαι
ἀνδρῶν ἡρώων θεῖον στόλον, ἢ καὶ ἔπειτα
ποῖον ὄνειαρ ἔμελλεν ἐελδομένοισιν ἱκέσθαι;
Υἱῆες Φρίξοιο μετὰ πτόλιν Ὀρχομενοῖο
ἐξ Αἴης ἐνέοντο παρ᾽ Αἰήταο Κυταίου,        1.095 B
Κολχίδα νῆ᾽ ἐπιβάντες, ἵν᾽ ἄσπετον ὄλβον ἄρωνται
πατρός· ὁ γὰρ θνήσκων ἐπετείλατο τήνδε κέλευθον.
καὶ δὴ ἔσαν νήσοιο μάλα σχεδὸν ἤματι κείνῳ,
Ζεὺς δ᾽ ἀνέμου βορέαο μένος κίνησεν ἀῆναι,
ὕδατι σημαίνων διερὴν ὁδὸν Ἀρκτούροιο.        1.100 B
αὐτὰρ ὅγ᾽ ἡμάτιος μὲν ἐν οὔρεσι φύλλ᾽ ἐτίνασσεν
τυτθὸν ἐπ᾽ ἀκροτάτοισιν ἀήσυρος ἀκρεμόνεσσιν·
νυκτὶ δ᾽ ἔβη πόντονδε πελώριος, ὦρσε δὲ κῦμα
κεκληγὼς πνοιῇσι· κελαινὴ δ᾽ οὐρανὸν ἀχλύς
ἄμπεχεν, οὐδέ πῃ ἄστρα διαυγέα φαίνετ᾽ ἰδέσθαι        1.115 B
ἐκ νεφέων, σκοτόεις δὲ περὶ ζόφος ἠρήρειστο.
οἱ δ᾽ ἄρα μυδαλέοι, στυγερὸν τρομέοντες ὄλεθρον,
υἱῆες Φρίξοιο φέρονθ᾽ ὑπὸ κύμασιν αὔτως·
ἱστία δ᾽ ἐξήρπαξ᾽ ἀνέμου μένος ἠδὲ καὶ αὐτήν
νῆα διάνδιχ᾽ ἔαξε, τινασσομένην ῥοθίοισιν.        1.120 B

ἔνθα δ᾿ ὑπ᾿ ἐννεσίῃσι θεῶν πίσυρές περ ἐόντες
δούρατος ὠρέξαντο πελωρίου, οἷά τε πολλά
ῥαισθείσης κεκέδαστο θοοῖς συναρηρότα γόμφοις.
καὶ τοὺς μὲν νῆσόνδε, παρὲξ ὀλίγον θανάτοιο,
κύματα καὶ ῥιπαὶ ἀνέμου φέρον ἀσχαλόωντας·      1.125 B
αὐτίκα δ᾿ ἐρράγη ὄμβρος ἀθέσφατος, ὗε δὲ πόντον
καὶ νῆσον καὶ πᾶσαν ὅσην κατεναντία νήσου
χώρην Μοσσύνοικοι ὑπέρβιοι ἀμφενέμοντο.
τοὺς δ᾿ ἄμυδις κρατερῷ σὺν δούρατι κύματος ὁρμή
υἷας Φρίξοιο μετ᾿ ἠιόνας βάλε νήσου      1.130 B
νύχθ᾿ ὕπο λυγαίην. τὸ δὲ μυρίον ἐκ Διὸς ὕδωρ
λῆξεν ἅμ᾿ ἠελίῳ· τάχα δ᾿ ἐγγύθεν ἀντεβόλησαν
ἀλλήλοις. Ἄργος δὲ παροίτατος ἔκφατο μῦθον·
Ἀντόμεθα πρὸς Ζηνὸς Ἐποψίου, οἵτινές ἐστε
ἀνδρῶν, εὐμενέειν τε καὶ ἀρκέσσαι χατέουσι.      1.135 B
πόντῳ γὰρ τρηχεῖαι ἐπιβρίσασαι ἄελλαι
νηὸς ἀεικελίης διὰ δούρατα πάντ᾿ ἐκέδασσαν,
ᾗ ἔνι πείρομεν οἶδμα κατὰ χρέος ἐμβεβαῶτες.
τούνεκα νῦν ὑμέας γουναζόμεθ᾿, αἴ κε πίθησθε,
δοῦναι ὅσον τ᾿ εἴλυμα περὶ χροὸς ἠδὲ κομίσσαι,      1.140 B
ἀνέρας οἰκτείραντας ὁμήλικας ἐν κακότητι.
ἀλλ᾿ ἱκέτας ξείνους Διὸς εἵνεκεν αἰδέσσασθε,
Ξεινίου Ἱκεσίου τε· Διὸς δ᾿ ἄμφω ἱκέται τε
καὶ ξεῖνοι, ὁ δέ που καὶ ἐπόψιος ἄμμι τέτυκται.
Τὸν δ᾿ αὖτ᾿ Αἴσονος υἱὸς ἐπιφραδέως ἐρέεινε,      1.145 B
μαντοσύνας Φινῆος ὀισσάμενος τελέεσθαι·
Ταῦτα μὲν αὐτίκα πάντα παρέξομεν εὐμενέοντες·
ἀλλ᾿ ἄγε μοι κατάλεξον ἐτήτυμον ὁππόθι γαίης
ναίετε, καὶ χρέος οἷον ὑπεὶρ ἅλα νεῖσθαι ἀνώγει,
αὐτῶν θ᾿ ὑμείων ὄνομα κλυτὸν ἠδὲ γενέθλην.      1.150 B
Τὸν δ᾿ Ἄργος προσέειπεν, ἀμηχανέων κακότητι·
Αἰολίδην Φρίξον τιν᾿ ἀφ᾿ Ἑλλάδος Αἶαν ἱκέσθαι
ἀτρεκέως δοκέω που ἀκούετε καὶ πάρος αὐτοί,
Φρίξον ὅτις πτολίεθρον ἀνήλυθεν Αἰήταο
κριοῦ ἐπαμβεβαώς, τόν ῥα χρύσειον ἔθηκεν      1.155 B
Ἑρμείας· κῶας δὲ καὶ εἰσέτι νῦν κεν ἴδοισθε

πεπτάμενον λασίοισιν ἐπὶ δρυὸς ἀκρεμόνεσσιν·
τὸν μὲν ἔπειτ᾽ ἔρρεξεν ἑῆς ὑποθημοσύνῃσιν
Φυξίῳ ἐκ πάντων Κρονίδῃ Διί· καί μιν ἔδεκτο
Αἰήτης μεγάρῳ, κούρην τέ οἱ ἐγγυάλιξεν          1.160 B
Χαλκιόπην ἀνάεδνον ἐυφροσύνῃσι νόοιο·
τῶν ἐξ ἀμφοτέρων εἰμὲν γένος, ἀλλ᾽ ὁ μὲν ἤδη
γηραιὸς θάνε Φρίξος ἐν Αἰήταο δόμοισιν·
ἡμεῖς δ᾽, αὐτίκα πατρὸς ἐφετμάων ἀλέγοντες,
νεύμεθ᾽ ἐς Ὀρχομενὸν κτεάνων Ἀθάμαντος ἕκητι.          1.165 B
εἰ δὲ καὶ οὔνομα δῆθεν ἐπιθύεις δεδαῆσθαι,
τῷδε Κυτίσσωρος πέλει οὔνομα, τῷδέ τε Φρόντις,
τῷ δὲ Μέλας, ἐμὲ δ᾽ αὐτὸν ἐπικλείοιτέ κεν Ἄργον.
Ὣς φάτ᾽· ἀριστῆες δὲ συνηβολίῃ κεχάροντο
καί σφεας ἀμφίεπον περιθαμβέες· αὐτὰρ Ἰήσων          1.170 B
ἐξαῦτις κατὰ μοῖραν ἀμείψατο τοῖσδ᾽ ἐπέεσσιν·
Ἦ ἄρα δὴ γνωτοὶ πατρώιοι ἄμμιν ἐόντες
λίσσεσθ᾽ εὐμενέοντας ἐπαρκέσσαι κακότητα.
Κρηθεὺς γὰρ ὅ᾽ Ἀθάμας τε κασίγνητοι γεγάασιν,
Κρηθῆος δ᾽ υἱωνὸς ἐγὼ σὺν τοισίδ᾽ ἑταίροις          1.175 B
Ἑλλάδος ἐξ αὐτὴν νέομ᾽ ἐς πόλιν Αἰήταο.
ἀλλὰ τὰ μὲν καὶ ἐσαῦτις ἐνίψομεν ἀλλήλοισιν,
νῦν δ᾽ ἔσσασθε πάροιθεν· ὑπ᾽ ἐννεσίῃσι δ᾽ οἴω
ἀθανάτων ἐς χεῖρας ἐμὰς χατέοντας ἱκέσθαι.
Ἦ ῥα, καὶ ἐκ νηὸς δῶκέ σφισιν εἵματα δῦναι.          1.180 B
πασσυδίῃ δἤπειτα κίον μετὰ νηὸν Ἄρηος,
μῆλ᾽ ἱερευσόμενοι, περὶ δ᾽ ἐσχάρῃ ἐστήσαντο
ἐσσυμένως, ἥ τ᾽ ἐκτὸς ἀνηρεφέος πέλε νηοῦ,
στιάων· εἴσω δὲ μέλας λίθος ἠρήρειστο
ἱερός, ᾧ ποτε πᾶσαι Ἀμαζόνες εὐχετόωντο·          1.185 B
οὐδέ υψιν θέμις ἦεν, ὅτ᾽ ἀντιπέρηθεν ἵκοιντο,
μήλων τ᾽ ἠδὲ βοῶν τῇδ᾽ ἐσχάρῃ ἱερὰ καίειν,
ἀλλ᾽ ἵππους δαίτρευον, ἐπηετανὸν κομέουσαι.
αὐτὰρ ἐπεὶ ῥέξαντες ἐπαρτέα δαῖτα πάσαντο,
δὴ τότ᾽ ἄρ᾽ Αἰσονίδης μετεφώνεεν, ἦρχέ τε μύθων·          1.190 B
Ζεὺς ἐτεὸν τὰ ἕκαστ᾽ ἐπιδέρκεται, οὐδέ μιν ἄνδρες
λήθομεν ἔμπεδον οἵ τε θεουδέες οὐδὲ δίκαιοι.

ὡς μὲν γὰρ πατέρ᾽ ὑμὸν ὑπεξείρυτο φόνοιο
μητρυιῆς καὶ νόσφιν ἀπειρέσιον πόρεν ὄλβον,
ὡς δὲ καὶ ὑμέας αὖτις ἀπήμονας ἐξεσάωσεν     1.195 Β
χείματος οὐλομένοιο. πάρεστι δὲ τῆσδ᾽ ἐπὶ νηός
ἔνθα καὶ ἔνθα νέεσθαι ὅπη φίλον, εἴτε μετ᾽ Αἶαν
εἴτε μετ᾽ ἀφνειὴν θείου πόλιν Ὀρχομενοῖο.
τὴν γὰρ Ἀθηναίη τεχνήσατο καὶ τάμε χαλκῷ
δούρατα Πηλιάδος κορυφῆς πάρα, σὺν δέ οἱ Ἄργος     1.200 Β
τεῦξεν· ἀτὰρ κείνην γε κακὸν διὰ κῦμ᾽ ἐκέδασσεν,
πρὶν καὶ πετράων σχεδὸν ἐλθέμεν αἵ τ᾽ ἐνὶ Πόντου
στεινωπῷ συνίασι πανήμεροι ἀλλήλησιν.
ἀλλ᾽ ἄγεθ᾽ ὧδε καὶ αὐτοὶ ἐς Ἑλλάδα μαιομένοισιν
κῶας ἄγειν χρύσειον ἐπίρροθοι ἄμμι πέλεσθε     1.205 Β
καὶ πλόου ἡγεμονῆες, ἐπεὶ Φρίξοιο θυηλὰς
στέλλομαι ἀμπλήσων, Ζηνὸς χόλον Αἰολίδησιν.
Ἴσκε παρηγορέων· οἱ δ᾽ ἔστυγον εἰσαΐοντες,
οὐ γὰρ ἔφαν τεύξεσθαι ἐνηέος Αἰήταο
κῶας ἄγειν κριοῖο μεμαότες· ὧδε δ᾽ ἔειπεν     1.210 Β
Ἄργος, ἀτεμβόμενος τοῖον στόλον ἀμφιπένεσθαι·
Ὦ φίλοι, ἡμέτερον μὲν ὅσον σθένος οὔποτ᾽ ἀρωγῆς
σχήσεται οὐδ᾽ ἠβαιόν, ὅτε χρειώ τις ἵκηται·
ἀλλ᾽ αἰνῶς ὀλοῇσιν ἀπηνείῃσιν ἄρηρεν
Αἰήτης· τῶ καὶ περιδείδια ναυτίλλεσθαι.     1.215 Β
στεῦται δ᾽ Ἡελίου γόνος ἔμμεναι, ἀμφὶ δὲ Κόλχων
ἔθνεα ναιετάουσιν ἀπείρονα, καὶ δέ κεν Ἄρει
σμερδαλέην ἐνοπὴν μέγα τε σθένος ἰσοφαρίζοι.
οὐ μὰν οὐδ᾽ ἀπάνευθεν ἑλεῖν δέρος Αἰήταο
ῥηίδιον· τοῖός μιν ὄφις περί τ᾽ ἀμφί τ᾽ ἔρυται     1.220 Β
ἀθάνατος καὶ ἄυπνος, ὃν αὐτὴ Γαῖ᾽ ἀνέφυσεν
Καυκάσου ἐν κνημοῖσι, Τυφαονίῃ ὅθι πέτρῃ,
ἔνθα Τυφάονά φασι, Διὸς Κρονίδαο κεραυνῷ
βλήμενον ὁππότε οἱ στιβαρὰς ἐπορέξατο χεῖρας,
θερμὸν ἀπὸ κρατὸς στάξαι φόνον· ἵκετο δ᾽ αὔτως     1.225 Β
οὔρεα καὶ πεδίον Νυσήιον, ἔνθ᾽ ἔτι νῦν περ
κεῖται, ὑποβρύχιος Σερβωνίδος ὕδασι λίμνης.
Ὣς ἄρ᾽ ἔφη· πολέεσσι δ᾽ ἐπὶ χλόος εἷλε παρειάς

αὐτίκα, τοῖον ἄεθλον ὅτ᾿ ἔκλυον· αἶψα δὲ Πηλεύς
θαρσαλέοις ἐπέεσσιν ἀμείψατο, φώνησέν τε·    1.230 B
Μὴ δ᾿ οὕτως, ἠθεῖε, λίην δειδίσσεο μύθῳ·
οὔ τι γὰρ ὧδ᾿ ἀλκῆς ἐπιδευόμεθ᾿ ὥστε χερείους
ἔμμεναι Αἰήταο σὺν ἔντεσι πειρηθῆναι,
ἀλλὰ καὶ ἡμέας οἵω ἐπισταμένους πολέμοιο
κεῖσε μολεῖν μακάρων σχεδὸν αἵματος ἐκγεγαῶτας·    1.235 B
τῶ εἰ μὴ φιλότητι δέρος χρύσειον ὀπάσσει,
οὔ οἱ χραισμήσειν ἐπιέλπομαι ἔθνεα Κόλχων.
Ὣς οἵγ᾿ ἀλλήλοισιν ἀμοιβαδὸν ἠγορόωντο,
μέσφ᾿ αὖτις δόρποιο κορεσσάμενοι κατέδαρθον.
ἦρι δ᾿ ἀνεγρομένοισιν εὐκραὴς ἄεν οὖρος,    1.240 B
ἱστία δ᾿ ἤειραν· τὰ δ᾿ ὑπαὶ ῥιπῆς ἀνέμοιο
τείνετο, ῥίμφα δὲ νῆσον ἀποπροέλειπον Ἄρηος.
Νυκτὶ δ᾿ ἐπιπλομένῃ Φιλυρηίδα νῆσον ἄμειβον·
ἔνθα μὲν Οὐρανίδης Φιλύρῃ Κρόνος, εὖτ᾿ ἐν Ὀλύμπῳ
Τιτήνων ἤνασσεν, ὁ δὲ Κρηταῖον ὑπ᾿ ἄντρον    1.245 B
Ζεὺς ἔτι Κουρήτεσσι μετετρέφετ᾿ Ἰδαίοισιν,
Ῥείην ἐξαπαφὼν παρελέξατο· τοὺς δ᾿ ἐνὶ λέκτροις
τέτμε θεὰ μεσσηγύς, ὁ δ᾿ ἐξ εὐνῆς ἀνορούσας
ἔσσυτο χαιτήεντι φυὴν ἐναλίγκιος ἵππῳ·
ἡ δ᾿ αἰδοῖ χῶρόν τε καὶ ἤθεα κεῖνα λιποῦσα    1.250 B
Ὠκεανὶς Φιλύρη εἰς οὔρεα μακρὰ Πελασγῶν
ἦλθ᾿, ἵνα δὴ Χείρωνα πελώριον ἄλλα μὲν ἵππῳ
ἄλλα θεῷ ἀτάλαντον ἀμοιβαίῃ τέκεν εὐνῇ.
Κεῖθεν δ᾿ αὖ Μάκρωνας ἀπειρεσίην τε Βεχείρων
γαῖαν ὑπερφιάλους τε παρεξενέοντο Σάπειρας,    1.255 B
Βύζηράς τ᾿ ἐπὶ τοῖσιν· ἐπιπρὸ γὰρ αἰὲν ἔτεμνον
ἐσσυμένως, λιαροῖο φορεύμενοι ἐξ ἀνέμοιο.
καὶ δὴ νισσομένοισι μυχὸς διεφαίνετο Πόντου,
καὶ δὴ Καυκασίων ὀρέων ἀνέτελλον ἐρίπναι
ἠλίβατοι, τόθι γυῖα περὶ στυφελοῖσι πάγοισιν    1.260 B
ἰλλόμενος χαλκέῃσιν ἀλυκτοπέδῃσι Προμηθεύς
αἰετὸν ἥπατι φέρβε παλιμπετὲς ἀίσσοντα·
τὸν μὲν ἐπ᾿ ἀκροτάτης ἴδον ἑσπέρου ὀξέι ῥοίζῳ
νηὸς ὑπερπτάμενον νεφέων σχεδόν, ἀλλὰ καὶ ἔμπης

λαίφεα πάντ᾽ ἐτίναξε παραιθύξας πτερύγεσσιν·     1.265 B
οὐ γὰρ ὅγ᾽ αἰθερίοιο φυὴν ἔχεν οἰωνοῖο,
ἶσα δ᾽ ἐυξέστοις ὠκύπτερα πάλλεν ἐρετμοῖς.
δηρὸν δ᾽ οὐ μετέπειτα πολύστονον ἄιον αὐδήν
ἧπαρ ἀνελκομένοιο Προμηθέος, ἔκτυπε δ᾽ αἰθήρ
οἰμωγῇ, μέσφ᾽ αὖτις ἀπ᾽ οὔρεος ἀίσσοντα     1.270 B
αἰετὸν ὠμηστὴν αὐτὴν ὁδὸν εἰσενόησαν.
Ἐννύχιοι δ᾽ Ἀργοιο δαημοσύνῃσιν ἵκοντο
Φᾶσίν τ᾽ εὐρὺ ῥέοντα καὶ ἔσχατα πείρατα Πόντου.
αὐτίκα δ᾽ ἱστία μὲν καὶ ἐπίκριον ἔνδοθι κοίλης
ἱστοδόκης στείλαντες ἐκόσμεον, ἐν δὲ καὶ αὐτόν     1.275 B
ἱστὸν ἄφαρ χαλάσαντο παρακλιδόν· ὦκα δ᾽ ἐρετμοῖς
εἰσέλασαν ποταμοῖο μέγαν ῥόον, αὐτὰρ ὅγ᾽ ἄντην
καχλάζων ὑπόεικεν. ἔχον δ᾽ ἐπ᾽ ἀριστερὰ χειρῶν
Καύκασον αἰπήεντα Κυταιίδα τε πτόλιν Αἴης,
ἔνθεν δ᾽ αὖ πεδίον τὸ Ἀρήιον ἱερά τ᾽ ἄλση     1.280 B
τοῖο θεοῦ, τόθι κῶας ὄφις εἴρυτο δοκεύων·
αὐτὸς δ᾽ Αἰσονίδης χρυσέῳ ποταμόνδε κυπέλλῳ
οἴνου ἀκηρασίοιο μελισταγέας χέε λοιβάς
Γαίῃ τ᾽ ἐνναέταις τε θεοῖς ψυχαῖς τε καμόντων
ἡρώων, γουνοῦτο δ᾽ ἀπήμονας εἶναι ἀρωγούς     1.285 B
εὐμενέως καὶ νηὸς ἐναίσιμα πείσματα δέχθαι.
αὐτίκα δ᾽ Ἀγκαῖος τοῖον μετὰ μῦθον ἔειπεν·
Κολχίδα μὲν δὴ γαῖαν ἱκάνομεν ἠδὲ ῥέεθρα
Φάσιδος· ὥρη δ᾽ ἥμιν ἐνὶ σφίσι μητιάασθαι
εἴτ᾽ οὖν μειλιχίῃ πειρησόμεθ᾽ Αἰήταο,     1.290 B
εἴτε καὶ ἀλλοίη τις ἐπήβολος ἔσσεται ὁρμή.
Ὣς ἔφατ᾽· Ἀργου δ᾽ αὖτε παρηγορίῃσιν Ἰήσων
ὑψόθι νῆ᾽ ἐκέλευσεν ἐπ᾽ εὐναίῃσιν ἔρυσθαι,
δάσκιον εἰσελάσαντας ἕλος· τὸ δ᾽ ἐπισχεδὸν ἦεν
νισσομένων. ἔνθ᾽ οἵγε διὰ κνέφας ηὐλίζοντο·     1.295 B
ἠὼς δ᾽ οὐ μετὰ δηρὸν ἐελδομένοισι φαάνθη.

Γ

Εἰ δ᾽ ἄγε νῦν Ἐρατώ, παρ᾽ ἔμ᾽ ἵστασο καί μοι ἔνισπε
ἔνθεν ὅπως ἐς Ἰωλκὸν ἀνήγαγε κῶας Ἰήσων

Μηδείης ὑπ᾽ ἔρωτι· σὺ γὰρ καὶ Κύπριδος αἶσαν
ἔμμορες, ἀδμῆτας δὲ τεοῖς μεληδήμασι θέλγεις
παρθενικάς· τῶ καί τοι ἐπήρατον οὔνομ᾽ ἀνῆπται.    5 Γ
Ὡς οἱ μὲν πυκινοῖσιν ἀνωίστως δονάκεσσιν
μίμνον ἀριστῆες λελοχημένοι, αἱ δ᾽ ἐνόησαν
Ἥρη Ἀθηναίη τε· Διὸς δ᾽ αὐτοῖο καὶ ἄλλων
ἀθανάτων ἀπονόσφι θεῶν θάλαμόνδε κιοῦσαι
βούλευον. πείραζε δ᾽ Ἀθηναίην πάρος Ἥρη·    10 Γ
Αὐτὴ νῦν προτέρη, θύγατερ Διός, ἄρχεο βουλῆς.
τί χρέος; ἠὲ δόλον τινὰ μήσεαι ᾧ κεν ἑλόντες
χρύσεον Αἰήταο μεθ᾽ Ἑλλάδα κῶας ἄγοιντο,
ἢ καὶ τόνγ᾽ ἐπέεσσι παραιφάμενοι πεπίθοιεν
μειλιχίοις; ἢ μὲν γὰρ ὑπερφίαλος πέλει αἰνῶς,    15 Γ
ἔμπης δ᾽ οὔ τινα πεῖραν ἀποτρωπᾶσθαι ἔοικεν.
Ὡς φάτο· τὴν δὲ παρᾶσσον Ἀθηναίη προσέειπεν·
Καὶ δ᾽ αὐτὴν ἐμὲ τοῖα μετὰ φρεσὶν ὁρμαίνουσαν,
Ἥρη, ἀπηλεγέως ἐξείρεαι· ἀλλά τοι οὔπω
φράσσασθαι νοέω τοῦτον δόλον ὅστις ὀνήσει    20 Γ
θυμὸν ἀριστήων, πολέας δ᾽ ἐπεδοίασα βουλάς.
Ἦ· καὶ ἐπ᾽ οὔδεος αἴγε ποδῶν πάρος ὄμματ᾽ ἔπηξαν,
ἄνδιχα πορφύρουσαι ἐνὶ σφίσιν· αὐτίκα δ᾽ Ἥρη
τοῖον μητιόωσα παροιτέρη ἔκφατο μῦθον·
Δεῦρ᾽ ἴομεν μετὰ Κύπριν, ἐπιπλόμεναι δέ μιν ἄμφω    25 Γ
παιδὶ ἑῷ εἰπεῖν ὀτρύνομεν, αἴ κε πίθηται,
κούρην Αἰήτεω πολυφάρμακον οἷσι βέλεσσι
θέλξαι ὀιστεύσας ἐπ᾽ Ἰήσονι· τὸν δ᾽ ἂν ὀίω
κείνης ἐννεσίησιν ἐς Ἑλλάδα κῶας ἀνάξειν.
Ὡς ἄρ᾽ ἔφη· πυκινὴ δὲ συνεύαδε μῆτις Ἀθήνη,    30 Γ
καί μιν ἔπειτ᾽ ἐξαῦτις ἀμείβετο μειλιχίοισιν·
Ἥρη, νήιδα μέν με πατὴρ τέκε τοῖο βολάων,
οὐδέ τινα χρειὼ θελκτήριον οἶδα πόθοιο·
εἰ δέ σοι αὐτῇ μῦθος ἐφανδάνει, ἦ τ᾽ ἂν ἔγωγε
ἑσποίμην, σὺ δέ κεν φαίης ἔπος ἀντιόωσα.    35 Γ
Ἦ, καὶ ἀναΐξασαι ἐπὶ μέγα δῶμα νέοντο
Κύπριδος, ὅρρά τέ οἱ δεῖμεν πόσις ἀμφιγυήεις,
ὁππότε μιν τὰ πρῶτα παραὶ Διὸς ἦγεν ἄκοιτιν.

ἔρκεα δ᾽ εἰσελθοῦσαι, ὑπ᾽ αἰθούσῃ θαλάμοιο
ἔσταν, ἵν᾽ ἐντύνεσκε θεὰ λέχος Ἡφαίστοιο.      40 Γ
ἀλλ᾽ ὁ μὲν ἐς χαλκεῶνα καὶ ἄκμονας ἦρι βεβήκει,
νήσοιο Πλαγκτῆς εὐρὺν μυχόν, ᾧ ἔνι πάντα
δαίδαλα χάλκευεν ῥιπῇ πυρός· ἡ δ᾽ ἄρα μούνη
ἧστο δόμῳ δινωτὸν ἀνὰ θρόνον ἄντα θυράων,
λευκοῖσιν δ᾽ ἑκάτερθε κόμας ἐπιειμένη ὤμοις      45 Γ
κόσμει χρυσείῃ διὰ κερκίδι, μέλλε δὲ μακρούς
πλέξασθαι πλοκάμους· τὰς δὲ προπάροιθεν ἰδοῦσα
ἔσχεθεν εἴσω τέ σφε κάλει, καὶ ἀπὸ θρόνου ὦρτο
εἷσέ τ᾽ ἐνὶ κλισμοῖσιν· ἀτὰρ μετέπειτα καὶ αὐτή
ἵζανεν, ἀψήκτους δὲ χεροῖν ἀνεδήσατο χαίτας.      50 Γ
τοῖα δὲ μειδιόωσα προσέννεπεν αἱμυλίοισιν·
Ἠθεῖαι, τίς δεῦρο νόος χρειώ τε κομίζει
δηναιὰς αὔτως; τί δ᾽ ἱκάνετον, οὔτι πάρος γε
λίην φοιτίζουσαι, ἐπεὶ περίεστε θεάων;
Τὴν δ᾽ Ἥρη τοίοισιν ἀμειβομένη προσέειπεν·      55 Γ
Κερτομέεις, νῶιν δὲ κέαρ συνορίνεται ἄτῃ.
ἤδη γὰρ ποταμῷ ἐνὶ Φάσιδι νῆα κατίσχει
Αἰσονίδης ἠδ᾽ ἄλλοι ὅσοι μετὰ κῶας ἕπονται·
τῶν ἤτοι πάντων μέν, ἐπεὶ πέλας ἔργον ὄρωρεν,
δείδιμεν ἐκπάγλως, περὶ δ᾽ Αἰσονίδαο μάλιστα.      60 Γ
τὸν μὲν ἐγών, εἰ καί περ ἐς Ἅιδα ναυτίλληται
λυσόμενος χαλκέων Ἰξίονα νειόθι δεσμῶν,
ῥύσομαι ὅσσον ἐμοῖσιν ἐνὶ σθένος ἔπλετο γυίοις,
ὄφρα μὴ ἐγγελάσῃ Πελίης κακὸν οἶτον ἀλύξας,
ὅς μ᾽ ὑπερηνορέῃ θυέων ἀγέραστον ἔθηκεν.      65 Γ
καὶ δ᾽ ἄλλως ἔτι καὶ πρὶν ἐμοὶ μέγα φίλατ᾽ Ἰήσων,
ἐξότ᾽ ἐπὶ προχοῇσιν ἅλις πλήθοντος Ἀναύρου
ἀνδρῶν εὐνομίης πειρωμένη ἀντεβόλησεν,
θήρης ἐξ ἀνιών· νιφετῷ δ᾽ ἐπαλύνετο πάντα
οὔρεα καὶ σκοπιαὶ περιμήκεες, οἱ δὲ κατ᾽ αὐτῶν      70 Γ
χείμαρροι καναχηδὰ κυλινδόμενοι φορέοντο·
γρηὶ δέ μ᾽ εἰσαμένην ὀλοφύρατο, καί μ᾽ ἀναείρας
αὐτὸς ἑοῖς ὤμοισι διὲκ προαλὲς φέρεν ὕδωρ.
τῶ νύ μοι ἄλληκτον περιτίεται, οὐδέ κε λώβην

τείσειεν Πελίης, εἰ μή σύ γε νόστον ὀπάσσῃς.      75 Γ
Ὣς ηὔδα, Κύπριν δ᾽ ἐνεοστασίη λάβε μύθων·
ἅζετο δ᾽ ἀντομένην Ἥρην ἔθεν εἰσορόωσα,
καί μιν ἔπειτ᾽ ἀγανοῖσι προσέννεπεν ἥγ᾽ ἐπέεσσιν·
Πότνα θεά, οὔ τοί τι κακώτερον ἄλλο πέλοιτο
Κύπριδος, εἰ δὴ σεῖο λιλαιομένης ἀθερίζω      80 Γ
ἢ ἔπος ἠέ τι ἔργον ὅ κεν χέρες αἵδε κάμοιεν
ἠπεδαναί· καὶ μή τις ἀμοιβαίη χάρις ἔστω.
Ὣς ἔφαθ᾽· Ἥρη δ᾽ αὖτις ἐπιφραδέως ἀγόρευσεν·
Οὔτι βίης χατέουσαι ἱκάνομεν οὐδέ τι χειρῶν,
ἀλλ᾽ αὔτως ἀκέουσα τεῷ ἐπικέκλεο παιδί      85 Γ
παρθένον Αἰήτεω θέλξαι πόθῳ Αἰσονίδαο.
εἰ γάρ οἱ κείνη συμφράσσεται εὐμενέουσα,
ῥηιδίως μιν ἑλόντα δέρος χρύσειον ὀίω
νοστήσειν ἐς Ἰωλκόν, ἐπεὶ δολόεσσα τέτυκται.
Ὣς ἄρ᾽ ἔφη· Κύπρις δὲ μετ᾽ ἀμφοτέρῃσιν ἔειπεν·      90 Γ
Ἥρη Ἀθηναίη τε, πίθοιτό κεν ὔμμι μάλιστα
ἢ ἐμοί. ὑμείων γὰρ ἀναιδήτῳ περ ἐόντι
τυτθή γ᾽ αἰδὼς ἔσσετ᾽ ἐν ὄμμασιν· αὐτὰρ ἐμεῖο
οὐκ ὄθεται, μάλα δ᾽ αἰὲν ἐριδμαίνων ἀθερίζει.
καὶ δή οἱ μενέηνα, περισχομένη κακότητι,      95 Γ
αὐτοῖσιν τόξοισι δυσηχέας ἆξαι ὀιστούς
ἀμφαδίην· τοῖον δ᾽ ἄρ᾽ ἐπηπείλησε χαλεφθείς·
εἰ μὴ τηλόθι χεῖρας, ἕως ἔτι θυμὸν ἐρύκει,
ἔξω ἐμάς, μετέπειτά γ᾽ ἀτεμβοίμην ἑοῖ αὐτῇ.
Ὣς φάτο, μείδησαν δὲ θεαὶ καὶ ἐσέδρακον ἄντην      100 Γ
ἀλλήλας· ἡ δ᾽ αὖτις ἀκηχεμένη προσέειπεν·
Ἄλλοις ἄλγεα τἀμὰ γέλως πέλει, οὐδέ τί με χρή
μυθεῖσθαι πάντεσσιν· ἅλις εἰδυῖα καὶ αὐτή.
νῦν δ᾽ ἐπεὶ ὔμμι φίλον τόδε δὴ πέλει ἀμφοτέρῃσιν,
πειρήσω καί μιν μειλίξομαι, οὐδ᾽ ἀπιθήσει.      105 Γ
Ὣς φάτο· τὴν δ᾽ Ἥρη ῥαδινῆς ἐπεμάσσατο χειρός,
ἦκα δὲ μειδιόωσα παραβλήδην προσέειπεν·
Οὕτω νῦν Κυθέρεια τόδε χρέος ὡς ἀγορεύεις
ἔρξον ἄφαρ· καὶ μή τι χαλέπτεο μηδ᾽ ἐρίδαινε
χωομένη σῷ παιδί, μεταλλήξει γὰρ ὀπίσσω.      110 Γ

Ἦ ῥα καὶ ἔλλιπε θῶκον, ἐφωμάρτησε δ᾽ Ἀθήνη,
ἐκ δ᾽ ἴσαν ἄμφω ταίγε παλίσσυτοι· ἡ δὲ καὶ αὐτή
βῆ ῥ᾽ ἴμεν Οὐλύμποιο κατὰ πτύχας, εἴ μιν ἐφεύροι.
εὗρε δὲ τόνγ᾽ ἀπάνευθε, Διὸς θαλερῇ ἐν ἀλωῇ,
οὐκ οἶον, μετὰ καὶ Γανυμήδεα, τόν ῥά ποτε Ζεύς      115 Γ
οὐρανῷ ἐγκατένασσεν ἐφέστιον ἀθανάτοισιν,
κάλλεος ἱμερθείς. ἀμφ᾽ ἀστραγάλοισι δὲ τώγε
χρυσείοις, ἅ τε κοῦροι ὁμήθεες, ἑψιόωντο.
καί ῥ᾽ ὁ μὲν ἤδη πάμπαν ἐνίπλεον ᾧ ὑπὸ μαζῷ
μάργος Ἔρως λαιῆς ὑποΐσχανε χειρὸς ἀγοστόν,      120 Γ
ὀρθὸς ἐφεστηώς, γλυκερὸν δέ οἱ ἀμφὶ παρειάς
χροιῆς θάλλεν ἔρευθος· ὁ δ᾽ ἐγγύθεν ὀκλαδὸν ἧστο
σῖγα κατηφιόων, δοιὼ δ᾽ ἔχεν, ἄλλον ἔτ᾽ αὕτως
ἄλλῳ ἐπιπροϊείς, κεχόλωτο δὲ καγχαλόωντι,
καὶ μὴν τούσγε παρᾶσσον ἐπὶ προτέροισιν ὀλέσσας,      125 Γ
βῆ κενεαῖς σὺν χερσὶν ἀμήχανος, οὐδ᾽ ἐνόησεν
Κύπριν ἐπιπλομένην· ἡ δ᾽ ἀντίη ἵστατο παιδός
καί μιν ἄφαρ γναθμοῖο κατασχομένη προσέειπεν·
Τίπτ᾽ ἐπιμειδιάᾳς, ἄφατον κακόν; ἦέ μιν αὕτως
ἤπαφες οὐδὲ δίκῃ περιέπλεο, νῆιν ἐόντα;      130 Γ
εἰ δ᾽ ἄγε μοι πρόφρων τέλεσον χρέος ὅττι κεν εἴπω,
καί κέν τοι ὀπάσαιμι Διὸς περικαλλὲς ἄθυρμα
κεῖνο τό οἱ ποίησε φίλη τροφὸς Ἀδρήστεια
ἄντρῳ ἐν Ἰδαίῳ ἔτι νήπια κουρίζοντι,
σφαῖραν ἐυτρόχαλον, τῆς οὐ σύγε μείλιον ἄλλο      135 Γ
χειρῶν Ἡφαίστοιο κατακτεάτισσῃ ἄρειον.
χρύσεα μέν οἱ κύκλα τετεύχαται, ἀμφὶ δ᾽ ἑκάστῳ
διπλόαι ἁψῖδες περιηγέες εἰλίσσονται·
κρυπταὶ δὲ ῥαφαί εἰσιν, ἕλιξ δ᾽ ἐπιδέδρομε πάσαις
κυανέη· ἀτὰρ εἴ μιν ἑαῖς ἐνὶ χερσὶ βάλοιο,      140 Γ
ἀστὴρ ὣς φλεγέθοντα δι᾽ ἠέρος ὁλκὸν ἵησιν.
τήν τοι ἐγὼν ὀπάσω, σὺ δὲ παρθένον Αἰήταο
θέλξον ὀιστεύσας ἐπ᾽ Ἰήσονι· μηδέ τις ἔστω
ἀμβολίη, δὴ γάρ κεν ἀφαυροτέρη χάρις εἴη.
Ὣς φάτο, τῷ δ᾽ ἀσπαστὸν ἔπος γένετ᾽ εἰσαΐοντι·      145 Γ
μείλια δ᾽ ἔκβαλε πάντα καὶ ἀμφοτέρῃσι χιτῶνος

νωλεμὲς ἔνθα καὶ ἔνθα θεὰν ἔχεν ἀμφιμεμαρπώς,
λίσσετο δ᾽ αἶψα πορεῖν, αὐτοσχεδόν. ἡ δ᾽ ἀγανοῖσιν
ἀντομένη μύθοισιν ἐπειρύσσασα παρειάς
κύσσε ποτισχομένη, καὶ ἀμείβετο μειδιόωσα·          150 Γ
Ἴστω νῦν τόδε σεῖο φίλον κάρη ἠδ᾽ ἐμὸν αὐτῆς·
ἦ μέν τοι δῶρόν γε παρέξομαι οὐδ᾽ ἀπατήσω,
εἴ κεν ἐνισκίμψῃς κούρῃ βέλος Αἰήταο.
Φῆ· ὁ δ᾽ ἄρ᾽ ἀστραγάλους συναμήσατο, κὰδ δὲ φαεινῷ
μητρὸς ἑῆς, εὖ πάντας ἀριθμήσας, βάλε κόλπῳ.          155 Γ
αὐτίκα δ᾽ ἰοδόκην χρυσέῃ περικάτθετο μίτρῃ,
πρέμνῳ κεκλιμένην, ἀνὰ δ᾽ ἀγκύλον εἵλετο τόξον·
βῆ δὲ διὲκ μεγάλοιο Διὸς πάγκαρπον ἀλωήν,
αὐτὰρ ἔπειτα πύλας ἐξήλυθεν Οὐλύμποιο
αἰθερίας. ἔνθεν δὲ καταιβάτις ἐστὶ κέλευθος          160 Γ
οὐρανίη· δοιὼ δὲ πόλοι ἀνέχουσι κάρηνα
οὐρέων ἠλιβάτων, κορυφαὶ χθονός, ἧχί τ᾽ ἀερθείς
ἠέλιος πρώτῃσιν ἐρεύθεται ἀκτίνεσσιν.
νειόθι δ᾽ ἄλλοτε γαῖα φερέσβιος ἄστεά τ᾽ ἀνδρῶν
φαίνετο καὶ ποταμῶν ἱεροὶ ῥόοι, ἄλλοτε δ᾽ αὖτε          165 Γ
ἄκριες, ἀμφὶ δὲ πόντος, ἀν᾽ αἰθέρα πολλὸν ἰόντι.
Ἥρωες δ᾽ ἀπάνευθεν ἑῆς ἐπὶ σέλμασι νηός,
ἐν ποταμῷ καθ᾽ ἕλος λελοχημένοι, ἠγορόωντο·
αὐτὸς δ᾽ Αἰσονίδης μετεφώνεεν, οἱ δ᾽ ὑπάκουον
ἠρέμα ᾗ ἐνὶ χώρῃ ἐπισχερὼ ἑδριόωντες·          170 Γ
Ὦ φίλοι, ἤτοι ἐγὼ μὲν ὅ μοι ἐπιανδάνει αὐτῷ
ἐξερέω, τοῦ δ᾽ ὕμμι τέλος κρηῆναι ἔοικεν.
ξυνὴ γὰρ χρειώ, ξυνοὶ δέ τε μῦθοι ἔασιν
πᾶσιν ὁμῶς· ὁ δὲ σῖγα νόον βουλήν τ᾽ ἀπερύκων
ἴστω καὶ νόστου τόνδε στόλον οἷος ἀπούρας.          175 Γ
ὤλλοι μὲν κατὰ νῆα σὺν ἔντεσι μίμνεθ᾽ ἔκηλοι·
αὐτὰρ ἐγὼν ἐς δώματ᾽ ἐλεύσομαι Αἰήταο,
υἷας ἑλὼν Φρίξοιο δύω τ᾽ ἐπὶ τοῖσιν ἑταίρους,
πειρήσω δ᾽ ἐπέεσσι παροίτερον ἀντιβολήσας
εἴ κ᾽ ἐθέλοι φιλότητι δέρος χρύσειον ὀπάσσαι,          180 Γ
ἦε καὶ οὔ, πίσυνος δὲ βίῃ μετιόντας ἀτίσσει.
ὧδε γὰρ ἐξ αὐτοῖο πάρος κακότητα δαέντες,

φρασσόμεθ᾽ εἴτ᾽ ἄρηι συνοισόμεθ᾽ εἴτε τις ἄλλη
μῆτις ἐπίρροθος ἔσται ἐεργομένοισιν αὐτῆς·
μηδ᾽ αὔτως ἀλκῇ, πρὶν ἔπεσσί γε πειρηθῆναι,     185 Γ
τόνδ᾽ ἀπαμείρωμεν σφέτερον κτέρας, ἀλλὰ πάροιθεν
λωίτερον μύθῳ μιν ἀρέσσασθαι μετιόντας.
πολλάκι τοι ῥέα μῦθος, ὅ κεν μόλις ἐξανύσειεν
ἠνορέη, τόδ᾽ ἔρεξε κατὰ χρέος, ἧπερ ἐῴκει,
πρηΰνας· ὅδε καί ποτ᾽ ἀμύμονα Φρίξον ἔπεισε,     190 Γ
μητρυιῆς φεύγοντα δόλον πατρός τε θυηλάς,
δέχθαι, ἐπεὶ πάντη καὶ ὅτις μάλα κύντατος ἀνδρῶν
Ξεινίου αἰδεῖται Ζηνὸς θέμιν ἠδ᾽ ἀλεγίζει.
Ὣς φάτ᾽· ἐπήνησαν δὲ νέοι ἔπος Αἰσονίδαο
πασσυδίη, οὐδ᾽ ἔσκε παρὲξ ὅτις ἄλλο κελεύοι.     195 Γ
Καὶ τότ᾽ ἄρ᾽ υἷας Φρίξου Τελαμῶνά θ᾽ ἕπεσθαι
ὦρσε καὶ Αὐγείην, αὐτὸς δ᾽ ἕλεν Ἑρμείαο
σκῆπτρον. ἄφαρ δ᾽ ἄρα νηὸς ὑπὲρ δόνακάς τε καὶ ὕδωρ
χέρσονδ᾽ ἐξαπέβησαν ἐπὶ θρωσμοῦ πεδίοιο.
Κιρκαῖον τόγε δὴ κικλήσκεται, ἔνθα δὲ πολλαί     200 Γ
ἐξείης πρόμαλοί τε καὶ ἰτέαι ἐμπεφύασιν,
τῶν καὶ ἐπ᾽ ἀκροτάτων νέκυες σειρῇσι κρέμανται
δέσμιοι. εἰσέτι νῦν γὰρ ἄγος Κόλχοισιν ὄρωρεν
ἀνέρας οἰχομένους πυρὶ καιέμεν, οὐδ᾽ ἐνὶ γαίῃ
ἔστι θέμις στείλαντας ὕπερθ᾽ ἐπὶ σῆμα χέεσθαι,     205 Γ
ἀλλ᾽ ἐν ἀδεψήτοισι κατειλύσαντε βοείαις
δενδρέων ἐξάπτειν ἑκὰς ἄστεος· ἠέρι δ᾽ ἴσην
καὶ χθὼν ἔμμορεν αἶσαν, ἐπεὶ χθονὶ ταρχύουσιν
θηλυτέρας· ἣ γάρ σφι δίκη θεσμοῖο τέτυκται.
τοῖσι δὲ νισσομένοις Ἥρη φίλα μητιόωσα     210 Γ
ἠέρα πουλὺν ἐφῆκε δι᾽ ἄστεος, ὄφρα λάθοιεν
Κόλχων μυρίον ἔθνος ἐς Αἰήταο κιόντες·
ὦκα δ᾽ ὅτ᾽ ἐκ πεδίοιο πόλιν καὶ δώμαθ᾽ ἵκοντο
Αἰήτεω, τότε δ᾽ αὖτις ἀπεσκέδασεν νέφος Ἥρη.
ἔσταν δ᾽ ἐν προμολῇσι, τεθηπότες ἕρκε᾽ ἄνακτος     215 Γ
εὐρείας τε πύλας καὶ κίονας οἳ περὶ τοίχους
ἐξείης ἄνεχον, θριγκὸς δ᾽ ἐφύπερθε δόμοιο
λαΐνεος χαλκέῃσιν ἐπὶ γλυφίδεσσιν ἀρήρει.

εὔκηλοι δ᾽ ὑπὲρ οὐδὸν ἔπειτ᾽ ἔβαν· ἄγχι δὲ τοῖο
ἡμερίδες χλοεροῖσι καταστεφέες πετάλοισιν     220 Γ
ὑψοῦ ἀειρόμεναι μέγ᾽ ἐθήλεον, αἱ δ᾽ ὑπὸ τῇσιν
ἀέναοι κρῆναι πίσυρες ῥέον, ἃς ἐλάχηνεν
Ἥφαιστος· καί ῥ᾽ ἡ μὲν ἀναβλύεσκε γάλακτι,
ἡ δ᾽ οἴνῳ, τριτάτη δὲ θυώδεϊ νᾶεν ἀλοιφῇ·
ἡ δ᾽ ἄρ᾽ ὕδωρ προρέεσκε, τὸ μέν ποθι δυομένῃσιν     225 Γ
θέρμετο Πληιάδεσσιν, ἀμοιβηδὶς δ᾽ ἀνιούσαις
κρυστάλλῳ ἴκελον κοίλης ἀνεκήκιε πέτρης.
τοῖ᾽ ἄρ᾽ ἐνὶ μεγάροισι Κυταιέος Αἰήταο
τεχνήεις Ἥφαιστος ἐμήσατο θέσκελα ἔργα·
καὶ οἱ χαλκόποδας ταύρους κάμε, χάλκεα δέ σφεων     230 Γ
ἦν στόματ᾽, ἐκ δὲ πυρὸς δεινὸν σέλας ἀμπνείεσκον·
πρὸς δὲ καὶ αὐτόγυον στιβαροῦ ἀδάμαντος ἄροτρον
ἤλασεν, Ἡελίῳ τίνων χάριν, ὅς ῥά μιν ἵπποις
δέξατο Φλεγραίῃ κεκμηότα δῃοτῆτι.
ἔνθα δὲ καὶ μέσσαυλος ἐλήλατο, τῇ δ᾽ ἐπὶ πολλαί     235 Γ
δικλίδες εὐπηγεῖς θάλαμοί τ᾽ ἔσαν ἔνθα καὶ ἔνθα·
δαιδαλέη δ᾽ αἴθουσα παρὲξ ἑκάτερθε τέτυκτο.
λέχρις δ᾽ αἰπύτεροι δόμοι ἕστασαν ἀμφοτέρωθεν·
τῶν ἤτοι ἄλλον μέν, ὅτις καὶ ὑπείροχος ἦεν,
κρείων Αἰήτης σὺν ἑῇ ναίεσκε δάμαρτι,     240 Γ
ἄλλῳ δ᾽ Ἄψυρτος ναῖεν πάις Αἰήταο
τὸν μὲν Καυκασίη νύμφη τέκεν Ἀστερόδεια
πρίν περ κουριδίην θέσθαι Εἰδυῖαν ἄκοιτιν,
Τηθύος Ὠκεανοῦ τε πανοπλοτάτην γεγαυῖαν,
καί μιν Κόλχων υἷες ἐπωνυμίην Φαέθοντα     245 Γ
ἔκλεον, οὕνεκα πᾶσι μετέπρεπεν ἰθέοισιν·
τοὺς δ᾽ ἔχον ἀμφίπολοί τε καὶ Αἰήταο θύγατρες
ἄμφω, Χαλκιόπη Μήδειά τε. τῇ μὲν ἄρ᾽ οἵγε
ἐκ θαλάμου θαλαμόνδε κασιγνήτην μετιοῦσαν·
Ἥρη γάρ μιν ἔρυκε δόμῳ, πρὶν δ᾽ οὔτι θάμιζεν     250 Γ
ἐν μεγάροις, Ἑκάτης δὲ πανήμερος ἀμφεπονεῖτο
νηόν, ἐπεί ῥα θεῆς αὐτὴ πέλεν ἀρήτειρα·
καί σφεας ὡς ἴδεν ἆσσον, ἀνίαχεν. ὀξὺ δ᾽ ἄκουσεν
Χαλκιόπη· δμωαὶ δέ, ποδῶν προπάροιθε βαλοῦσαι

νήματα καὶ κλωστῆρας, ἀολλέες ἔκτοθι πᾶσαι    255 Γ
ἔδραμον· ἡ δ᾽ ἅμα τῆσιν, ἑοὺς υἷας ἰδοῦσα,
ὑψοῦ χάρματι χεῖρας ἀνέσχεθεν· ὡς δὲ καὶ αὐτοί
μητέρα δεξιόωντο καὶ ἀμφαγάπαζον ἰδόντες
γηθόσυνοι. τοῖον δὲ κινυρομένη φάτο μῦθον·
Ἔμπης οὐκ ἄρ᾽ ἐμέλλετ᾽, ἀκηδείη με λιπόντες,    260 Γ
τηλόθι πλάγξασθαι, μετὰ δ᾽ ὑμέας ἔτραπεν αἶσα.
δειλὴ ἐγώ, οἷον πόθον Ἑλλάδος ἔκποθεν ἄτης
λευγαλέης Φρίξοιο ἐφημοσύνῃσιν ἔνεσθε
πατρός· ὁ μὲν θνήσκων στυγερὰς ἐπετέλλετ᾽ ἀνίας
ἡμετέρῃ κραδίῃ, τί δέ κεν πόλιν Ὀρχομενοῖο,    265 Γ
ὅστις ὅδ᾽ Ὀρχομενός, κτεάνων Ἀθάμαντος ἕκητι
μητέρ᾽ ἑὴν ἀχέουσαν ἀποπρολιπόντες ἵκοισθε;
Ὣς ἔφατ᾽· Αἰήτης δὲ πανύστατος ὦρτο θύραζε,
ἐκ δ᾽ αὐτὴ Εἰδυῖα δάμαρ κίεν Αἰήταο,
Χαλκιόπης ἀίουσα. τὸ δ᾽ αὐτίκα πᾶν ὁμάδοιο    270 Γ
ἕρκος ἐπεπλήθει· τοὶ μὲν μέγαν ἀμφεπένοντο
ταῦρον ἅλις δμῶες, τοὶ δὲ ξύλα κάγκανα χαλκῷ
κόπτον, τοὶ δὲ λοετρὰ πυρὶ ζέον· οὐδέ τις ἦεν
ὃς καμάτου μεθίεσκεν ὑποδρήσσων βασιλῆι.
Τόφρα δ᾽ Ἔρως πολιοῖο δι᾽ ἠέρος ἷξεν ἄφαντος,    275 Γ
τετρηχὼς οἷόν τε νέαις ἐπὶ φορβάσιν οἶστρος
τέλλεται, ὅν τε μύωπα βοῶν κλείουσι νομῆες.
ὦκα δ᾽ ὑπὸ φλιὴν προδόμῳ ἔνι τόξα τανύσσας,
ἰοδόκης ἄβλῆτα πολύστονον ἐξέλετ᾽ ἰόν.
ἐκ δ᾽ ὅγε καρπαλίμοισι λαθὼν ποσὶν οὐδὸν ἄμειψεν    280 Γ
ὀξέα δενδίλλων· αὐτῷ δ᾽ ὑπὸ βαιὸς ἐλυσθείς
Αἰσονίδῃ, γλυφίδας μέσσῃ ἐνικάτθετο νευρῇ,
ἰθὺς δ᾽ ἀμφοτέρῃσι διασχόμενος παλάμῃσιν
ἧκ᾽ ἐπὶ Μηδείῃ. τὴν δ᾽ ἀμφασίη λάβε θυμόν·
αὐτὸς δ᾽ ὑψορόφοιο παλιμπετὲς ἐκ μεγάροιο    285 Γ
καγχαλόων ἤιξε, βέλος δ᾽ ἐνεδαίετο κούρῃ
νέρθεν ὑπὸ κραδίῃ φλογὶ εἴκελον. ἀντία δ᾽ αἰεί
βάλλεν ἐπ᾽ Αἰσονίδην ἀμαρύγματα, καί οἱ ἄηντο
στηθέων ἐκ πυκιναὶ καμάτῳ φρένες, οὐδέ τιν᾽ ἄλλην
μνῆστιν ἔχεν, γλυκερῇ δὲ κατείβετο θυμὸν ἀνίῃ·    290 Γ

ὡς δὲ γυνὴ μαλερῷ περὶ κάρφεα χεύατο δαλῷ
χερνῆτις, τῇπερ ταλασήια ἔργα μέμηλεν,
ὥς κεν ὑπωρόφιον νύκτωρ σέλας ἐντύναιτο,
ἄγχι μάλ᾽ ἐγρομένη· τὸ δ᾽ ἀθέσφατον ἐξ ὀλίγοιο
δαλοῦ ἀνεγρόμενον σὺν κάρφεα πάντ᾽ ἀμαθύνει - 295 Γ
τοῖος ὑπὸ κραδίῃ εἰλυμένος αἴθετο λάθρῃ
οὖλος ἔρως, ἁπαλὰς δὲ μετετρωπᾶτο παρειάς
ἐς χλόον, ἄλλοτ᾽ ἔρευθος, ἀκηδείῃσι νόοιο.
Δμῶες δ᾽ ὁππότε δή σφιν ἐπαρτέα θῆκαν ἐδωδήν,
αὐτοί τε λιαροῖσιν ἐφαιδρύναντο λοετροῖς, 300 Γ
ἀσπασίως δόρπῳ τε ποτῆτί τε θυμὸν ἄρεσσαν.
ἐκ δὲ τοῦ Αἰήτης σφετέρης ἐρέεινε θυγατρός
υἷας, τοίοισι παρηγορέων ἐπέεσσιν·
Παιδὸς ἐμῆς κοῦροι Φρίξοιό τε, τὸν περὶ πάντων
ξείνων ἡμετέροισιν ἐνὶ μεγάροισιν ἔτεισα, 305 Γ
πῶς Αἶάνδε νέεσθε; παλίσσυτοι, ἦέ τις ἄτη
σωομένοις μεσσηγὺς ἐνέκλασεν; οὐ μὲν ἐμεῖο
πείθεσθε προφέροντος ἀπείρονα μέτρα κελεύθου.
ᾔδειν γάρ ποτε πατρὸς ἐν ἅρμασιν Ἠελίοιο
δινεύσας, ὅτ᾽ ἐμεῖο κασιγνήτην ἐκόμιζεν 310 Γ
Κίρκην ἑσπερίης εἴσω χθονός, ἐκ δ᾽ ἱκόμεσθα
ἀκτὴν ἠπείρου Τυρσηνίδος, ἔνθ᾽ ἔτι νῦν περ
ναιετάει, μάλα πολλὸν ἀπόπροθι Κολχίδος αἴης.
ἀλλὰ τί μύθων ἦδος; ἃ δ᾽ ἐν ποσὶν ὕμιν ὄρωρεν
εἴπατ᾽ ἀριφραδέως, ἠδ᾽ οἵτινες οἵδ᾽ ἐφέπονται 315 Γ
ἀνέρες, ὅππῃ τε γλαφυρῆς ἐκ νηὸς ἔβητε.
Τοῖά μιν ἐξερέοντα κασιγνήτων προπάροιθεν
Ἄργος, ὑποδδείσας ἀμφὶ στόλῳ Αἰσονίδαο,
μειλιχίως προσέειπεν, ἐπεὶ προγενέστερος ἦεν·
Αἰήτη, κείνην μὲν ἄφαρ διέχευαν ἄελλαι 320 Γ
ζαχρηεῖς, αὐτοὺς δ᾽ ἐπὶ δούρατι πεπτηῶτας
νήσου Ἐνυαλίοιο ποτὶ ξερὸν ἔκβαλε κῦμα
λυγαίῃ ὑπὸ νυκτί. θεὸς δέ τις ἄμμ᾽ ἐσάωσεν·
οὐδὲ γὰρ αἳ τὸ πάροιθεν ἐρημαίην κατὰ νῆσον
ηὐλίζοντ᾽ ὄρνιθες Ἀρήιαι, οὐδ᾽ ἔτι κείνας 325 Γ
εὕρομεν, ἀλλ᾽ οἵδ᾽ ἄνδρες ἀπήλασαν, ἐξαποβάντες

νηὸς ἑῆς προτέρῳ ἐνὶ ἤματι· καί σφ᾽ ἀπέρυκεν
ἡμέας οἰκτείρων Ζηνὸς νόος ἠέ τις αἶσα·
αὐτίκ᾽ ἐπεὶ καὶ βρῶσιν ἅλις καὶ εἵματ᾽ ἔδωκαν,
οὔνομά τε Φρίξοιο περικλεὲς εἰσαΐοντες     330 Γ
ἠδ᾽ αὐτοῖο σέθεν· μετὰ γὰρ τεὸν ἄστυ νέονται.
χρειὼ δ᾽ ἢν ἐθέλῃς ἐξίδμεναι, οὔ σ᾽ ἐπικεύσω.
τόνδε τις ἱέμενος πάτρης ἀπάνευθεν ἐλάσσαι
καὶ κτεάνων βασιλεύς, περιώσιον οὕνεκεν ἀλκῇ
σφωιτέρῃ πάντεσσι μετέπρεπεν Αἰολίδῃσιν,     335 Γ
πέμπει δεῦρο νέεσθαι, ἀμήχανον· οὐδ᾽ ὑπαλύξειν
στεῦται ἀμειλίκτοιο Διὸς θυμαλγέα μῆνιν
καὶ χόλον οὐδ᾽ ἄτλητον ἄγος Φρίξοιό τε ποινάς
Αἰολιδέων γενεήν, πρὶν ἐς Ἑλλάδα κῶας ἱκέσθαι.
νῆα δ᾽ Ἀθηναίη Παλλὰς κάμεν, οὐ μάλα τοίην     340 Γ
οἷαί περ Κόλχοισι μετ᾽ ἀνδράσι νῆες ἔασιν·
τάων αἰνοτάτης ἐπεκύρσαμεν, ἤλιθα γάρ μιν
λάβρον ὕδωρ πνοιή τε διέτμαγεν. ἡ δ᾽ ἐνὶ γόμφοις
ἴσχεται, ἢν καὶ πᾶσαι ἐπιβρίσωσιν ἄελλαι·
ἶσον δ᾽ ἐξ ἀνέμοιο θέει καὶ ὅτ᾽ ἀνέρες αὐτοί     345 Γ
νωλεμὲς εὐήρεσσιν ἐπισπέρχωσιν ἐρετμοῖς.
τῇ δ᾽ ἐν, ἀγειράμενος Παναχαιίδος εἴ τι φέριστον
ἡρώων, τεὸν ἄστυ μετήλυθε, πόλλ᾽ ἐπαληθείς
ἄστεα καὶ πελάγη στυγερῆς ἁλός, εἴ οἱ ὀπάσσαις.
αὐτῷ δ᾽ ὥς κεν ἅδῃ, τὼς ἔσσεται· οὐ γὰρ ἱκάνει     350 Γ
χερσὶ βιησόμενος, μέμονεν δέ τοι ἄξια τείσειν
δωτίνης· ἀίων ἐμέθεν μέγα δυσμενέοντας
Σαυρομάτας, τοὺς σοῖσιν ὑπὸ σκήπτροισι δαμάσσει.
εἰ δὲ καὶ οὔνομα δῆθεν ἐπιθύεις γενεήν τε
ἴδμεναι οἵτινές εἰσιν, ἕκαστά κε μυθησαίμην.     355 Γ
τόνδε μέν, οἷό περ οὕνεκ᾽ ἀφ᾽ Ἑλλάδος ὧλλοι ἄγερθεν,
κλείουσ᾽ Αἴσονος υἱὸν Ἰήσονα Κρηθεΐδαο·
εἰ δ᾽ αὐτοῦ Κρηθῆος ἐτήτυμόν ἐστι γενέθλης,
οὕτω κεν γνωτὸς πατρώιος ἄμμι πέλοιτο·
ἄμφω γὰρ Κρηθεὺς Ἀθάμας τ᾽ ἔσαν Αἰόλου υἷε,     360 Γ
Φρίξος δ᾽ αὖτ᾽ Ἀθάμαντος ἔην πάις Αἰολίδαο·
τόνδε δ᾽ ἄρ᾽, Ἠελίου γόνον ἔμμεναι εἴ τιν᾽ ἀκούεις

δέρκεαι Αὐγείην· Τελαμὼν δ᾽ ὅγε, κυδίστοιο
Αἰακοῦ ἐκγεγαώς, Ζεὺς δ᾽ Αἰακὸν αὐτὸς ἔτικτεν.
ὣς δὲ καὶ ὧλλοι πάντες ὅσοι συνέπονται ἑταῖροι      365 Γ
ἀθανάτων υἱές τε καὶ υἱωνοὶ γεγάασιν.
Τοῖα παρέννεπεν Ἄργος· ἄναξ δ᾽ ἐπεχώσατο μύθοις
εἰσαΐων, ὑψοῦ δὲ χόλῳ φρένες ἠερέθοντο.
φῆ δ᾽ ἐπαλαστήσας μενέαινε δὲ παισὶ μάλιστα
Χαλκιόπης, τῶν γάρ σφε μετελθέμεν οὕνεκ᾽ ἐώλπει,      370 Γ
ἐκ δέ οἱ ὄμματ᾽ ἔλαμψεν ὑπ᾽ ὀφρύσιν ἱεμένοιο·
Οὐκ ἄφαρ ὀφθαλμῶν μοι ἀπόπροθι λωβητῆρες
νεῖσθ᾽ αὐτοῖσι δόλοισι παλίσσυτοι ἔκτοθι γαίης,
πρίν τινα λευγαλέον τε δέρος καὶ Φρίξον ἰδέσθαι;
αὐτίχ᾽ ὁμαρτήσαντες ἀφ᾽ Ἑλλάδος, οὐδ᾽ ἐπὶ κῶας,      375 Γ
σκῆπτρα δὲ καὶ τιμὴν βασιληίδα, δεῦρο νέεσθε.
εἰ δέ κε μὴ προπάροιθεν ἐμῆς ἥψασθε τραπέζης,
ἦ τ᾽ ἂν ἀπὸ γλώσσας τε ταμὼν καὶ χεῖρε κεάσσας
ἀμφοτέρας, οἵοισιν ἀποπροέηκα πόδεσσιν,
ὥς κεν ἐρητύοισθε καὶ ὕστερον ὁρμηθῆναι·      380 Γ
οἷα δὲ καὶ μακάρεσσιν ἐπεψεύσασθε θεοῖσιν.
Φῆ ῥα χαλεψάμενος· μέγα δὲ φρένες Αἰακίδαο
νειόθεν οἰδαίνεσκον, ἐέλδετο δ᾽ ἔνδοθι θυμός
ἀντιβίην ὀλοὸν φάσθαι ἔπος· ἀλλ᾽ ἀπέρυκεν
Αἰσονίδης, πρὸ γὰρ αὐτὸς ἀμείψατο μειλιχίοισιν·      385 Γ
Αἰήτη, σχέο μοι· τῷδε στόλῳ οὔ τι γὰρ αὔτως
ἄστυ τεὸν καὶ δώμαθ᾽ ἱκάνομεν, ὥς που ἔολπας,
οὐδὲ μὲν ἱέμενοι· τίς δ᾽ ἂν τόσον οἶδμα περῆσαι
τλαίη ἑκὼν ὀθνεῖον ἐπὶ κτέρας; ἀλλά με δαίμων
καὶ κρυερὴ βασιλῆος ἀτασθάλου ὦρσεν ἐφετμή.      390 Γ
δὸς χάριν ἀντομένοισι· σέθεν δ᾽ ἐγὼ Ἑλλάδι πάσῃ
θεσπεσίην οἴσω κληηδόνα. καὶ δέ τοι ἤδη
πρόφρονές εἰμεν ἄρηι θοὴν ἀποτεῖσαι ἀμοιβήν,
εἴτ᾽ οὖν Σαυρομάτας γε λιλαίεαι εἴτε τιν᾽ ἄλλον
δῆμον σφωιτέροισιν ὑπὸ σκήπτροισι δαμάσσαι.      395 Γ
Ἴσκεν, ὑποσσαίνων ἀγανῇ ὀπί· τοῖο δὲ θυμός
διχθαδίην πόρφυρεν ἐνὶ στήθεσσι μενοινήν,
ἢ σφεας ὁρμηθεὶς αὐτοσχεδὸν ἐξεναρίζοι,

ἢ ὅγε πειρήσαιτο βίης. τό οἱ εἶσατ᾽ ἄρειον
φραζομένῳ, καὶ δή μιν ὑποβλήδην προσέειπεν·     400 Γ
Ξεῖνε, τί κεν τὰ ἕκαστα διηνεκέως ἀγορεύοις;
εἰ γὰρ ἐτήτυμόν ἐστε θεῶν γένος, ἠὲ καὶ ἄλλως
οὐδὲν ἐμεῖο χέρηες ἐπ᾽ ὀθνείοισιν ἔβητε,
δώσω τοι χρύσειον ἄγειν δέρος, ἤν κ᾽ ἐθέλησθα,
πειρηθείς· ἐσθλοῖς γὰρ ἐπ᾽ ἀνδράσιν οὔτι μεγαίρω     405 Γ
ὡς αὐτοὶ μυθεῖσθε τὸν Ἑλλάδι κοιρανέοντα.
πεῖρα δέ τοι μενέός τε καὶ ἀλκῆς ἔσσετ᾽ ἄεθλος
τόν ῥ᾽ αὐτὸς περίειμι χεροῖν, ὀλοόν περ ἐόντα.
δοιώ μοι πεδίον τὸ Ἀρήιον ἀμφινέμονται
ταύρω χαλκόποδε, στόματι φλόγα φυσιόωντε·     410 Γ
τοὺς ἐλάω ζεύξας στυφελὴν κατὰ νειὸν Ἄρηος
τετράγυον, τὴν αἶψα ταμὼν ἐπὶ τέλσον ἀρότρῳ,
οὐ σπόρον ὁλκοῖσιν Δηοῦς ἐνιβάλλομαι ἀκτήν
ἀλλ᾽ ὄφιος δεινοῖο μεταλδήσκοντας ὀδόντας
ἀνδράσι τευχηστῇσι δέμας· τοὺς δ᾽ αὖθι δαΐζων     415 Γ
κείρω ἐμῷ ὑπὸ δουρὶ περισταδὸν ἀντιόωντας.
ἠέριος ζεύγνυμι βόας καὶ δείελον ὥρην
παύομαι ἀμήτοιο. σὺ δ᾽ εἰ τάδε τοῖα τελέσσεις,
αὐτῆμαρ τότε κῶας ἀποίσεαι εἰς βασιλῆος,
πρὶν δέ κεν οὐ δοίην· μηδ᾽ ἔλπεο, δὴ γὰρ ἀεικές     420 Γ
ἄνδρ᾽ ἀγαθὸν γεγαῶτα κακωτέρῳ ἀνέρι εἶξαι.
Ὣς ἄρ᾽ ἔφη· ὁ δὲ σῖγα ποδῶν πάρος ὄμματα πήξας,
ἧστ᾽ αὔτως ἄφθογγος, ἀμηχανέων κακότητι·
βουλὴν δ᾽ ἀμφὶ πολὺν στρῶφα χρόνον, οὐδέ πη εἶχεν
θαρσαλέως ὑποδέχθαι, ἐπεὶ μέγα φαίνετο ἔργον.     425 Γ
ὀψὲ δ᾽ ἀμειβόμενος προσελέξατο κερδαλέοισι·
Αἰήτη, μάλα τοί με δίκῃ περιπολλὸν ἐέργεις.
τῶ καὶ ἐγὼ τὸν ἄεθλον ὑπερφίαλόν περ ἐόντα
τλήσομαι, εἰ καί μοι θανέειν μόρος. οὐ γὰρ ἔτ᾽ ἄλλο
ῥίγιον ἀνθρώποισι κακῆς ἐπιμείρετ᾽ ἀνάγκης·     430 Γ
ἥ με καὶ ἐνθάδε νεῖσθαι ἐπέχραεν ἐκ βασιλῆος.
Ὣς φάτ᾽, ἀμηχανίῃ βεβολημένος· αὐτὰρ ὁ τόνγε
σμερδαλέοις ἐπέεσσι προσέννεπεν ἀσχαλόωντα·
Ἔρχεο νῦν μεθ᾽ ὅμιλον, ἐπεὶ μέμονάς γε πόνοιο·

εἰ δὲ σύ γε ζυγὰ βουσὶν ὑποδδείσαις ἐπαεῖραι,     435 Γ
ἠὲ καὶ οὐλομένου μεταχάσσεαι ἀμήτοιο,
αὐτῷ κεν τὰ ἕκαστα μέλοιτό μοι, ὄφρα καὶ ἄλλος
ἀνὴρ ἐρρίγῃσιν ἀρείονα φῶτα μετελθεῖν.
Ἴσκεν ἀπηλεγέως· ὁ δ᾽ ἀπὸ θρόνου ὦρνυτ᾽ Ἰήσων,
Αὐγείης Τελαμών τε παρασχεδόν· εἵπετο δ᾽ Ἄργος,     440 Γ
οἶος, ἐπεὶ μεσσηγὺς ἔτ᾽ αὐτόθι νεῦσε λιπέσθαι
αὐτοκασιγνήτοις. οἱ δ᾽ ἦσαν ἐκ μεγάροιο,
θεσπέσιον δ᾽ ἐν πᾶσι μετέπρεπεν Αἴσονος υἱός
κάλλεϊ καὶ χαρίτεσσιν. ἐπ᾽ αὐτῷ δ᾽ ὄμματα κούρη
λοξὰ παρὰ λιπαρὴν σχομένη θηεῖτο καλύπτρην,     445 Γ
κῆρ ἄχεϊ σμύχουσα, νόος δέ οἱ ἠΰτ᾽ ὄνειρος
ἑρπύζων πεπότητο μετ᾽ ἴχνια νισσομένοιο.
καί ῥ᾽ οἱ μέν ῥα δόμων ἐξήλυθον ἀσχαλόωντες·
Χαλκιόπη δέ, χόλον πεφυλαγμένη Αἰήταο,
καρπαλίμως θάλαμόνδε σὺν υἱάσιν οἷσι βεβήκει·     450 Γ
αὕτως δ᾽ αὖ Μήδεια μετέστιχε. πολλὰ δὲ θυμῷ
ὥρμαιν᾽ ὅσσα τ᾽ ἔρωτες ἐποτρύνουσι μέλεσθαι·
προπρὸ δ᾽ ἄρ᾽ ὀφθαλμῶν ἔτι οἱ ἰνδάλλετο πάντα,
αὐτός θ᾽ οἷος ἔην οἵοισί τε φάρεσιν εἷτο
οἷά τ᾽ ἔειφ᾽ ὥς θ᾽ ἕζετ᾽ ἐπὶ θρόνου ὥς τε θύραζε     455 Γ
ἤιεν· οὐδέ τιν᾽ ἄλλον ὀίσσατο πορφύρουσα
ἔμμεναι ἀνέρα τοῖον· ἐν οὔασι δ᾽ αἰὲν ὀρώρει
αὐδή τε μῦθοί τε μελίφρονες οὓς ἀγόρευσεν.
τάρβει δ᾽ ἀμφ᾽ αὐτῷ, μή μιν βόες ἠὲ καὶ αὐτός
Αἰήτης φθείσειεν· ὀδύρετο δ᾽ ἤυτε πάμπαν     460 Γ
ἤδη τεθνειῶτα, τέρεν δέ οἱ ἀμφὶ παρειάς
δάκρυον αἰνοτάτῳ ἐλέῳ ῥέε κηδοσύνῃ τε.
ἦκα δὲ μυρομένη, λιγέως ἀνενείκατο μῦθον·
Τίπτε με δειλαίην τόδ᾽ ἔχει ἄχος; εἴθ᾽ ὅγε πάντων
φθείσεται ἡρώων προφερέστατος εἴτε χερείων,     465 Γ
ἐρρέτω. - ἦ μὲν ὄφελλεν ἀκήριος ἐξαλέασθαι. -
ναὶ δὴ τοῦτό γε πότνα θεὰ Περσηὶ πέλοιτο,
οἴκαδε νοστήσειε φυγὼν μόρον  εἰ δέ μιν αἶσα
δμηθῆναι ὑπὸ βουσί, τόδε προπάροιθε δαείη,
οὕνεκεν οὔ οἱ ἔγωγε κακῇ ἐπαγαίομαι ἄτῃ.     470 Γ

Ἡ μὲν ἄρ᾽ ὥς ἐόλητο νόον μελεδήμασι κούρη·
οἱ δ᾽ ἐπεὶ οὖν δήμου τε καὶ ἄστεος ἐκτὸς ἔβησαν
τὴν ὁδὸν ἣν τὸ πάροιθεν ἀνήλυθον ἐκ πεδίοιο,
δὴ τότ᾽ Ἰήσονα τοῖσδε προσέννεπεν Ἄργος ἔπεσσιν·
Αἰσονίδη, μῆτιν μὲν ὀνόσσεαι ἥντιν᾽ ἐνίψω,      475 Γ
πείρης δ᾽ οὐ μάλ᾽ ἔοικε μεθιέμεν ἐν κακότητι.
κούρην δή τινα πρόσθεν ἐπέκλυες αὐτὸς ἐμεῖο
φαρμάσσειν Ἑκάτης Περσηίδος ἐννεσίῃσιν·
τὴν εἴ κεν πεπίθοιμεν, ὀίομαι, οὐκέτι τάρβος
ἔσσετ᾽ ἀεθλεύοντι δαμήμεναι· ἀλλὰ μάλ᾽ αἰνῶς      480 Γ
δείδω μή πως οὔ μοι ὑποστήῃ τόγε μήτηρ·
ἔμπης δ᾽ ἐξαῦτις μετελεύσομαι ἀντιβολήσων,
ξυνὸς ἐπεὶ πάντεσσιν ἐπικρέμαθ᾽ ἥμιν ὄλεθρος.
Ἴσκεν εὐφρονέων· ὁ δ᾽ ἀμείβετο τοῖσδ᾽ ἐπέεσσιν·
Ὦ πέπον, εἴ νύ τοι αὐτῷ ἐφανδάνει, οὔτι μεγαίρω·      485 Γ
βάσκ᾽ ἴθι καὶ πυκινοῖσι τεὴν παρὰ μητέρα μύθοις
ὄρνυθι λισσόμενος. μελέη γε μὲν ἥμιν ὄρωρεν
ἐλπωρή, ὅτε νόστον ἐπετραπόμεσθα γυναιξίν.
Ὣς ἔφατ᾽· ὦκα δ᾽ ἕλος μετεκίαθον, αὐτὰρ ἑταῖροι
γηθόσυνοι ἐρέεινον, ὅπως παρεόντας ἴδοντο.      490 Γ
τοῖσιν δ᾽ Αἰσονίδης τετιημένος ἔκφατο μῦθον·
Ὦ φίλοι, Αἰήταο ἀπηνέος ἄμμι φίλον κῆρ
ἀντικρὺ κεχόλωται· ἕκαστα γὰρ οὔ νύ τι τέκμωρ
οὔτ᾽ ἐμοὶ οὔτε κεν ὔμμι διειρομένοισι πέλοιτο.
φῆ δὲ δύω πεδίον τὸ Ἀρήιον ἀμφινέμεσθαι      495 Γ
ταύρω χαλκόποδε, στόματι φλόγα φυσιόωντε,
τετράγυον δ᾽ ἐπὶ τοῖσιν ἐφίετο νειὸν ἀρόσσαι·
δώσειν δ᾽ ἐξ ὄφιος γενύων σπόρον, ὅς ῥ᾽ ἀνίησιν
γηγενέας χαλκέοις σὺν τεύχεσιν· ἤματι δ᾽ αὐτῷ
χρειὼ τούσγε δαΐξαι. ὃ δή νύ οἱ οὔ τι γὰρ ἄλλο      500 Γ
βέλτερον ἦν φράσσασθαι ἀπηλεγέως ὑποέστην.
Ὣς ἄρ᾽ ἔφη· πάντεσσι δ᾽ ἀνήνυτος εἴσατ᾽ ἄεθλος·
δὴν δ᾽ ἄνεω καὶ ἄναυδοι ἐς ἀλλήλους ὁρόωντο,
ἄτῃ ἀμηχανίῃ τε κατηφέες. ὀψὲ δὲ Πηλεὺς
θαρσαλέως μετὰ πᾶσιν ἀριστήεσσιν ἔειπεν·      505 Γ
Ὥρη μητιάασθαι ὅ κ᾽ ἔρξομεν· οὐ μὲν ἔολπα

βουλῆς εἶναι ὄνειαρ ὅσον τ᾽ ἐπὶ κάρτεϊ χειρῶν.
εἰ μέν νυν τύνη ζεῦξαι βόας Αἰήταο,
ἥρως Αἰσονίδη, φρονέεις μέμονάς τε πόνοιο,
ἦ τ᾽ ἂν ὑποσχεσίην πεφυλαγμένος ἐντύναιο·      510 Γ
εἰ δ᾽ οὔ τοι μάλα θυμὸς ἑῇ ἐπὶ πάγχυ πέποιθεν
ἠνορέῃ, μήτ᾽ αὐτὸς ἐπείγεο μήτε τιν᾽ ἄλλον
τῶνδ᾽ ἀνδρῶν πάπταινε παρήμενος· οὐ γὰρ ἔγωγε
σχήσομ᾽, ἐπεὶ θάνατός γε τὸ κύντατον ἔσσεται ἄλγος.
Ὣς ἔφατ᾽ Αἰακίδης· Τελαμῶνι δὲ θυμὸς ὀρίνθη,      515 Γ
σπερχόμενος δ᾽ ἀνόρουσε θοῶς· ἔπι δὲ τρίτος Ἴδας
ὦρτο μέγα φρονέων, ἔπι δ᾽ υἱέε Τυνδαρέοιο·
σὺν δὲ καὶ Οἰνεΐδης, ἐναρίθμιος αἰζηοῖσιν
ἀνδράσιν οὐδέ περ ὅσσον ἐπανθιόωντας ἰούλους
ἀντέλλων· τοίῳ οἱ ἀείρετο κάρτεϊ θυμός.      520 Γ
οἱ δ᾽ ἄλλοι εἴξαντες ἀκὴν ἔχον. αὐτίκα δ᾽ Ἄργος
τοῖον ἔπος μετέειπεν ἐελδομένοισιν ἀέθλου·
Ὦ φίλοι, ἤτοι μὲν τόδε λοίσθιον· ἀλλά τιν᾽ οἴω
μητρὸς ἐμῆς ἔσσεσθαι ἐναίσιμον ὔμμιν ἀρωγήν.
τῶ καί περ μεμαῶτες ἐρητύοισθ᾽ ἐνὶ νηί      525 Γ
τυτθὸν ἔθ᾽ ὡς τὸ πάροιθεν, ἐπεὶ καὶ ἐπισχέμεν ἔμπης
λώιον ἢ κακὸν οἶτον ἀφειδήσαντας ὀλέσθαι.
κούρη τις μεγάροισιν ἐνιτρέφετ᾽ Αἰήταο,
τὴν Ἑκάτη περίαλλα θεὰ δάε τεχνήσασθαι
φάρμαχ᾽ ὅσ᾽ ἤπειρός τε φύει καὶ νήχυτον ὕδωρ·      530 Γ
τοῖσι καὶ ἀκαμάτοιο πυρὸς μειλίσσετ᾽ ἀυτμήν
καὶ ποταμοὺς ἵστησιν ἄφαρ κελαδεινὰ ῥέοντας,
ἄστρα τε καὶ μήνης ἱερὰς ἐπέδησε κελεύθους.
τῆς μέν, ἀπὸ μεγάροιο κατὰ στίβον ἐνθάδ᾽ ἰόντες,
μνησάμεθ᾽, εἴ κε δύναιτο, κασιγνήτη γεγαυῖα,      535 Γ
μήτηρ ἡμετέρη πεπιθεῖν ἐπαρῆξαι ἀέθλῳ·
εἰ δὲ καὶ αὐτοῖσιν τόδ᾽ ἐφανδάνει, ἦ τ᾽ ἂν ἱκοίμην
ἤματι τῷδ᾽ αὐτῷ πάλιν εἰς δόμον Αἰήταο
πειρήσων· τάχα δ᾽ ἂν σὺν δαίμονι πειρηθείην.
Ὣς φάτο. τοῖσι δὲ σῆμα θεοὶ δόσαν εὐμενέοντες·      540 Γ
τρήρων μὲν φεύγουσα βίην κίρκοιο πελειάς
ὑψόθεν Αἰσονίδεω πεφοβημένη ἔμπεσε κόλπῳ,

κίρκος δ᾽ ἀφλάστῳ περικάππεσεν. ὦκα δὲ Μόψος
τοῖον ἔπος μετὰ πᾶσι θεοπροπέων ἀγόρευσεν·
μμι φίλοι τόδε σῆμα θεῶν ἰότητι τέτυκται·       545 Γ
οὐδέ πῃ ἄλλως ἐστὶν ὑποκρίνασθαι ἄρειον,
παρθενικὴν δ᾽ ἐπέεσσι μετελθέμεν ἀμφιέποντας
μήτι παντοίῃ· δοκέω δέ μιν οὐκ ἀθερίξειν,
εἰ ἐτεὸν Φινεύς γε θεῇ ἐνὶ Κύπριδι νόστον
πέφραδεν ἔσσεσθαι, κείνης δ᾽ ὅγε μείλιχος ὄρνις      550 Γ
πότμον ὑπεξήλυξε. κέαρ δέ μοι ὡς ἐνὶ θυμῷ
τόνδε κατ᾽ οἰωνὸν προτιόσσεται, ὣς δὲ πέλοιτο.
ἀλλὰ φίλοι, Κυθέρειαν ἐπικλείοντες ἀμύνειν,
ἤδη νῦν Ἄργοιο παραιφασίῃσι πίθεσθε.
Ἴσκεν· ἐπήνησαν δὲ νέοι, Φινῆος ἐφετμάς     555 Γ
μνησάμενοι. μοῦνος δ᾽ Ἀφαρήιος ἄνθορεν Ἴδας
δείν᾽ ἐπαλαστήσας μεγάλῃ ὀπί, φώνησέν τε·
Ὦ πόποι, ἦ ῥα γυναιξὶν ὁμόστολοι ἐνθάδ᾽ ἔβημεν,
οἳ Κύπριν καλέουσιν ἐπίρροθον ἄμμι πέλεσθαι,
οὐκέτ᾽ Ἐνυαλίοιο μέγα σθένος, ἐς δὲ πελείας     560 Γ
καὶ κίρκους λεύσσοντες ἐρητύονται ἀέθλων.
ἔρρετε, μηδ᾽ ὕμμιν πολεμήια ἔργα μέλοιτο,
παρθενικὰς δὲ λιτῇσιν ἀνάλκιδας ἠπεροπεύειν.
Ὣς ηὔδα μεμαώς· πολέες δ᾽ ὁμάδησαν ἑταῖροι,
ἦκα μάλ᾽, οὐδ᾽ ἄρα τίς οἱ ἐναντίον ἔκφατο μῦθον.     565 Γ
χωόμενος δ᾽ ὅγ᾽ ἔπειτα καθέζετο· τοῖσι δ᾽ Ἰήσων
αὐτίκ᾽ ἐποτρύνων τὸν ἑὸν νόον ὧδ᾽ ἀγόρευεν·
Ἄργος μὲν παρὰ νηός, ἐπεὶ τόδε πᾶσιν ἔαδεν,
στελλέσθω· ἀτὰρ αὐτοὶ ἐπὶ χθονὸς ἐκ ποταμοῖο
ἀμφαδὸν ἤδη πείσματ᾽ ἀνάψομεν, ἦ γὰρ ἔοικεν     570 Γ
μηκέτι δὴν κρύπτεσθαι, ἅτε πτήσσοντας αὐτήν.
Ὣς ἄρ᾽ ἔφη· καὶ τὸν μὲν ἄφαρ προΐαλλε νέεσθαι
καρπαλίμως ἐξαῦτις ἀνὰ πτόλιν, οἱ δ᾽ ἐπὶ νηός
εὐναίας ἐρύσαντες ἐφετμαῖς Αἰσονίδαο
τυτθὸν ὑπὲξ ἕλεος χέρσῳ ἐπέκελσαν ἐρετμοῖς.     575 Γ
Αὐτίκα δ᾽ Αἰήτης ἀγορὴν ποιήσατο Κόλχων
νόσφιν ἑοῖο δόμου, τόθι περ καὶ πρόσθε κάθιζον,
ἀτλήτους Μινύῃσι δόλους καὶ κήδεα τεύχων.

στεῦτο δ᾽, ἐπεί κεν πρῶτα βόες διαδηλήσονται
ἄνδρα τὸν ὅς ῥ᾽ ὑπέδεκτο βαρὺν καμέεσθαι ἄεθλον,     580 Γ
δρυμὸν ἀναρρήξας λασίης καθύπερθε κολώνης,
αὔτανδρον φλέξειν δόρυ νήιον, ὄφρ᾽ ἀλεγεινήν
ὕβριν ἀποφλύξωσιν ὑπέρβια μηχανόωντες.

οὐδὲ γὰρ Αἰολίδην Φρίξον μάλα περ χατέοντα
δέχθαι ἐνὶ μεγάροισιν ἐφέστιον, ὃς περὶ πάντων     585 Γ
ξείνων μειλιχίῃ τε θεουδείῃ τ᾽ ἐκέκαστο,
εἰ μή οἱ Ζεὺς αὐτὸς ἀπ᾽ οὐρανοῦ ἄγγελον ἧκεν
Ἑρμείαν, ὥς κεν προσκηδέος ἀντιάσειεν·
μὴ καὶ λῃστῆρας ἑὴν ἐς γαῖαν ἰόντας
ἔσσεσθαι δηναιὸν ἀπήμονας, οἶσι μέμηλεν     590 Γ
ὀθνείοις ἐπὶ χεῖρα ἑὴν κτεάτεσσιν ἀείρειν
κρυπταδίους τε δόλους τεκταινέμεν, ἠδὲ βοτήρων
αὔλια δυσκελάδοισιν ἐπιδρομίῃσι δαΐξαι.
νόσφι δὲ οἷ αὐτῷ φάτ᾽ ἐοικότα μείλια τείσειν
υἷας Φρίξοιο, κακορρέκτῃσιν ὀπηδούς     595 Γ
ἀνδράσι νοστήσαντας ὁμιλαδόν, ὄφρα ἑ τιμῆς
καὶ σκήπτρων ἐλάσειαν ἀκηδέες· ὥς ποτε βάξιν
λευγαλέην οὗ πατρὸς ἐπέκλυεν Ἠελίοιο,
χρειώ μιν πυκινόν τε δόλον βουλάς τε γενέθλης
σφωιτέρης ἄτην τε πολύτροπον ἐξαλέασθαι·     600 Γ
τῶ καὶ ἐελδομένους πέμπεν ἐς Ἀχαιίδα γαῖαν
πατρὸς ἐφημοσύνῃ δολιχὴν ὁδόν· οὐδὲ θυγατρῶν
εἶναί οἱ τυτθόν γε δέος μή πού τινα μῆτιν
φράσσωνται στυγερήν, οὐδ᾽ υἱέος Ἀψύρτοιο,
ἀλλ᾽ ἐνὶ Χαλκιόπης γενεῇ τάδε λυγρὰ τετύχθαι.     605 Γ
καί ῥ᾽ ὁ μὲν ἄσχετα ἔργα πιφαύσκετο δημοτέροισιν
χωόμενος, μέγα δέ σφιν ἀπείλεε νῆά τ᾽ ἐρύσθαι
ἠδ᾽ αὐτούς, ἵνα μή τις ὑπὲκ κακότητος ἀλύξῃ·
τόφρα δὲ μητέρ᾽ ἑήν, μετιὼν δόμον Αἰήταο,
Ἄργος παντοίοισι παρηγορέεσκεν ἔπεσσιν,     610 Γ
Μήδειαν λίσσεσθαι ἀμυνέμεν· ἡ δὲ καὶ αὐτή
πρόσθεν μητιάασκε, δέος δέ μιν ἴσχανε θυμόν
μή πως ἠὲ παρ᾽ αἶσαν ἐτώσια μειλίσσοιτο
πατρὸς ἀτυζομένην ὀλοὸν χόλον, ἠὲ λιτῇσιν

ἑσπομένης ἀρίδηλα καὶ ἀμφαδὰ ἔργα πέλοιτο.     615 Γ
Κούρην δ᾽ ἐξ ἀχέων ἀδινὸς κατελώφεεν ὕπνος
λέκτρῳ ἀνακλινθεῖσαν. ἄφαρ δέ μιν ἠπεροπῆες,
οἷά τ᾽ ἀκηχεμένην, ὀλοοὶ ἐρέθεσκον ὄνειροι·
τὸν ξεῖνον δ᾽ ἐδόκησεν ὑφεστάμεναι τὸν ἄεθλον
οὔτι μάλ᾽ ὁρμαίνοντα δέρος κριοῖο κομίσσαι,     620 Γ
οὐδέ τι τοῖο ἕκητι μετὰ πτόλιν Αἰήταο
ἐλθέμεν, ὄφρα δέ μιν σφέτερον δόμον εἰσαγάγοιτο
κουριδίην παράκοιτιν. ὀίετο δ᾽ ἀμφὶ βόεσσιν
αὐτὴ ἀεθλεύουσα μάλ᾽ εὐμαρέως πονέεσθαι·
σφωιτέρους δὲ τοκῆας ὑποσχεσίης ἀθερίζειν,     625 Γ
οὕνεκεν οὐ κούρῃ ζεῦξαι βόας ἀλλά οἱ αὐτῷ
προύθεσαν· ἐκ δ᾽ ἄρα τοῦ νεῖκος πέλεν ἀμφήριστον
πατρί τε καὶ ξείνοις· αὐτὴ δ᾽ ἐπιέτρεπον ἄμφω
τὼς ἔμεν ὥς κεν ἑῇσι μετὰ φρεσὶν ἰθύσειεν·
ἡ δ᾽ ἄφνω τὸν ξεῖνον, ἀφειδήσασα τοκήων,     630 Γ
εἵλετο· τοὺς δ᾽ ἀμέγαρτον ἄχος λάβεν, ἐκ δ᾽ ἐβόησαν
χωόμενοι. τὴν δ᾽ ὕπνος ἅμα κλαγγῇ μεθέηκεν,
παλλομένη δ᾽ ἀνόρουσε φόβῳ περί τ᾽ ἀμφί τε τοίχους
πάπτηνεν θαλάμοιο· μόλις δ᾽ ἐσαγείρατο θυμόν
ὡς πάρος ἐν στέρνοις, ἀδινὴν δ᾽ ἀνενείκατο φωνήν·     635 Γ
Δειλὴ ἐγών, οἷόν με βαρεῖς ἐφόβησαν ὄνειροι.
δείδια μὴ μέγα δή τι φέρῃ κακὸν ἥδε κέλευθος
ἡρώων· περί μοι ξείνῳ φρένες ἠερέθονται. -
μνάσθω ἑὸν κατὰ δῆμον Ἀχαιίδα τηλόθι κούρην,
ἄμμι δὲ παρθενίη τε μέλοι καὶ δῶμα τοκήων. -     640 Γ
ἔμπα γε μὴν θεμένη κύνεον κέαρ, οὐκέτ᾽ ἄνευθεν
αὐτοκασιγνήτης πειρήσομαι εἴ κέ μ᾽ ἀέθλῳ
χραισμεῖν ἀντιάσῃσιν, ἐπὶ σφετέροις ἀχέουσα
παισί· τό κέν μοι λυγρὸν ἐνὶ κραδίῃ σβέσει ἄλγος.
Ἦ ῥα, καὶ ὀρθωθεῖσα θύρας ὤιξε δόμοιο     645 Γ
νήλιπος οἰέανος, καὶ δὴ λελίητο νέεσθαι
αὐτοκασιγνήτηνδε καὶ ἕρκεος οὐδὸν ἄμειψεν·
δὴν δὲ καταυτόθι μίμνεν ἐνὶ προδόμῳ θαλάμοιο
αἰδοῖ ἐεργομένη· μετὰ δ᾽ ἐτράπετ᾽ αὖτις ὀπίσσω
στρεφθεῖσ᾽· ἐκ δὲ πάλιν κίεν ἔνδοθεν, ἄψ τ᾽ ἀλέεινεν     650 Γ

εἴσω, τηΰσιοι δὲ πόδες φέρον ἔνθα καὶ ἔνθα.
ἤτοι ὅτ᾽ ἰθύσειεν, ἔρυκέ μιν ἔνδοθεν αἰδώς·
αἰδοῖ δ᾽ ἐργομένην θρασὺς ἵμερος ὀτρύνεσκεν.
τρὶς μὲν ἐπειρήθη, τρὶς δ᾽ ἔσχετο· τέτρατον αὖτις
λέκτροισι πρηνὴς ἐνικάππεσεν εἰλιχθεῖσα.     655 Γ
ὡς δ᾽ ὅτε τις νύμφη θαλερὸν πόσιν ἐν θαλάμοισιν
μύρεται, ᾧ μιν ὄπασσαν ἀδελφεοὶ ἠὲ τοκῆες,
τὸν δέ τις ὤλεσε μοῖρα πάρος ταρπήμεναι ἄμφω
δήνεσιν ἀλλήλων· ἡ δ᾽ ἔνδοθι δαιομένη κῆρ
σῖγα μάλα κλαίει χῆρον λέχος εἰσορόωσα,     660 Γ
οὐδέ τί πω πάσαις ἐπιμίσγεται ἀμφιπόλοισιν
αἰδοῖ ἐπιφροσύνῃ τε, μυχῷ δ᾽ ἀχέουσα θαάσσει,
μή μιν κερτομέουσαι ἐπιστοβέωσι γυναῖκες -
τῇ ἰκέλη Μήδεια κινύρετο. τὴν δέ τις ἄφνω
μυρομένην μεσσηγὺς ἐπιπρομολοῦσ᾽ ἐνόησεν     665 Γ
δμωάων, ἥ οἱ ἔπετις πέλε κουρίζουσα,
Χαλκιόπη δ᾽ ἤγγειλε παρασχεδόν. ἡ δ᾽ ἐνὶ παισίν
ἧστ᾽, ἐπιμητιόωσα κασιγνήτην ἀρέσασθαι·
ἀλλ᾽ οὐδ᾽ ὣς ἀπίθησεν, ὅτ᾽ ἔκλυεν ἀμφιπόλοιο
μῦθον ἀνώιστον, διὰ δ᾽ ἔσσυτο θαμβήσασα     670 Γ
ἐκ θαλάμου θάλαμόνδε διαμπερές, ᾧ ἔνι κούρη
κέκλιτ᾽, ἀκηχεμένη, δρύψεν δ᾽ ἑκάτερθε παρειάς.
ὡς δ᾽ ἴδε δάκρυσιν ὄσσε πεφυρμένα, φώνησέν μιν·
Ὤ μοι ἐγώ, Μήδεια, τί δὴ τάδε δάκρυα λείβεις;
τίπτ᾽ ἔπαθες; τί τοι αἰνὸν ὑπὸ φρένας ἵκετο πένθος;     675 Γ
ἦ νύ σε θευμορίη περιδέδρομεν ἅψεα νοῦσος,
ἠέ τιν᾽ οὐλομένην ἐδάης ἐκ πατρὸς ἐνιπήν
ἀμφί τ᾽ ἐμοὶ καὶ παισίν; ὄφελλέ με μήτε τοκήων
δῶμα τόδ᾽ εἰσοράαν μηδὲ πτόλιν, ἀλλ᾽ ἐπὶ γαίης
πείρασι ναιετάειν, ἵνα μηδέ περ οὔνομα Κόλχων.     680 Γ
Ὣς φάτο· τῆς δ᾽ ἐρύθηνε παρήια, δὴν δέ μιν αἰδώς
παρθενίη κατέρυκεν, ἀμείψασθαι μεμαυῖαν·
μῦθος δ᾽ ἄλλοτε μέν οἱ ἐπ᾽ ἀκροτάτης ἀνέτελλεν
γλώσσης, ἄλλοτ᾽ ἔνερθε κατὰ στῆθος πεπότητο·
πολλάκι δ᾽ ἱμερόεν μὲν ἀνὰ στόμα θυῖεν ἐνισπεῖν,     685 Γ
φθογγὴ δ᾽ οὐ προύβαινε παροιτέρω. ὀψὲ δ᾽ ἔειπεν

τοῖα δόλῳ, θρασέες γὰρ ἐπικλονέεσκον ἔρωτες·
Χαλκιόπη, περί μοι παίδων σέο θυμὸς ἄηται,
μή σφε πατὴρ ξείνοισι σὺν ἀνδράσιν αὐτίκ᾽ ὀλέσσῃ·
τοῖα κατακνώσσουσα μινυνθαδίῳ νέον ὕπνῳ          690 Γ
λεύσσω ὀνείρατα λυγρά - τά τις θεὸς ἀκράαντα
θείη, μηδ᾽ ἀλεγεινὸν ἐφ᾽ υἱάσι κῆδος ἕλοιο.
Φῆ ῥα, κασιγνήτης πειρωμένη εἴ κέ μιν αὐτή
ἀντιάσειε πάροιθεν ἑοῖς τεκέεσσιν ἀμύνειν·
τῆς δ᾽ αἰνῶς ἄτλητος ἐπέκλυσε θυμὸν ἀνίη          695 Γ
δείματι, οἵ᾽ ἐσάκουσεν· ἀμείβετο δ᾽ ὧδ᾽ ἐπέεσσιν·
Καὶ δ᾽ αὐτὴ τάδε πάντα μετήλυθον ὁρμαίνουσα,
εἴ τινα συμφράσσαιο καὶ ἀρτύνειας ἀρωγήν.
ἀλλ᾽ ὄμοσον Γαῖάν τε καὶ Οὐρανόν, ὅττι τοι εἴπω
σχησέμεν ἐν θυμῷ σύν τε δρήστειρα πέλεσθαι.          700 Γ
λίσσομ᾽ ὑπὲρ μακάρων σέο τ᾽ αὐτῆς ἠδὲ τοκήων,
μή σφε κακῇ ὑπὸ κηρὶ διαρραισθέντας ἰδέσθαι
λευγαλέως· ἢ σοίγε, φίλοις σὺν παισὶ θανοῦσα,
εἴην ἐξ Ἀίδεω στυγερὴ μετόπισθεν Ἐρινύς.
Ὡς ἄρ᾽ ἔφη, τὸ δὲ πολλὸν ὑπεξέχυτ᾽ αὐτίκα δάκρυ,          705 Γ
νειόθι δ᾽ ἀμφοτέρῃσι περίσχετο γούνατα χερσίν·
σὺν δὲ κάρη κόλποις περικάββαλον. ἔνθ᾽ ἐλεεινόν
ἄμφω ἐπ᾽ ἀλλήλῃσι θέσαν γόον, ὦρτο δ᾽ ἰωή
λεπταλέη διὰ δώματ᾽ ὀδυρομένων ἀχέεσσιν.
τὴν δὲ πάρος Μήδεια προσέννεπεν ἀσχαλόωσαν·          710 Γ
Δαιμονίη, τί νύ τοι ῥέξω ἄκος; οἷ᾽ ἀγορεύεις,
ἀράς τε στυγερὰς καὶ Ἐρινύας· αἲ γὰρ ὄφελλεν
ἔμπεδον εἶναι ἐπ᾽ ἄμμι τεοὺς υἱῆας ἔρυσθαι.
ἴστω Κόλχων ὅρκος ὑπέρβιος, ὅντιν᾽ ὀμόσσαι
αὐτὴ ἐποτρύνεις, μέγας Οὐρανὸς ἠδ᾽ ὑπένερθεν          715 Γ
Γαῖα, θεῶν μήτηρ, ὅσσον σθένος ἐστὶν ἐμεῖο,
μή σ᾽ ἐπιδευήσεσθαι ἀνυστά περ ἀντιόωσαν.
Φῆ ἄρα· Χαλκιόπη δ᾽ ἠμείβετο τοῖσδ᾽ ἐπέεσσιν·
Οὐκ ἂν δὴ ξείνῳ τλαίης χατέοντι καὶ αὐτῷ
ἢ δόλον ἤ τινα μῆτιν ἐπιφράσσασθαι ἀέθλου,          720 Γ
παίδων εἵνεκ᾽ ἐμεῖο; καὶ ἐκ κείνου τόδ᾽ ἱκάνει
Ἄργος ἐποτρύνων με τεῆς πειρῆσαι ἀρωγῆς·

μεσσηγὺς μὲν τῶνγε δόμον λίπον ἐνθάδ᾽ ἰοῦσα.
Ὣς φάτο· τῆς δ᾽ ἔντοσθεν ἀνέπτατο χάρματι θυμός,
φοινίχθη δ᾽ ἄμυδις καλὸν χρόα, κὰδ δέ μιν ἀχλύς      725 Γ
εἷλεν ἰαινομένην. τοῖον δ᾽ ἐπὶ μῦθον ἔειπεν·
Χαλκιόπη, ὥς ὔμμι φίλον τερπνόν τε τέτυκται,
ὣς ἔρξω. μὴ γάρ μοι ἐν ὀφθαλμοῖσι φαείνοι
ἠὼς μηδέ με δηρὸν ἔτι ζώουσαν ἴδοιο,
εἴ γέ τι σῆς ψυχῆς προφερέστερον ἠέ τι παίδων      730 Γ
σῶν θείην, οἳ δή μοι ἀδελφειοὶ γεγάασιν
κηδεμόνες τε φίλοι καὶ ὁμήλικες· ὣς δὲ καὶ αὐτή
φημὶ κασιγνήτη τε σέθεν κούρη τε πέλεσθαι,
ἶσον ἐπεὶ κείνοις με τεῷ ἐπαείραο μαζῷ
νηπυτίην, ὡς αἰὲν ἐγώ ποτε μητρὸς ἄκουον.      735 Γ
ἀλλ᾽ ἴθι, κεῦθε δ᾽ ἐμὴν σιγῇ χάριν, ὄφρα τοκῆας
λήσομεν ἐντύνουσαι ὑπόσχεσιν· ἦρι δὲ νηόν
εἴσομαι εἰς Ἑκάτης, θελκτήρια φάρμακα ταύρων
οἰσομένη ξείνῳ ὑπὲρ οὗ τόδε νεῖκος ὄρωρεν.
Ὣς ἥγ᾽ ἐκ θαλάμοιο πάλιν κίε παισί τ᾽ ἀρωγήν      740 Γ
αὐτοκασιγνήτης διεπέφραδε· τὴν δὲ μεταῦτις
αἰδώς τε στυγερόν τε δέος λάβε μουνωθεῖσαν,
τοῖα παρὲξ οὗ πατρὸς ἐπ᾽ ἀνέρι μητιάασθαι.
Νὺξ μὲν ἔπειτ᾽ ἐπὶ γαῖαν ἄγεν κνέφας, οἱ δ᾽ ἐνὶ πόντῳ
ναυτίλοι εἰς Ἑλίκην τε καὶ ἀστέρας Ὠρίωνος      745 Γ
ἔδρακον ἐκ νηῶν, ὕπνοιο δὲ καί τις ὁδίτης
ἤδη καὶ πυλαωρὸς ἐέλδετο, καί τινα παίδων
μητέρα τεθνεώτων ἀδινὸν περὶ κῶμ᾽ ἐκάλυπτεν,
οὐδὲ κυνῶν ὑλακὴ ἔτ᾽ ἀνὰ πτόλιν, οὐ θρόος ἦεν
ἠχήεις, σιγῇ δὲ μελαινομένην ἔχεν ὄρφνην·      750 Γ
ἀλλὰ μάλ᾽ οὐ Μήδειαν ἐπὶ γλυκερὸς λάβεν ὕπνος.
πολλὰ γὰρ Αἰσονίδαο πόθῳ μελεδήματ᾽ ἔγειρεν
δειδυῖαν ταύρων κρατερὸν μένος, οἷσιν ἔμελλεν
φθεῖσθαι ἀεικελίῃ μοίρῃ κατὰ νειὸν Ἄρηος.
δάκρυ δ᾽ ἀπ᾽ ὀφθαλμῶν ἐλέῳ ῥέεν· ἔνδοθι δ᾽ αἰεί      755 Γ
τεῖρ᾽ ὀδύνη, σμύχουσα διὰ χροός, ἀμφί τ᾽ ἀραιάς
ἶνας καὶ κεφαλῆς ὑπὸ νείατον ἰνίον ἄχρις,
ἔνθ᾽ ἀλεγεινότατον δύνει ἄχος, ὁππότ᾽ ἀνίας

ἀκάματοι πραπίδεσσιν ἐνισκίμψωσιν ἔρωτες.
πυκνὰ δέ οἱ κραδίη στηθέων ἔντοσθεν ἔθυιεν,     760 Γ
ἠελίου ὥς τίς τε δόμοις ἔνι πάλλεται αἴγλη,
ὕδατος ἐξανιοῦσα τὸ δὴ νέον ἠὲ λέβητι
ἠέ που ἐν γαυλῷ κέχυται, ἡ δ᾽ ἔνθα καὶ ἔνθα
ὠκείῃ στροφάλιγγι τινάσσεται ἀίσσουσα -
ὣς δὲ καὶ ἐν στήθεσσι κέαρ ἐλελίζετο κούρης,     765 Γ
φῆ δέ οἱ ἄλλοτε μὲν θελκτήρια φάρμακα ταύρων
δωσέμεν· ἄλλοτε δ᾽ οὔτι, καταφθεῖσθαι δὲ καὶ αὐτή·
αὐτίκα δ᾽ οὔτ᾽ αὐτὴ θανέειν, οὐ φάρμακα δώσειν,
ἀλλ᾽ αὔτως εὔκηλος ἑὴν ὀτλησέμεν ἄτην.
ἑζομένη δἤπειτα δοάσσατο, φώνησέν τε·     770 Γ
Δειλὴ ἐγώ, νῦν ἔνθα κακῶν ἢ ἔνθα γένωμαι;
πάντῃ μοι φρένες εἰσὶν ἀμήχανοι, οὐδέ τις ἀλκή
πήματος, ἀλλ᾽ αὔτως φλέγει ἔμπεδον. ὡς ὄφελόν γε
Ἀρτέμιδος κραιπνοῖσι πάρος βελέεσσι δαμῆναι,
πρὶν τόνγ᾽ εἰσιδέειν, πρὶν Ἀχαιίδα νῆα κομίσσαι     775 Γ
Χαλκιόπης υἷας· τοὺς μὲν θεὸς ἤ τις Ἐρινύς
ἄμμι πολυκλαύτους δεῦρ᾽ ἤγαγε κεῖθεν ἀνίας. -
φθείσθω ἀεθλεύων, εἴ οἱ κατὰ νειὸν ὀλέσθαι
μοῖρα πέλει· πῶς γάρ κεν ἐμοὺς λελάθοιμι τοκῆας
φάρμακα μησαμένη, ποῖον δ᾽ ἐπὶ μῦθον ἐνίψω;     780 Γ
τίς δὲ δόλος, τίς μῆτις ἐπίκλοπος ἔσσετ᾽ ἀρωγῆς; -
ἢ μιν ἄνευθ᾽ ἑτάρων προσπτύξομαι οἶον ἰοῦσα;
δύσμορος· οὐ μὲν ἔολπα καταφθιμένοιό περ ἔμπης
λωφήσειν ἀχέων, τότε δ᾽ ἂν κακὸν ἄμμι πέλοιτο
κεῖνος, ὅτε ζωῆς ἀπαμείρεται. ἐρρέτω αἰδώς,     785 Γ
ἐρρέτω ἀγλαΐη, ὁ δ᾽ ἐμῇ ἰότητι σαωθεὶς
ἀσκηθής, ἵνα οἱ θυμῷ φίλον, ἔνθα νέοιτο·
αὐτὰρ ἐγὼν αὐτῆμαρ, ὅτ᾽ ἐξανύσειεν ἄεθλον,
τεθναίην, ἢ λαιμὸν ἀναρτήσασα μελάθρῳ
ἢ καὶ πασσαμένη ῥαιστήρια φάρμακα θυμοῦ. -     790 Γ
ἀλλὰ καὶ ὣς φθιμένη μοι ἐπιλλίξουσιν ὀπίσσω
κερτομίας, τηλοῦ δὲ πόλις περὶ πᾶσα βοήσει
πότμον ἐμόν· καί κέν με διὰ στόματος φορέουσαι
Κολχίδες ἄλλυδις ἄλλαι ἀεικέα μωμήσονται·

ἥτις κηδομένη τόσον ἀνέρος ἀλλοδαποῖο    795 Γ
κάτθανεν, ἥτις δῶμα καὶ οὓς ᾔσχυνε τοκῆας,
μαργοσύνῃ εἴξασα. - τί δ᾽ οὐκ ἐμὸν ἔσσεται αἶσχος;
ὤ μοι ἐμῆς ἄτης. ἦ τ᾽ ἂν πολὺ κέρδιον εἴη
τῇδ᾽ αὐτῇ ἐν νυκτὶ λιπεῖν βίον ἐν θαλάμοισιν,
πότμῳ ἀνωίστῳ κάκ᾽ ἐλέγχεα πάντα φυγοῦσαν,    800 Γ
πρὶν τάδε λωβήεντα καὶ οὐκ ὀνομαστὰ τελέσσαι.
Ἦ, καὶ φωριαμὸν μετεκίαθεν ᾗ ἔνι πολλά
φάρμακά οἱ τὰ μὲν ἐσθλὰ τὰ δὲ ῥαιστήρι᾽ ἔκειτο.
ἐνθεμένη δ᾽ ἐπὶ γούνατ᾽ ὀδύρετο, δεῦε δὲ κόλπους
ἄλληκτον δακρύοισι, τὰ δ᾽ ἔρρεεν ἀσταγὲς αὕτως,    805 Γ
αἴν᾽ ὀλοφυρομένης τὸν ἑὸν μόρον. ἵετο δ᾽ ἥγε
φάρμακα λέξασθαι θυμοφθόρα τόφρα πάσαιτο,
ἤδη καὶ δεσμοὺς ἀνελύετο φωριαμοῖο
ἐξελέειν μεμαυῖα δυσάμμορος· ἀλλά οἱ ἄφνω
δεῖμ᾽ ὀλοὸν στυγεροῖο κατὰ φρένας ἦλθ᾽ Ἀίδαο,    810 Γ
ἔσχετο δ᾽ ἀμφασίῃ δηρὸν χρόνον. ἀμφὶ δὲ πᾶσαι
θυμηδεῖς βιότοιο μεληδόνες ἰνδάλλοντο·
μνήσατο μὲν τερπνῶν ὅσ᾽ ἐνὶ ζωοῖσι πέλονται,
μνήσαθ᾽ ὁμηλικίης περιγηθέος, οἷά τε κούρη·
καί τέ οἱ ἥλιος γλυκίων γένετ᾽ εἰσοράασθαι    815 Γ
ἢ πάρος, εἰ ἐτεόν γε νόῳ ἐπεμαίεθ᾽ ἕκαστα.
καὶ τὴν μέν ῥα πάλιν σφετέρων ἀποκάτθετο γούνων
Ἥρης ἐννεσίῃσι μετάτροπος· οὐδ᾽ ἔτι βουλάς
ἄλλῃ δοιάζεσκεν, ἐέλδετο δ᾽ αἶψα φανῆναι
ἠῶ τελλομένην, ἵνα οἱ θελκτήρια δοίη    820 Γ
φάρμακα συνθεσίῃσι καὶ ἀντήσειεν ἐς ὠπήν.
πυκνὰ δ᾽ ἀνὰ κληῖδας ἑῶν λύεσκε θυράων,
αἴγλην σκεπτομένη· τῇ δ᾽ ἀσπάσιον βάλε φέγγος
ἠριγενής, κίνυντο δ᾽ ἀνὰ πτολίεθρον ἕκαστοι.
Ἔνθα κασιγνήτους μὲν ἔτ᾽ αὐτόθι μεῖναι ἀνώγει    825 Γ
Ἄργος, ἵνα φράζοιντο νόον καὶ μήδεα κούρης·
αὐτὸς δ᾽ αὖτ᾽ ἐπὶ νῆα κίεν, προπάροιθε λιασθείς.
Ἡ δ᾽ ἐπεὶ οὖν τὰ πρῶτα φαεινομένην ἴδεν ἠῶ
παρθενική, ξανθὰς μὲν ἀνήψατο χερσὶν ἐθείρας,
αἵ οἱ ἀτημελίῃ καταειμέναι ἠερέθοντο·    830 Γ

αὐσταλέας δ᾽ ἔψηχε παρηίδας, αὐτὰρ ἀλοιφῇ
νεκταρέῃ φαίδρυνε πέρι χρόα· δῦνε δὲ πέπλον
καλόν, εὐγνάμπτοισιν ἀρηρέμενον περόνησιν,
ἀμβροσίῳ δ᾽ ἐφύπερθε καρήατι βάλλε καλύπτρην
ἀργυφέην· αὔτως δὲ δόμοις ἔνι δινεύουσα     835 Γ
στεῖβε πέδον λήθῃ ἀχέων, τά οἱ ἐν ποσὶν ἦεν
θεσπέσι᾽, ἄλλα τ᾽ ἔμελλεν ἀεξήσεσθαι ὀπίσσω.
κέκλετο δ᾽ ἀμφιπόλοις, αἵ οἱ δυοκαίδεκα πᾶσαι
ἐν προδόμῳ θαλάμοιο θυώδεος ηὐλίζοντο
ἥλικες, οὔπω λέκτρα σὺν ἀνδράσι πορσύνουσαι,     840 Γ
ἐσσυμένως οὐρῆας ὑποζεύξασθαι ἀπήνῃ,
οἵ κέ μιν εἰς Ἑκάτης περικαλλέα νηὸν ἄγοιεν.
ἔνθ᾽ αὖτ᾽ ἀμφίπολοι μὲν ἐφοπλίζεσκον ἀπήνην·
ἡ δὲ τέως γλαφυρῆς ἐξείλετο φωριαμοῖο
φάρμακον ὅρρά τέ φασι Προμήθειον καλέεσθαι.     845 Γ
τῷ εἴ κεν, νυχίοισιν ἀρεσσάμενος θυέεσσιν
Δαῖραν μουνογένειαν, ἑὸν δέμας ἰκμαίνοιτο,
ἦ τ᾽ ἂν ὅγ᾽ οὔτε ῥηκτὸς ἔοι χαλκοῖο τυπῇσιν
οὔτε κεν αἰθομένῳ πυρὶ εἰκάθοι, ἀλλὰ καὶ ἀλκῇ
λωίτερος κεῖν᾽ ἦμαρ ὁμῶς κάρτει τε πέλοιτο.     850 Γ
πρωτοφυὲς τόγ᾽ ἀνέσχε καταστάξαντος ἔραζε
αἰετοῦ ὠμηστέω κνημοῖς ἔνι Καυκασίοισιν
αἱματόεντ᾽ ἰχῶρα Προμηθῆος μογεροῖο.
τοῦ δ᾽ ἤτοι ἄνθος μὲν ὅσον πήχυιον ὕπερθεν
χροιῇ Κωρυκίῳ ἴκελον κρόκῳ ἐξεφαάνθη,     855 Γ
καυλοῖσιν διδύμοισιν ἐπήορον· ἡ δ᾽ ἐνὶ γαίῃ
σαρκὶ νεοτμήτῳ ἐναλιγκίη ἔπλετο ῥίζα.
τῆς οἵην τ᾽ ἐν ὄρεσσι κελαινὴν ἰκμάδα φηγοῦ
Κασπίῃ ἐν κόχλῳ ἀμήσατο φαρμάσσεσθαι,
ἑπτὰ μὲν ἀενάοισι λοεσσαμένη ὑδάτεσσιν,     860 Γ
ἑπτάκι δὲ Βριμὼ κουροτρόφον ἀγκαλέσασα,
Βριμὼ νυκτιπόλον, χθονίην, ἐνέροισιν ἄνασσαν,
λυγαίῃ ἐνὶ νυκτὶ σὺν ὀρφναίοις φαρέεσσιν·
μυκηθμῷ δ᾽ ὑπένερθεν ἐρεμνὴ σείετο γαῖα
ῥίζης τεμνομένης Τιτηνίδος, ἔστενε δ᾽ αὐτός     865 Γ
Ἰαπετοῖο πάις ὀδύνῃ πέρι θυμὸν ἀλύων.

τόρρ᾽ ἥγ᾽ ἐξανελοῦσα, θυώδεϊ κάτθετο μίτρῃ
ἥ τέ οἱ ἀμβροσίοισι περὶ στήθεσσιν ἔερτο.
ἐκ δὲ θύραζε κιοῦσα θοῆς ἐπεβήσατ᾽ ἀπήνης,
σὺν δέ οἱ ἀμφίπολοι δοιαὶ ἑκάτερθεν ἔβησαν.        870 Γ
αὐτὴ δ᾽ ἡνί᾽ ἔδεκτο καὶ εὐποίητον ἱμάσθλην
δεξιτερῇ, ἔλαεν δὲ δι᾽ ἄστεος· αἱ δὲ δὴ ἄλλαι
ἀμφίπολοι, πείρινθος ἐφαπτόμεναι μετόπισθεν,
τρώχων εὐρεῖαν κατ᾽ ἀμαξιτόν, ἂν δὲ χιτῶνας
λεπταλέους λευκῆς ἐπιγουνίδος ἄχρις ἄειρον.        875 Γ
οἵη δέ, λιαροῖσιν ἐν ὕδασι Παρθενίοιο
ἠὲ καὶ Ἀμνισοῖο λοεσσαμένη ποταμοῖο,
χρυσείοις Λητωὶς ἐφ᾽ ἅρμασιν ἑστηυῖα
ὠκείαις κεμάδεσσι διεξελάῃσι κολώνας,
τηλόθεν ἀντιόωσα πολυκνίσου ἑκατόμβης·        880 Γ
τῇ δ᾽ ἅμα νύμφαι ἕπονται ἀμορβάδες, αἱ μὲν ἀπ᾽ αὐτῆς
ἀγρόμεναι πηγῆς Ἀμνισίδες, αἱ δὲ λιποῦσαι
ἄλσεα καὶ σκοπιὰς πολυπίδακας, ἀμφὶ δὲ θῆρες
κνυζηθμῷ σαίνουσιν ὑποτρομέοντες ἰοῦσαν -
ὣς αἵγ᾽ ἐσσεύοντο δι᾽ ἄστεος, ἀμφὶ δὲ λαοί        885 Γ
εἶκον ἀλευάμενοι βασιληίδος ὄμματα κούρης.
αὐτὰρ ἐπεὶ πόλιος μὲν ἐυδμήτους λίπ᾽ ἀγυιάς,
νηὸν δ᾽ εἰσαφίκανε διὲκ πεδίων ἐλάουσα,
δὴ τότ᾽ ἐυτροχάλοιο κατ᾽ αὐτόθι βῆσατ᾽ ἀπήνης
ἱεμένη, καὶ τοῖα μετὰ δμωῇσιν ἔειπεν·        890 Γ
Ὦ φίλαι, ἦ μέγα δή τι παρήλιτον, οὐδ᾽ ἐνόησα
μὴ ἴμεν ἀλλοδαποῖσι μετ᾽ ἀνδράσιν, οἵ τ᾽ ἐπὶ γαῖαν
ἡμετέρην στρωφῶσιν, ἀμηχανίη βεβόληται
πᾶσα πόλις, τὸ καὶ οὔ τις ἀνήλυθε δεῦρο γυναικῶν
τάων αἳ τὸ πάροιθεν ἐπημάτιαι ἀγέρονται.        895 Γ
ἀλλ᾽ ἐπεὶ υὖν ἱκόμεσθα καὶ οὔ νύ τις ἄλλος ἔπεισιν,
εἰ δ᾽ ἄγε μολπῇ θυμὸν ἀφειδείως κορέσωμεν
μειλιχίῃ, τὰ δὲ καλὰ τερείνης ἄνθεα ποίης
λεξάμεναι, τότ᾽ ἔπειτ᾽ αὐτὴν ἀπονισσόμεθ᾽ ὥρην.
καὶ δέ κε σὺν πολέεσσιν ὀνείασιν οἴκαδ᾽ ἵκοισθε        900 Γ
ἤματι τῷδ᾽, εἴ μοι συναρέσσετε τήνδε μενοινήν.
Ἄργος γάρ μ᾽ ἐπέεσσι παρατρέπει, ὡς δὲ καὶ αὐτή

Χαλκιόπη - τὰ δὲ σῖγα νόῳ ἔχετ᾽ εἰσαΐουσαι
ἐξ ἐμέθεν, μὴ πατρὸς ἐς οὔατα μῦθος ἵκηται·
τὸν ξεῖνόν με κέλονται ὅτις περὶ βουσὶν ὑπέστη,        905 Γ
δῶρ᾽ ἀποδεξαμένην, ὀλοῶν ῥύσασθαι ἀέθλων·
αὐτὰρ ἐγὼ τὸν μῦθον ἐπήνεον ἠδὲ καὶ αὐτόν
κέκλομαι εἰς ὠπὴν ἑτάρων ἄπο μοῦνον ἱκέσθαι,
ὄφρα τὰ μὲν δασόμεσθα μετὰ σφίσιν, εἴ κεν ὀπάσσῃ
δῶρα φέρων, τῷ δ᾽ αὖτε κακώτερον ἄλλο πόρωμεν        910 Γ
φάρμακον. ἀλλ᾽ ἀπονόσφι πέλεσθέ μοι, εὖτ᾽ ἂν ἵκηται.
Ὣς ηὔδα· πάσῃσι δ᾽ ἐπίκλοπος ἥνδανε μῆτις.
Αὐτίκα δ᾽ Αἰσονίδην ἑτάρων ἄπο μοῦνον ἐρύσσας
Ἄργος, ὅτ᾽ ἤδη τήνγε κασιγνήτων ἐσάκουσεν
ἠερίην Ἑκάτης ἱερὸν μετὰ νηὸν ἰοῦσαν,        915 Γ
ἦγε διὲκ πεδίου· ἅμα δέ σφισιν εἵπετο Μόψος
Ἀμπυκίδης, ἐσθλὸς μὲν ἐπιπροφανέντας ἐνισπεῖν
οἰωνούς, ἐσθλὸς δὲ σὺν εὖ φράσσασθαι ἰοῦσιν.
ἔνθ᾽ οὔπω τις τοῖος ἐπὶ προτέρων γένετ᾽ ἀνδρῶν,
οὔθ᾽ ὅσοι ἐξ αὐτοῖο Διὸς γένος οὔθ᾽ ὅσοι ἄλλων        920 Γ
ἀθανάτων ἥρωες ἀφ᾽ αἵματος ἐβλάστησαν,
οἷον Ἰήσονα θῆκε Διὸς δάμαρ ἤματι κείνῳ
ἠμὲν ἐσάντα ἰδεῖν ἠδὲ προτιμυθήσασθαι·
τὸν καὶ παπταίνοντες ἐθάμβεον αὐτοὶ ἑταῖροι
λαμπόμενον χαρίτεσσιν, ἐγήθησεν δὲ κελεύθῳ        925 Γ
Ἀμπυκίδης, ἤδη που οἰσσάμενος τὰ ἕκαστα.
Ἔσκε δέ τις πεδίοιο κατὰ στίβον ἐγγύθι νηοῦ
αἴγειρος φύλλοισιν ἀπειρεσίοις κομόωσα,
τῇ θαμὰ δὴ λακέρυζαι ἐπηυλίζοντο κορῶναι·
τάων τις, μεσσηγὺς ἀνὰ πτερὰ κινήσασα,        930 Γ
ὑψοῦ ἐπ᾽ ἀκρεμόνων Ἥρης ἠνίπαπε βουλαῖς·
Ἀκλειὴς ὅδε μάντις, ὃς οὐδ᾽ ὅσα παῖδες ἴσασιν
οἶδε νόῳ φράσσασθαι, ὁθούνεκα οὔτε τι λαρόν
οὔτ᾽ ἐρατὸν κούρη κεν ἔπος προτιμυθήσαιτο
ἠιθέῳ, εὖτ᾽ ἂν σφιν ἐπήλυδες ἄλλοι ἕπωνται.        935 Γ
ἔρροις, ὦ κακόμαντι, κακοφραδές, οὐδέ σε Κύπρις
οὔτ᾽ ἀγανοὶ φιλέοντες ἐπιπνείουσιν Ἔρωτες.
Ἴσκεν ἀτεμβομένη· μείδησε δὲ Μόψος ἀκούσας

ὀμφὴν οἰωνοῖο θεήλατον, ὧδέ τ᾽ ἔειπεν·
Τύνη μὲν νηόνδε θεᾶς ἴθι, τῷ ἔνι κούρην      940 Γ
δήεις, Αἰσονίδη, μάλα δ᾽ ἠπίη ἀντιβολήσεις
Κύπριδος ἐννεσίης, ἥ τοι συνέριθος ἀέθλων
ἔσσεται, ὡς δὴ καὶ πρὶν Ἀγηνορίδης φάτο Φινεύς·
νῶι δ᾽, ἐγὼν Ἄργος τε, δεδεγμένοι ἔστ᾽ ἂν ἵκηαι
τῷδ᾽ αὐτῷ ἐνὶ χώρῳ, ἀπεσσόμεθ᾽· οἰόθι δ᾽ αὐτός      945 Γ
λίσσεό μιν πυκινοῖσι παρατροπέων ἐπέεσσιν.
Ἦ ῥα περιφραδέως, ἐπὶ δὲ σχεδὸν ἤνεον ἄμφω.
Οὐδ᾽ ἄρα Μηδείης θυμὸς τράπετ᾽ ἄλλα νοῆσαι,
μελπομένης περ ὅμως· πᾶσαι δέ οἱ ἥντιν᾽ ἀθύροι
μολπὴν οὐκ ἐπὶ δηρὸν ἐφήνδανεν ἑψιάασθαι,      950 Γ
ἀλλὰ μεταλλήγεσκεν ἀμήχανος· οὐδέ ποτ᾽ ὄσσε
ἀμφιπόλων μεθ᾽ ὅμιλον ἔχ᾽ ἀτρέμας, ἐς δὲ κελεύθους
τηλόσε παπταίνεσκε παρακλίνουσα παρειάς.
ἦ θαμὰ δὴ στηθέων ἐάγη κέαρ, ὁππότε δοῦπον
ἢ ποδὸς ἢ ἀνέμοιο παραθρέξαντα δοάσσαι.      955 Γ
αὐτὰρ ὅγ᾽ οὐ μετὰ δηρὸν ἐελδομένῃ ἐφαάνθη,
ὑψόσ᾽ ἀναθρώσκων ἅ τε Σείριος Ὠκεανοῖο,
ὃς δή τοι καλὸς μὲν ἀρίζηλός τ᾽ ἐσιδέσθαι
ἀντέλλει, μήλοισι δ᾽ ἐν ἄσπετον ἧκεν ὀιζύν -
ὣς ἄρα τῇ καλὸς μὲν ἐπήλυθεν εἰσοράασθαι      960 Γ
Αἰσονίδης, κάματον δὲ δυσίμερον ὦρσε φαανθείς.
ἐκ δ᾽ ἄρα οἱ κραδίη στηθέων πέσεν, ὄμματα δ᾽ αὔτως
ἤχλυσαν, θερμὸν δὲ παρηίδας εἷλεν ἔρευθος·
γούνατα δ᾽ οὔτ᾽ ὀπίσω οὔτε προπάροιθεν ἀεῖραι
ἔσθενεν, ἀλλ᾽ ὑπένερθε πάγη πόδας. αἱ δ᾽ ἄρα τείως      965 Γ
ἀμφίπολοι μάλα πᾶσαι ἀπὸ σφείων ἐλίασθεν·
τὼ δ᾽ ἄνεῳ καὶ ἄναυδοι ἐφέστασαν ἀλλήλοισιν,
ἢ δρυσὶν ἢ μακρῇσιν ἐειδόμενοι ἐλάτῃσιν,
αἵ τε παρᾶσσον ἔκηλοι ἐν οὔρεσιν ἐρρίζωνται
νηνεμίῃ, μετὰ δ᾽ αὖτις ὑπὸ ῥιπῆς ἀνέμοιο      970 Γ
κινύμεναι ὁμάδησαν ἀπείριτον - ὣς ἄρα τώγε
μέλλον ἅλις φθέγξασθαι ὑπὸ πνοιῇσιν Ἔρωτος.
γνῶ δέ μιν Αἰσονίδης ἄτῃ ἐνιπεπτηυῖαν
θευμορίῃ, καὶ τοῖον ὑποσσαίνων φάτο μῦθον·

Τίπτε με παρθενικὴ τόσον ἅζεαι οἷον ἐόντα;     975 Γ
οὔ τοι ἐγὼν οἷοί τε δυσαυχέες ἄλλοι ἔασιν
ἀνέρες, οὐδ᾽ ὅτε περ πάτρῃ ἔνι ναιετάασκον
ἦα πάρος· τῶ μή με λίην ὑπεραίδεο κούρη
ἤ τι παρεξερέεσθαι ὅ τοι φίλον ἠέ τι φάσθαι·
ἀλλ᾽ ἐπεὶ ἀλλήλοισιν ἱκάνομεν εὐμενέοντες,     980 Γ
χώρῳ ἐν ἠγαθέῳ, ἵνα τ᾽ οὐ θέμις ἔστ᾽ ἀλιτέσθαι,
ἀμφαδίην ἀγόρευε καὶ εἴρεο, μηδέ με τερπνοῖς
φηλώσῃς ἐπέεσσιν, ἐπεὶ τὸ πρῶτον ὑπέστης
αὐτοκασιγνήτῃ μενοεικέα φάρμακα δώσειν.
πρός σ᾽ αὐτῆς Ἑκάτης μειλίσσομαι ἠδὲ τοκήων     985 Γ
καὶ Διός, ὃς ξείνοις ἱκέτῃσί τε χεῖρ᾽ ὑπερίσχει·
ἀμφότερον δ᾽ ἱκέτης ξεῖνός τέ τοι ἐνθάδ᾽ ἱκάνω
χρειοῖ ἀναγκαίῃ γουνούμενος, οὐ γὰρ ἄνευθεν
ὑμείων στονόεντος ὑπέρτερος ἔσσομ᾽ ἀέθλου.
σοὶ δ᾽ ἂν ἐγὼ τείσαιμι χάριν μετόπισθεν ἀρωγῆς     990 Γ
ᾗ θέμις, ὡς ἐπέοικε διάνδιχα ναιετάοντας,
οὔνομα καὶ καλὸν τεύχων κλέος· ὡς δὲ καὶ ὦλλοι
ἥρωες κλήσουσιν ἐς Ἑλλάδα νοστήσαντες,
ἡρώων τ᾽ ἄλοχοι καὶ μητέρες, αἵ νύ που ἤδη
ἡμέας ἠιόνεσσιν ἐφεζόμεναι γοάουσιν,     995 Γ
τάων ἀργαλέας κεν ἀποσκεδάσειας ἀνίας.
δή ποτε καὶ Θησῆα κακῶν ὑπελύσατ᾽ ἀέθλων
παρθενικὴ Μινωὶς ἐυφρονέουσ᾽ Ἀριάδνη,
ἥν ῥά τε Πασιφάη κούρη τέκεν Ἠελίοιο.
ἀλλ᾽ ἡ μὲν καὶ νηός, ἐπεὶ χόλον εὔνασε Μίνως,     1.000 Γ
σὺν τῷ ἐφεζομένη πάτρην λίπε· τὴν δὲ καὶ αὐτοί
ἀθάνατοι φίλαντο, μέσῳ δέ οἱ αἰθέρι τέκμωρ
ἀστερόεις στέφανος, τόν τε κλείουσ᾽ Ἀριάδνης,
πάννυχος οὐρανίοις ἐνελίσσεται εἰδώλοισιν·
ὡς καὶ σοὶ θεόθεν χάρις ἔσσεται, εἴ κε σαώσεις     1.005 Γ
τόσσον ἀριστήων ἀνδρῶν στόλον· ἦ γὰρ ἔοικας
ἐκ μορφῆς ἀγανῇσιν ἐπητείῃσι κεκάσθαι.
Ὣς φάτο, κυδαίνων· ἡ δ᾽ ἐγκλιδὸν ὄσσε βαλοῦσα
νεκτάρεον μείδησε, χύθη δέ οἱ ἔνδοθι θυμός
αἴνῳ ἀειρομένης· καὶ ἀνέδρακεν ὄμμασιν ἄντην,     1.010 Γ

οὐδ᾽ ἔχεν ὅττι πάροιθεν ἔπος προτιμυθήσαιτο,
ἀλλ᾽ ἄμυδις μενέαινεν ἀολλέα πάντ᾽ ἀγορεῦσαι.
προπρὸ δ᾽ ἀφειδήσασα θυώδεος ἔξελε μίτρης
φάρμακον· αὐτὰρ ὅγ᾽ αἶψα χεροῖν ὑπέδεκτο γεγηθώς.
καί νύ κέ οἱ καὶ πᾶσαν ἀπὸ στηθέων ἀρύσασα        1.015 Γ
ψυχὴν ἐγγυάλιξεν ἀγαιομένη χατέοντι·
τοῖος ἀπὸ ξανθοῖο καρήατος Αἰσονίδαο
στράπτεν ἔρως ἡδεῖαν ἀπὸ φλόγα, τῆς δ᾽ ἀμαρυγάς
ὀφθαλμῶν ἥρπαζεν, ἰαίνετο δὲ φρένας εἴσω
τηκομένη, οἷόν τε περὶ ῥοδέῃσιν ἐέρση        1.020 Γ
τήκεται ἠῴοισιν ἰαινομένη φαέεσσιν.
ἄμφω δ᾽ ἄλλοτε μέν τε κατ᾽ οὔδεος ὄμματ᾽ ἔρειδον
αἰδόμενοι, ὀτὲ δ᾽ αὖτις ἐπὶ σφίσι βάλλον ὀπωπάς
ἱμερόεν φαιδρῇσιν ὑπ᾽ ὀφρύσι μειδιόωντες.
ὀψὲ δὲ δὴ τοίοισι μόλις προσπτύξατο κούρη·        1.025 Γ
Φράζεο νῦν, ὥς κέν τοι ἐγὼ μητίσομ᾽ ἀρωγήν.
εὖτ᾽ ἂν δὴ μετιόντι πατὴρ ἐμὸς ἐγγυαλίξῃ
ἐξ ὄφιος γενύων ὀλοοὺς σπείρασθαι ὀδόντας,
δὴ τότε, μέσσην νύκτα διαμμοιρηδὰ φυλάξας,
ἀκαμάτοιο ῥοῇσι λοεσσάμενος ποταμοῖο,        1.030 Γ
οἶος ἄνευθ᾽ ἄλλων ἐνὶ φάρεσι κυανέοισιν
βόθρον ὀρύξασθαι περιηγέα, τῷ δ᾽ ἔνι θῆλυν
ἀρνειὸν σφάζειν καὶ ἀδαίετον ὠμοθετῆσαι,
αὐτῷ πυρκαϊὴν εὖ νηήσας ἐπὶ βόθρῳ·
μουνογενῆ δ᾽ Ἑκάτην Περσηίδα μειλίσσοιο,        1.035 Γ
λείβων ἐκ δέπαος σιμβλήια ἔργα μελισσέων.
ἔνθα δ᾽ ἐπεί κε θεὰν μεμνημένος ἱλάσσηαι,
ἂψ ἀπὸ πυρκαϊῆς ἀναχάζεο, μηδέ σε δοῦπος
ἠὲ ποδῶν ὄρσῃσι μεταστρεφθῆναι ὀπίσσω
ἠὲ κυνῶν ὑλακή, μή πως τὰ ἕκαστα κολούσας        1.040 Γ
οὐδ᾽ αὐτὸς κατὰ κόσμον ἑοῖς ἑτάροισι πελάσσῃς.
ἦρι δέ, μυδήνας τόδε φάρμακον, ἠύτ᾽ ἀλοιφῇ
γυμνωθεὶς φαίδρυνε τεὸν δέμας· ἐν δέ τοι ἀλκή
ἔσσετ᾽ ἀπειρεσίη μέγα τε σθένος, οὐδέ κε φαίης
ἀνδράσιν ἀλλὰ θεοῖσιν ἰσαζέμεν ἀθανάτοισιν·        1.045 Γ
πρὸς δὲ καὶ αὐτῷ δουρὶ σάκος πεπαλαγμένον ἔστω

καὶ ξίφος. ἔνθ᾽ οὐκ ἄν σε διατμήξειαν ἀκωκαί
γηγενέων ἀνδρῶν οὐδ᾽ ἄσχετος ἀίσσουσα
φλὸξ ὀλοῶν ταύρων. τοῖός γε μὲν οὐκ ἐπὶ δηρόν
ἔσσεαι, ἀλλ᾽ αὐτῆμαρ ὁμῶς σύγε μή ποτ᾽ ἀέθλου          1.050 Γ
χάζεο. καὶ δέ τοι ἄλλο παρὲξ ὑποθήσομ᾽ ὄνειαρ·
αὐτίκ᾽ ἐπὴν κρατεροὺς ζεύξῃς βόας, ὦκα δὲ πᾶσαν
χερσὶ καὶ ἠνορέῃ στυφελὴν διὰ νειὸν ἀρόσσῃς
σπειρομένων ὄφιος δνοφερὴν ἐπὶ βῶλον ὀδόντων,
οἱ δ᾽ ἤδη κατὰ ὦλκας ἀνασταχύωσι γίγαντες,          1.055 Γ
ἤ κεν ὀρινομένους πολέας νειοῖο δοκεύσῃς,
λάθρῃ λᾶαν ἄφες στιβαρώτερον· οἱ δ᾽ ἂν ἐπ᾽ αὐτῷ,
καρχαλέοι κύνες ὥστε περὶ βρώμης, ὀλέκοιεν
ἀλλήλους. καὶ δ᾽ αὐτὸς ἐπείγεο δηιοτῆτος
ἰθῦσαι, τὸ δὲ κῶας ἐς Ἑλλάδα τοῖο ἔκητι          1.060 Γ
οἴσεαι ἐξ Αἴης - τηλοῦ ποθι, νίσσεο δ᾽ ἔμπης
ἤ φίλον, ἤ τοι ἔαδεν ἀφορμηθέντι νέεσθαι.
Ὣς ἄρ᾽ ἔφη, καὶ σῖγα ποδῶν πάρος ὄσσε βαλοῦσα,
θεσπέσιον λιαροῖσι παρηίδα δάκρυσι δεῦε
μυρομένη, ὅτ᾽ ἔμελλεν ἀπόπροθι πολλὸν ἑοῖο          1.065 Γ
πόντον ἐπιπλάγξεσθαι. ἀνιηρῷ δέ μιν ἄντην
ἐξαῦτις μύθῳ προσεφώνεεν, εἷλέ τε χειρός
δεξιτερῆς, δὴ γάρ οἱ ἀπ᾽ ὀφθαλμοὺς λίπεν αἰδώς·
Μνώεο δ᾽, ἤν ἄρα δή ποθ᾽ ὑπότροπος οἴκαδ᾽ ἵκηαι,
οὔνομα Μηδείης· ὣς δ᾽ αὖτ᾽ ἐγὼ ἀμφὶς ἐόντος          1.070 Γ
μνήσομαι. εἰπὲ δέ μοι πρόφρων τόδε· πῆ τοι ἔασιν
δώματα; πῆ νῦν ἔνθεν ὑπεὶρ ἅλα νηὶ περήσεις;
ἤ νύ που ἀφνειοῦ σχεδὸν ἵξεαι Ὀρχομενοῖο
ἠὲ καὶ Αἰαίης νήσου πέλας; εἰπὲ δὲ κούρην
ἥντινα τήνδ᾽ ὀνόμηνας ἀριγνώτην γεγαυῖαν          1.075 Γ
Πασιφάης, ἤ πατρὸς ὁμόγνιός ἐστιν ἐμεῖο.
Ὣς φάτο· τὸν δὲ καὶ αὐτὸν ὑπήιε δάκρυσι κούρης
οὖλος ἔρως, τοῖον δὲ παραβλήδην ἔπος ηὔδα·
Καὶ λίην οὐ νύκτας ὀίομαι οὐδέ ποτ᾽ ἦμαρ
σεῦ ἐπιλήσεσθαι προφυγὼν μόρον - εἰ ἐτεόν γε          1.080 Γ
φεύξομαι ἀσκηθὴς ἐς Ἀχαιίδα, μηδέ τιν᾽ ἄλλον
Αἰήτης προβάλῃσι κακώτερον ἄμμιν ἄεθλον.

εἰ δέ τοι ἡμετέρην ἐξίδμεναι εὔαδε πάτρην,
ἐξερέω· μάλα γάρ με καὶ αὐτὸν θυμὸς ἀνώγει.
ἔστι τις αἰπεινοῖσι περίδρομος οὔρεσι γαῖα,    1.085 Γ
πάμπαν ἐύρρηνός τε καὶ εὔβοτος, ἔνθα Προμηθεύς
Ἰαπετιονίδης ἀγαθὸν τέκε Δευκαλίωνα,
ὃς πρῶτος ποίησε πόλεις καὶ ἐδείματο νηούς
ἀθανάτοις, πρῶτος δὲ καὶ ἀνθρώπων βασίλευσεν·
Αἱμονίην δὴ τήνγε περικτίονες καλέουσιν·    1.090 Γ
ἐν δ᾽ αὐτῇ Ἰαωλκός, ἐμὴ πόλις, ἐν δὲ καὶ ἄλλαι
πολλαὶ ναιετάουσιν ἵν᾽ οὐδέ περ οὔνομ᾽ ἀκοῦσαι
Αἰαίης νήσου· Μινύην γε μὲν ὁρμηθέντα,
Αἰολίδην Μινύην, ἔνθεν φάτις Ὀρχομενοῖο
δή ποτε Καδμείοισιν ὁμούριον ἄστυ πολίσσαι.    1.095 Γ
ἀλλὰ τίη τάδε τοι μεταμώνια πάντ᾽ ἀγορεύω,
ἡμετέρους τε δόμους τηλεκλείτην τ᾽ Ἀριάδνην,
κούρην Μίνωος, τόπερ ἀγλαὸν οὔνομα κείνην
παρθενικὴν καλέεσκον ἐπήρατον ἥν μ᾽ ἐρεείνεις;
αἴθε γάρ, ὡς Θησῆι τότε ξυναρέσσατο Μίνως    1.100 Γ
ἀμφ᾽ αὐτῆς, ὡς ἄμμι πατὴρ τεὸς ἄρθμιος εἴη.
Ὣς φάτο, μειλιχίοισι καταψήχων ὀάροισιν·
τῆς δ᾽ ἀλεγεινόταται κραδίην ἐρέθεσκον ἀνῖαι,
καί μιν ἀκηχεμένη ἀδινῷ προσπτύξατο μύθῳ·
Ἑλλάδι που τάδε καλά, συνημοσύνας ἀλεγύνειν·    1.105 Γ
Αἰήτης δ᾽ οὐ τοῖος ἐν ἀνδράσιν οἷον ἔειπας
Μίνω Πασιφάης πόσιν ἔμμεναι, οὐδ᾽ Ἀριάδνῃ
ἰσοῦμαι· τῶ μή τι φιλοξενίην ἀγόρευε,
ἀλλ᾽ οἷον τύνη μὲν ἐμεῦ, ὅτ᾽ Ἰωλκὸν ἵκηαι,
μνώεο, σεῖο δ᾽ ἐγὼ καὶ ἐμῶν ἀέκητι τοκήων    1.110 Γ
μνήσομαι. ἔλθοι δ᾽ ἥμιν ἀπόπροθεν ἤέ τις ὄσσα
ἤέ τις ἄγγελος ὄρνις, ὅτ᾽ ἐκλελάθοιο ἐμεῖο·
ἢ αὐτήν με ταχεῖαι ὑπὲρ πόντοιο φέροιεν
ἐνθένδ᾽ εἰς Ἰαωλκὸν ἀναρπάξασαι ἄελλαι,
ὄφρα σ᾽ ἐν ὀφθαλμοῖσιν ἐλεγχείας προφέρουσα    1.115 Γ
μνήσω ἐμῇ ἰότητι πεφυγμένον· αἴθε γὰρ εἴην
ἀπροφάτως τότε σοῖσιν ἐφέστιος ἐν μεγάροισιν.
Ὣς ἄρ᾽ ἔφη, ἐλεεινὰ κατὰ προχέουσα παρειῶν

δάκρυα· τὴν δ᾽ ὅγε δῆθεν ὑποβλήδην προσέειπεν·
Δαιμονίη, κενεὰς μὲν ἔα πλάζεσθαι ἀέλλας,       1.120 Γ
ὣς δὲ καὶ ἄγγελον ὄρνιν, ἐπεὶ μεταμώνια βάζεις·
εἰ δέ κεν ἤθεα κεῖνα καὶ Ἑλλάδα γαῖαν ἵκηαι,
τιμήεσσα γυναιξὶ καὶ ἀνδράσιν αἰδοίη τε
ἔσσεαι, οἱ δέ σε πάγχυ θεὸν ὡς πορσανέουσιν,
οὕνεκα τῶν μὲν παῖδες ὑπότροποι οἴκαδ᾽ ἵκοντο       1.125 Γ
σῇ βουλῇ, τῶν δ᾽ αὖτε κασίγνητοί τε ἔται τε
καὶ θαλεροὶ κακότητος ἄδην ἐσάωθεν ἀκοῖται·
ἡμέτερον δὲ λέχος θαλάμοις ἔνι κουριδίοισιν
πορσανέεις, οὐδ᾽ ἄμμε διακρινέει φιλότητος
ἄλλο, πάρος θάνατόν γε μεμορμένον ἀμφικαλύψαι.       1.130 Γ
Ὣς φάτο· τῇ δ᾽ ἔντοσθε κατείβετο θυμὸς ἀκουῇ·
ἔμπης δ᾽ ἔργ᾽ ἀρίδηλα κατερρίγησεν ἰδέσθαι,
σχετλίη· οὐ μὲν δηρὸν ἀπαρνήσεσθαι ἔμελλεν
Ἑλλάδα ναιετάειν· ὣς γὰρ τόγε μήδετο Ἥρη,
ὄφρα κακὸν Πελίῃ ἱερὴν ἐς Ἰωλκὸν ἵκηται       1.135 Γ
Αἰαίη Μήδεια λιποῦσ᾽ ἄπο πατρίδα γαῖαν.
Ἤδη δ᾽ ἀμφίπολοι μὲν ὀπιπτεύουσαι ἄπωθεν
σιγῇ ἀνιάζεσκον, ἐδεύετο δ᾽ ἤματος ὥρη
ἂψ οἰκόνδε νέεσθαι ἑὴν μετὰ μητέρα κούρην,
ἡ δ᾽ οὔπω κομιδῆς μιμνήσκετο, τέρπετο γάρ οἱ       1.140 Γ
θυμὸς ὁμῶς μορφῇ τε καὶ αἱμυλίοισι λόγοισιν,
εἰ μὴ ἄρ᾽ Αἰσονίδης πεφυλαγμένος ὀψέ περ ηὔδα·
Ὥρη ἀποβλώσκειν, μὴ πρὶν φάος ἠελίοιο
δύῃ ὑποφθάμενον καί τις τὰ ἕκαστα νοήσῃ
ὀθνείων· αὖτις δ᾽ ἀβολήσομεν ἐνθάδ᾽ ἰόντες.       1.145 Γ
Ὣς τώγ᾽ ἀλλήλων ἀγανοῖς ἐπὶ τόσσον ἔπεσσιν
πείρηθεν, μετὰ δ᾽ αὖτε διέτμαγον· ἤτοι Ἰήσων
εἰς ἑτάρους καὶ νῆα κεχαρμένος ὦρτο νέεσθαι,
ἡ δὲ μετ᾽ ἀμφιπόλους. αἱ δὲ σχεδὸν ἀντεβόλησαν
πᾶσαι ὁμοῦ, τὰς δ᾽ οὔτι περιπλομένας ἐνόησεν·       1.150 Γ
ψυχὴ γὰρ νεφέεσσι μεταχρονίη πεπότητο.
αὐτομάτοις δὲ πόδεσσι θοῆς ἐπεβήσατ᾽ ἀπήνης,
καί ῥ᾽ ἑτέρῃ μὲν χειρὶ λάβ᾽ ἡνία, τῇ δ᾽ ἄρ᾽ ἱμάσθλην
δαιδαλέην οὐρῆας ἐλαυνέμεν. οἱ δὲ πόλινδε

θῦνον ἐπειγόμενοι ποτὶ δώματα· τὴν δ᾽ ἀνιοῦσαν     1.155 Γ
Χαλκιόπη, περὶ παισὶν ἀκηχεμένη, ἐρέεινεν·
ἡ δὲ παλιντροπίῃσιν ἀμήχανος οὔτε τι μύθων
ἔκλυεν οὔτ᾽ αὐδῆσαι ἀνειρομένη λελίητο.
ἷζε δ᾽ ἐπὶ χθαμαλῷ σφέλαϊ κλιντῆρος ἔνερθεν
λέχρις ἐρεισαμένη λαιῇ ἐπὶ χειρὶ παρειήν,     1.160 Γ
ὑγρὰ δ᾽ ἐνὶ βλεφάροις ἔχεν ὄμματα, πορφύρουσα
οἷον ἑῇ κακὸν ἔργον ἐπιξυνώσατο βουλῇ.
Αἰσονίδης δ᾽ ὅτε δὴ ἑτάροις ἐξαῦτις ἔμικτο
ἐν χώρῃ ὅθι τούσγε καταπρολιπὼν ἐλιάσθη,
ὦρτ᾽ ἰέναι σὺν τοῖσι, πιφαυσκόμενος τὰ ἕκαστα,     1.165 Γ
ἡρώων ἐς ὅμιλον. ὁμοῦ δ᾽ ἐπὶ νῆα πέλασσαν·
οἱ δέ μιν ἀμφαγάπαζον, ὅπως ἴδον, ἔκ τ᾽ ἐρέοντο·
αὐτὰρ ὁ τοῖς πάντεσσι μετέννεπε δήνεα κούρης
δεῖξέ τε φάρμακον αἰνόν. ὁ δ᾽ οἰόθεν οἶος ἑταίρων
Ἴδας ἧστ᾽ ἀπάνευθε δακὼν χόλον· οἱ δὲ δὴ ἄλλοι     1.170 Γ
γηθόσυνοι, τῆμος μέν, ἐπεὶ κνέφας ἔργαθε νυκτός,
εὔκηλοι μέλλοντο περὶ σφίσιν· αὐτὰρ ἅμ᾽ ἠοῖ
πέμπον ἐς Αἰήτην ἰέναι σπόρον αἰτήσοντας
ἄνδρε δύω, πρὸ μὲν αὐτὸν ἀρηίφιλον Τελαμῶνα,
σὺν δὲ καὶ Αἰθαλίδην, υἷα κλυτὸν Ἑρμείαο.     1.175 Γ
βὰν δ᾽ ἴμεν, οὐδ᾽ ἁλίωσαν ὁδόν, πόρε δέ σφιν ἰοῦσιν
κρείων Αἰήτης χαλεποὺς ἐς ἄεθλον ὀδόντας
Ἀονίοιο δράκοντος, ὃν Ὠγυγίῃ ἐνὶ Θήβῃ
Κάδμος, ὅτ᾽ Εὐρώπην διζήμενος εἰσαφίκανεν,
πέφνεν, Ἀρητιάδι κρήνῃ ἐπίουρον ἐόντα·     1.180 Γ
ἔνθα καὶ ἐννάσθη πομπῇ βοός ἥν οἱ Ἀπόλλων
ὤπασε μαντοσύνῃσι προηγήτειραν ὁδοῖο·
τοὺς δὲ θεὰ Τριτωνὶς ὑπὲκ γενύων ἐλάσασα
Αἰήτῃ πόρε δῶρον ὁμῶς αὐτῷ τε φονῆι·
καί ῥ᾽ ὁ μὲν Ἀονίοισιν ἐνισπείρας πεδίοισιν     1.185 Γ
Κάδμος Ἀγηνορίδης γαιηγενῆ εἵσατο λαόν,
Ἄρεος ἀμώοντος ὅσοι ὑπὸ δουρὶ λίποντο·
τοὺς δὲ τότ᾽ Αἰήτης ἔπορεν μετὰ νῆα φέρεσθαι
προφρονέως, ἐπεὶ οὔ μιν ὀίσσατο πείρατ᾽ ἀέθλου
ἐξανύσειν, εἰ καί περ ἐπὶ ζυγὰ βουσὶ βάλοιτο.     1.190 Γ

Ἥλιος μὲν ἄπωθεν ἐρεμνὴν δύετο γαῖαν
ἑσπερίων νεάτας ὑπὲρ ἄκριας Αἰθιοπήων,
Νὺξ δ᾽ ἵπποισιν ἔβαλλεν ἔπι ζυγά· τοὶ δὲ χαμεύνας
ἔντυον ἥρωες παρὰ πείσμασιν. αὐτὰρ Ἰήσων,
αὐτίκ᾽ ἐπεί ῥ᾽ Ἑλίκης εὐφεγγέες ἀστέρες Ἄρκτου          1.195 Γ
ἔκλιθεν, οὐρανόθεν δὲ πανεύκηλος γένετ᾽ αἰθήρ,
βῆ ῥ᾽ ἐς ἐρημαίην κλωπήιος ἠΰτε τις φώρ
σὺν πᾶσι χρήεσσι. πρὸ γάρ τ᾽ ἀλέγυνεν ἕκαστα
ἠμάτιος· θῆλυν μὲν ὄιν γάλα τ᾽ ἔκτοθι ποίμνης
Ἄργος ἰὼν ἤνεικε, τὰ δ᾽ ἐξ αὐτῆς ἕλε νηός.          1.200 Γ
ἀλλ᾽ ὅτε δὴ ἴδε χῶρον ὅτις πάτου ἔκτοθεν ἦεν
ἀνθρώπων καθαρῇσιν ὑπεύδιος εἰαμενῇσιν,
ἔνθ᾽ ἤτοι πάμπρωτα λοέσσατο μὲν ποταμοῖο
εὐαγέως θείοιο τέρεν δέμας, ἀμφὶ δὲ φᾶρος
ἕσσατο κυάνεον, τό ῥά οἱ πάρος ἐγγυάλιξεν          1.205 Γ
Λημνιὰς Ὑψιπύλη ἀδινῆς μνημήιον εὐνῆς·
πήχυιον δ᾽ ἄρ᾽ ἔπειτα πέδῳ ἔνι βόθρον ὀρύξας,
νήησεν σχίζας, ἐπὶ δ᾽ ἀρνειοῦ τάμε λαιμόν
αὐτόν τ᾽ εὖ καθύπερθε τανύσσατο· δαῖε δὲ φιτρούς
πῦρ ὑπένερθεν ἱείς, ἐπὶ δὲ μιγάδας χέε λοιβάς,          1.210 Γ
Βριμὼ κικλήσκων Ἑκάτην ἐπαρωγὸν ἀέθλων.
καί ῥ᾽ ὁ μὲν ἀγκαλέσας πάλιν ἔστιχεν· ἡ δ᾽ ἀίουσα
κευθμῶν ἐξ ὑπάτων δεινὴ θεὸς ἀντεβόλησεν
ἱροῖς Αἰσονίδαο, πέριξ δέ μιν ἐστεφάνωντο
σμερδαλέοι δρυΐνοισι μετὰ πτόρθοισι δράκοντες,          1.215 Γ
στράπτε δ᾽ ἀπειρέσιον δαΐδων σέλας· ἀμφὶ δὲ τήνγε
ὀξείῃ ὑλακῇ χθόνιοι κύνες ἐφθέγγοντο.
πίσεα δ᾽ ἔτρεμε πάντα κατὰ στίβον· αἱ δ᾽ ὀλόλυξαν
νύμφαι ἑλειονόμοι ποταμηίδες, αἳ περὶ κείνην
Φάσιδος εἰαμενὴν Ἀμαραντίου εἱλίσσονται.          1.220 Γ
Αἰσονίδην δ᾽ ἤτοι μὲν ἕλεν δέος, ἀλλά μιν οὐδ᾽ ὥς
ἐντροπαλιζόμενον πόδες ἔκφερον, ὄφρ᾽ ἑτάροισι
μίκτο κιών. ἤδη δὲ φόως νιφόεντος ὕπερθεν
Καυκάσου ἠριγενὴς ἠὼς βάλεν ἀντέλλουσα·
καὶ τότ᾽ ἄρ᾽ Αἰήτης περὶ μὲν στήθεσσιν ἕεστο          1.225 Γ
θώρηκα στάδιον, τόν οἱ πόρεν ἐξεναρίξας

σφωιτέρης Φλεγραῖον Ἄρης ὑπὸ χερσὶ Μίμαντα·
χρυσείην δ᾿ ἐπὶ κρατὶ κόρυν θέτο τετραφάληρον
λαμπομένην, οἵόν τε περίτροχον ἔπλετο φέγγος
ἠελίου, ὅτε πρῶτον ἀνέρχεται Ὠκεανοῖο·        1.230 Γ
ἂν δὲ πολύρρινον νῶμα σάκος, ἂν δὲ καὶ ἔγχος
δεινόν, ἀμαιμάκετον· τὸ μὲν οὔ κέ τις ἄλλος ὑπέστη
ἀνδρῶν ἡρώων, ὅτε κάλλιπον Ἡρακλῆα
τῆλε παρέξ, ὅ κεν οἷος ἐναντίβιον πτολέμιξεν.
τῷ δὲ καὶ ὠκυπόδων ἵππων εὐπηγέα δίφρον        1.235 Γ
ἔσχε πέλας Φαέθων, ἐπιβήμεναι· ἂν δὲ καὶ αὐτός
βήσατο, ῥυτῆρας δὲ χεροῖν ἔλεν. ἐκ δὲ πόληος
ἤλασαν εὐρεῖαν κατ᾿ ἀμαξιτόν, ὥς κεν ἀέθλῳ
παρσταίη· σὺν δέ σφιν ἀπείριτος ἔσσυτο λαός.
οἷος δ᾿ Ἴσθμιον εἶσι Ποσειδάων ἐς ἀγῶνα,        1.240 Γ
ἅρμασιν ἐμβεβαώς, ἢ Ταίναρον ἢ ὅγε Λέρνης
ὕδωρ ἠὲ καὶ ἄλσος Ὑαντίου Ὀγχηστοῖο,
καί τε Καλαύρειαν μετὰ δὴ θαμὰ νίσσεται ἵπποις
Πέτρην θ᾿ Αἱμονίην, ἢ δενδρήεντα Γεραιστόν -
τοῖος ἄρ᾿ Αἰήτης Κόλχων ἀγὸς ἦεν ἰδέσθαι.        1.245 Γ
Τόφρα δὲ Μηδείης ὑποθημοσύνησιν Ἰήσων,
φάρμακα μυδήνας, ἠμὲν σάκος ἀμφεπάλυνεν
ἠδὲ δόρυ βριαρόν, περὶ δὲ ξίφος. ἀμφὶ δ᾿ ἑταῖροι
πείρησαν τευχέων βεβιημένοι, οὐδ᾿ ἐδύναντο
κεῖνο δόρυ γνάμψαι τυτθόν γέ περ, ἀλλὰ μάλ᾿ αὔτως        1.250 Γ
ἀαγὲς κρατερῇσιν ἐνεσκλήκει παλάμησιν.
αὐτὰρ ὁ τοῖς ἄμοτον κοτέων Ἀφαρήιος Ἴδας
κόψε παρ᾿ οὐρίαχον μεγάλῳ ξίφει· ἆλτο δ᾿ ἀκωκή
ῥαιστὴρ ἄκμονος ὥστε παλιντυπές, οἱ δ᾿ ὁμάδησαν
γηθόσυνοι ἥρωες ἐπ᾿ ἐλπωρῇσιν ἀέθλου.        1.255 Γ
καὶ δ᾿ αὐτὸς μετέπειτα παλύνετο· δῦ δέ μιν ἀλκή
σμερδαλέη ἄφατός τε καὶ ἄτρομος, αἱ δ᾿ ἑκάτερθεν
χεῖρες ἐπερρώσαντο περὶ σθένεϊ σφριγόωσαι.
ὡς δ᾿ ὅτ᾿ ἀρήιος ἵππος, ἐελδόμενος πολέμοιο,
σκαρθμῷ ἐπιχρεμέθων κρούει πέδον, αὐτὰρ ὕπερθε        1.260 Γ
κυδιόων ὀρθοῖσιν ἐπ᾿ οὔασιν αὐχέν᾿ ἀείρει -
τοῖος ἄρ᾿ Αἰσονίδης ἐπαγαίετο κάρτεϊ γυίων,

πολλὰ δ᾽ ἄρ᾽ ἔνθα καὶ ἔνθα μετάρσιον ἴχνος ἔπαλλεν,
ἀσπίδα χαλκείην μελίην τ᾽ ἐν χερσὶ τινάσσων.
καὶ τότ᾽ ἔπειτ᾽ οὐ δηρὸν ἔτι σχήσεσθαι ἀέθλων     1.265 Γ
μέλλον, ἀτὰρ κλῆϊσιν ἐπισχερὼ ἱδρυθέντες
ῥίμφα μάλ᾽ ἐς πεδίον τὸ Ἀρήιον ἠπείγοντο.
τόσσον δὲ προτέρω πέλεν ἄστεος ἀντιπέρηθεν,
ὅσσον τ᾽ ἐκ βαλβῖδος ἐπήβολος ἅρματι νύσσα
γίγνεται, ὁππότ᾽ ἄεθλα καταφθιμένοιο ἄνακτος     1.270 Γ
κηδεμόνες πεζοῖσι καὶ ἱππήεσσι τίθενται.
τέτμον δ᾽ Αἰήτην τε καὶ ἄλλων ἔθνεα Κόλχων,
τοὺς μὲν Καυκασίοισιν ἐφεσταότας σκοπέλοισιν,
τὸν δ᾽ αὐτοῦ παρὰ χεῖλος ἑλισσομένου ποταμοῖο.
Αἰσονίδης δ᾽, ὅτε δὴ πρυμνήσια δῆσαν ἑταῖροι,     1.275 Γ
δή ῥα τότε ξὺν δουρὶ καὶ ἀσπίδι βαῖν᾽ ἐς ἄεθλον,
νηὸς ἀποπροθορών, ἄμυδις δ᾽ ἔχε παμφανόωσαν
χαλκείην πήληκα, θοῶν ἔμπλειον ὀδόντων,
καὶ ξίφος ἀμφ᾽ ὤμοις, γυμνὸς δέμας, ἄλλα μὲν Ἄρει
εἴκελος, ἄλλα δέ που χρυσαόρῳ Ἀπόλλωνι.     1.280 Γ
παπτήνας δ᾽ ἀνὰ νειόν, ἴδε ζυγὰ χάλκεα ταύρων
αὐτόγυόν τ᾽ ἐπὶ τοῖς στιβαροῦ ἀδάμαντος ἄροτρον·
χρίμψε δ᾽ ἔπειτα κιών, παρὰ δ᾽ ὄβριμον ἔγχος ἔπηξεν
ὀρθὸν ἐπ᾽ οὐριάχῳ, κυνέην δ᾽ ἀποκάτθετ᾽ ἐρείσας·
βῆ δ᾽ αὐτῇ προτέρωσε σὺν ἀσπίδι, νήριτα ταύρων     1.285 Γ
ἴχνια μαστεύων. οἱ δ᾽ ἔκποθεν ἀφράστοιο
κευθμῶνος χθονίου, ἵνα τέ σφισιν ἔσκε βόαυλα
καρτερά, λιγνυόεντι πέριξ εἰλυμένα καπνῷ,
ἄμφω ὁμοῦ προγένοντο πυρὸς σέλας ἀμπνείοντες·
φαίης κεν ζοφεροῖο κατ᾽ αἰθέρος ἀίσσουσαν     1.290 Γ
χειμερίην στεροπὴν θαμινὸν μεταπαιφάσσεσθαι
ἐκ νεφέων, ὅτ᾽ ἔπειτα μελάντατον ὄμβρον ἄγωνται·
ἔδδεισαν δ᾽ ἥρωες ὅπως ἴδον· αὐτὰρ ὁ τούσγε
εὖ διαβὰς ἐπιόντας ἅ τε σπιλὰς εἰν ἁλὶ πέτρη
μίμνεν ἀπειρεσίῃσι δονεύμενα κύματ᾽ ἀέλλαις·     1.295 Γ
πρόσθε δέ οἱ σάκος ἔσχεν ἐναντίον. οἱ δέ μιν ἄμφω
μυκηθμῷ κρατεροῖσιν ἐνέπληξαν κεράεσσιν,
οὐδ᾽ ἄρα μιν τυτθόν περ ἀνώχλισαν ἀντιόωντες.

ὡς δ᾽ ὅτ᾽ ἐνὶ τρητοῖσιν ἐύρρινοι χοάνοισιν
φῦσαι χαλκήων ὁτὲ μέν τ᾽ ἀναμαρμαίρουσιν    1.300 Γ
πῦρ ὀλοὸν πιμπρᾶσαι, ὅτ᾽ αὖ λήγουσιν ἀυτμῆς,
δεινὸς δ᾽ ἐξ αὐτῶν πέλεται βρόμος, ὁππότ᾽ ἀίξῃ
νειόθεν - ὣς ἄρα τώγε θοὴν φλόγα φυσιόωντες
ἐκ στομάτων ὁμάδευν, τὸν δ᾽ ἄμφεπε δήιον αἶθος
βάλλε θ᾽ ἅ τε στεροπή· κούρης δέ ἑ φάρμακ᾽ ἔρυτο.    1.305 Γ
καί ῥ᾽ ὅγε δεξιτεροῖο βοὸς κέρας ἄκρον ἐρύσσας
εἷλκεν ἐπικρατέως παντὶ σθένει, ὄφρα πέλασσεν
ζεύγλῃ χαλκείῃ· τὸν δ᾽ ἐν χθονὶ κάββαλεν ὀκλάξ,
ῥίμφα ποδὶ κρούσας πόδα χάλκεον· ὣς δὲ καὶ ἄλλον
σφῆλε γνὺξ ἐριπόντα, μιῇ βεβολημένον ὁρμῇ.    1.310 Γ
εὐρὺ δ᾽ ἀποπροβαλὼν χαμάδις σάκος, ἔνθα καὶ ἔνθα,
τῇ καὶ τῇ βεβαώς, ἄμφω ἔχε πεπτηῶτας
γούνασιν ἐν προτέροισι, διὰ φλογὸς εἶθαρ ἐλυσθείς·
θαύμασε δ᾽ Αἰήτης σθένος ἀνέρος. οἱ δ᾽ ἄρα τείως
Τυνδαρίδαι δὴ γάρ σφι πάλαι προπεφραδμένον ἦεν    1.315 Γ
ἀγχίμολον ζυγά οἱ πεδόθεν δόσαν ἀμφιβαλέσθαι·
αὐτὰρ ὁ εὖ ἐνέδησε λόφοις, μεσσηγὺ δ᾽ ἀείρας
χάλκεον ἱστοβοῆα θοῇ συνάρασσε κορώνῃ
ζεύγληθεν. καὶ τὼ μὲν ὑπὲκ πυρὸς ἂψ ἐπὶ νῆα
χαζέσθην· ὁ δ᾽ ἄρ᾽ αὖτις ἑλὼν σάκος ἔνθετο νώτῳ    1.320 Γ
ἐξόπιθεν, καὶ γέντο θοῶν ἔμπλειον ὀδόντων
πήληκα βριαρὴν δόρυ τ᾽ ἄσχετον, ᾧ ῥ᾽ ὑπὸ μέσσας
ἐργατίνης ὥς τίς τε Πελασγίδι νύσσεν ἀκαίνῃ
οὐτάζων λαγόνας· μάλα δ᾽ ἔμπεδον εὖ ἀραρυῖαν
τυκτὴν ἐξ ἀδάμαντος ἐπιθύνεσκεν ἐχέτλην.    1.325 Γ
οἱ δ᾽ ἤτοι εἵως μὲν περιώσια θυμαίνεσκον,
λάβρον ἐπιπνείοντε πυρὸς σέλας, ὦρτο δ᾽ ἀυτμή
ἠύτε βυκτάων ἀνέμων βρόμος, οὕς τε μάλιστα
δειδιότες μέγα λαῖφος ἁλίπλοοι ἐστείλαντο·
δηρὸν δ᾽ οὐ μετέπειτα κελευόμενοι ὑπὸ δουρί    1.330 Γ
ἤισαν. ὀκριόεσσα δ᾽ ἐρείκετο νειὸς ὀπίσσω
σχιζομένη ταύρων τε βίῃ κρατερῷ τ᾽ ἀροτῆρι,
δεινὸν δ᾽ ἐσμαράγευν ἄμυδις κατὰ ὦλκας ἀρότρῳ
βώλακες ἀγνύμεναι ἀνδραχθέες. εἵπετο δ᾽ αὐτός

λαῖον ἐπὶ στιβαρῷ πιέσας ποδί· τῆλε δ᾽ ἑοῖο      1.335 Γ
βάλλεν ἀρηρομένην αἰεὶ κατὰ βῶλον ὀδόντας,
ἐντροπαλιζόμενος μή οἱ πάρος ἀντιάσειεν
γηγενέων ἀνδρῶν ὀλοὸς στάχυς· οἱ δ᾽ ἄρ᾽ ἐπιπρό
χαλκείῃς χηλῇσιν ἐρειδόμενοι πονέοντο.
ἦμος δὲ τρίτατον λάχος ἤματος ἀνομένοιο      1.340 Γ
λείπεται ἐξ ἠοῦς, χατέουσι δὲ κεκμηῶτες
ἐργατίναι γλυκερόν σφιν ἄφαρ βουλυτὸν ἱκέσθαι,
τῆμος ἀρήροτο νειὸς ὑπ᾽ ἀκαμάτῳ ἀροτῆρι
τετράγυός περ ἐοῦσα, βοῶν τ᾽ ἀπελύετ᾽ ἄροτρα.
καὶ τοὺς μὲν πεδίονδε διεπτοίησε φέβεσθαι·      1.345 Γ
αὐτὰρ ὁ ἂψ ἐπὶ νῆα πάλιν κίεν, ὄφρ᾽ ἔτι κεινάς
γηγενέων ἀνδρῶν ἴδεν αὔλακας. ἀμφὶ δ᾽ ἑταῖροι
θάρσυνον μύθοισιν· ὁ δ᾽ ἐκ ποταμοῖο ῥοάων
αὐτῇ ἀφυσσάμενος κυνέῃ σβέσεν ὕδατι δίψαν·
γνάμψε δὲ γούνατ᾽ ἐλαφρά, μέγαν δ᾽ ἐμπλήσατο θυμόν   1.350 Γ
ἀλκῆς, μαιμώων συῒ εἴκελος, ὅς ῥά τ᾽ ὀδόντας
θήγει θηρευτῇσιν ἐπ᾽ ἀνδράσιν, ἀμφὶ δὲ πολλός
ἀφρὸς ἀπὸ στόματος χαμάδις ῥέε χωομένοιο.
οἱ δ᾽ ἤδη κατὰ πᾶσαν ἀνασταχύεσκον ἄρουραν
γηγενέες· φρῖξεν δὲ περὶ στιβαροῖς σακέεσσιν      1.355 Γ
δούρασί τ᾽ ἀμφιγύοις κορύθεσσί τε λαμπομένῃσιν
Ἄρηος τέμενος φθισιμβρότου, ἵκετο δ᾽ αἴγλη
νειόθεν Οὐλυμπόνδε δι᾽ ἠέρος ἀστράπτουσα.
ὡς δ᾽ ὁπότ᾽, ἐς γαῖαν πολέος νιφετοῖο πεσόντος,
ἂψ ἀπὸ χειμερίας νεφέλας ἐκέδασσαν ἄελλαι      1.360 Γ
λυγαίῃ ὑπὸ νυκτί, τὰ δ᾽ ἀθρόα πάντα φαάνθη
τείρεα λαμπετόωντα διὰ κνέφας - ὣς ἄρα τοίγε
λάμπον ἀναλδήσκοντες ὑπὲρ χθονός. αὐτὰρ Ἰήσων
μνήσατο Μηδείης πολυκερδέος ἐννεσιάων·
λάζετο δ᾽ ἐκ πεδίοιο μέγαν περιηγέα πέτρον,      1.365 Γ
δεινὸν Ἐνυαλίου σόλον Ἄρεος· οὔ κέ μιν ἄνδρες
αἰζηοὶ πίσυρες γαίης ἄπο τυτθὸν ἄειραν·
τόν ῥ᾽ ἀνὰ ῥεῖα λαβών, μάλα τηλόθεν ἔμβαλε μέσσοις
ἀίξας. αὐτὸς δ᾽ ὑφ᾽ ἑὸν σάκος ἕζετο λάθρῃ
θαρσαλέος· Κόλχοι δὲ μέγ᾽ ἴαχον, ὡς ὅτε πόντος      1.370 Γ

116

ἴαχεν ὀξείῃσιν ἐπιβρομέων σπιλάδεσσιν·
τὸν δ᾽ ἕλεν ἀμφασίῃ ῥιπῇ στιβαροῖο σόλοιο
Αἰήτην. οἱ δ᾽ ὥστε θοοὶ κύνες ἀμφιθορόντες
ἀλλήλους βρυχηδὸν ἐδήιον, ἠδ᾽ ἐπὶ γαῖαν
μητέρα πῖπτον ἑοῖς ὑπὸ δούρασιν, ἠύτε πεῦκαι          1.375 Γ
ἢ δρύες ἅς τ᾽ ἀνέμοιο κατάικες δονέουσιν.
οἷος δ᾽ οὐρανόθεν πυρόεις ἀναπάλλεται ἀστήρ
ὁλκὸν ὑπαυγάζων, τέρας ἀνδράσιν οἵ μιν ἴδωνται
μαρμαρυγῇ σκοτίοιο δι᾽ ἠέρος ἀίξαντα -
τοῖος ἄρ᾽ Αἴσονος υἱὸς ἐπέσσυτο γηγενέεσσιν,          1.380 Γ
γυμνὸν δ᾽ ἐκ κολεοῖο φέρεν ξίφος. οὖτα δὲ μίγδην
ἀμώων, πολέας μὲν ἔτ᾽ ἐς νηδὺν λαγόνας τε
ἡμίσεας δ᾽ ἀνέχοντας ἐς ἠέρα, τοὺς δὲ καὶ ἄχρις
γούνων τελλομένους, τοὺς δ᾽ αὖ νέον ἑστηῶτας,
τοὺς δ᾽ ἤδη καὶ ποσσὶν ἐπειγομένους ἐς ἄρηα.          1.385 Γ
ὡς δ᾽ ὁπότ᾽, ἀγχούροισιν ἐγειρομένου πολέμοιο,
δείσας γειομόρος μή οἱ προτάμωνται ἀρούρας,
ἅρπην εὐκαμπῆ νεοθηγέα χερσὶ μεμαρπὼς
ὠμὸν ἐπισπεύδων κείρει στάχυν, οὐδὲ βολῇσιν
μίμνει ἐς ὡραίην τερσήμεναι ἠελίοιο -          1.390 Γ
ὣς ὅγε γηγενέων κεῖρεν στάχυν· αἵματι δ᾽ ὁλκοί
ἠύτε κρηναίαις ἀμάραι πλήθοντο ῥοῇσιν.
πῖπτον δ᾽ οἱ μὲν ὀδὰξ τετρηχότα βῶλον ὀδοῦσιν
λαζόμενοι πρηνεῖς, οἱ δ᾽ ἔμπαλιν, οἱ δ᾽ ἐπ᾽ ἀγοστῷ
καὶ πλευροῖς, κήτεσσι δομὴν ἀτάλαντοι ἰδέσθαι·          1.395 Γ
πολλοὶ δ᾽, οὐτάμενοι πρὶν ὑπὲρ χθονὸς ἴχνος ἀεῖραι,
ὅσσον ἄνω προύκυψαν ἐς ἠέρα, τόσσον ἔραζε
βριθόμενοι πλαδαροῖσι καρήασιν, ἠρήρειντο·
ἐρνεά που τοίως, Διὸς ἄσπετον ὀμβρήσαντος,
φυταλιῇ νεόθρεπτα κατημύουσιν ἔραζε          1.400 Γ
κλασθέντα ῥίζηθεν, ἀλωήων πόνος ἀνδρῶν,
τὸν δὲ κατηφείη τε καὶ οὐλοὸν ἄλγος ἱκάνει
κλήρου σημαντῆρα φυτοτρόφον - ὣς τότ᾽ ἄνακτος
Αἰήταο βαρεῖαι ὑπὸ φρένας ἦλθον ἀνίαι·
ἤιε δ᾽ ἐς πτολίεθρον ὑπότροπος ἄμμιγα Κόλχοις          1.405 Γ

πορφύρων ἦ κέ σφι θοώτερον ἀντιόῳτο.
ἦμαρ ἔδυ, καὶ τῷ τετελεσμένος ἐν ἄεθλος.

Δ

Αὐτὴ νῦν κάματόν γε θεὰ καὶ δήνεα κούρης
Κολχίδος ἔννεπε Μοῦσα, Διὸς τέκος· ἦ γὰρ ἔμοιγε
ἀμφασίη νόος ἔνδον ἑλίσσεται, ὁρμαίνοντι
ἠὲ τόγ᾽ ἄτης πῆμα δυσιμέρου ἦ μιν ἐνίσπω
φύζαν ἀεικελίην ἦ κάλλιπεν ἔθνεα Κόλχων.      5 Δ
Ἤτοι ὁ μὲν δήμοιο μετ᾽ ἀνδράσιν ὅσσοι ἄριστοι
παννύχιος δόλον αἰπὺν ἐπὶ σφίσι μητιάασκεν
οἷσιν ἐνὶ μεγάροις, στυγερῷ ἐπὶ θυμὸν ἀέθλῳ
Αἰήτης ἄμοτον κεχολωμένος, οὐδ᾽ ὅγε πάμπαν
θυγατέρων τάδε νόσφιν ἑῶν τελέεσθαι ἐώλπει·      10 Δ
τῇ δ᾽ ἀλεγεινότατον κραδίῃ φόβον ἔμβαλεν Ἥρη,
τρέσσεν δ᾽ ἠύτε τις κούφη κεμὰς ἥν τε βαθείης
τάρφεσιν ἐν ξυλόχοιο κυνῶν ἐφόβησεν ὁμοκλή·
αὐτίκα γὰρ νημερτὲς ὀίσσατο μή μιν ἀρωγὴν
ληθέμεν, αἶψα δὲ πᾶσαν ἀναπλήσειν κακότητα·      15 Δ
τάρβει δ᾽ ἀμφιπόλους ἐπιίστορας. ἐν δέ οἱ ὄσσε
πλῆτο πυρός, δεινὸν δὲ περιβρομέεσκον ἀκουαί·
πυκνὰ δὲ λαυκανίης ἐπεμάσσατο, πυκνὰ δὲ κουρὶξ
ἑλκομένη πλοκάμους γοερῇ βρυχήσατ᾽ ἀνίῃ.
καί νύ κεν αὐτοῦ τῆμος ὑπὲρ μόρον ὤλετο κούρη      20 Δ
φάρμακα πασσαμένη, Ἥρης δ᾽ ἁλίωσε μενοινάς
εἰ μή μιν Φρίξοιο θεὰ σὺν παισὶ φέβεσθαι
ὦρσεν ἀτυζομένην. πτερόεις δέ οἱ ἐν φρεσὶ θυμὸς
ἰάνθη, μετὰ δ᾽ ἥγε παλίσσυτος ἀθρόα κόλπῳ
φάρμακα πάντ᾽ ἄμυδις κατεχεύατο φωριαμοῖο.      25 Δ
κύσσε δ᾽ ἑόν τε λέχος καὶ δικλίδας ἀμφοτέρωθεν
σταθμοὺς καὶ τοίχων ἐπαφήσατο· χερσί τε μακρὸν
ῥηξαμένη πλόκαμον, θαλάμῳ μνημήια μητρὶ
κάλλιπε παρθενίης, ἀδινῇ δ᾽ ὀλοφύρατο φωνῇ·
Τόνδε τοι ἀντ᾽ ἐμέθεν ταναὸν πλόκον εἶμι λιποῦσα      30 Δ
μῆτερ ἐμή, χαίροις δὲ καὶ ἄνδιχα πολλὸν ἰούσῃ·
χαίροις Χαλκιόπη καὶ πᾶς δόμος. αἴθε σε πόντος

ξεῖνε διέρραισεν πρὶν Κολχίδα γαῖαν ἱκέσθαι.
Ὣς ἄρ᾽ ἔφη, βλεφάρων δὲ κατ᾽ ἀθρόα δάκρυα χεῦεν.
οἵη δ᾽ ἀφνειοῖο διειλυσθεῖσα δόμοιο     35 Δ
ληιάς, ἥν τε νέον πάτρης ἀπενόσφισεν αἶσα,
οὐδέ νύ πω μογεροῖο πεπείρηται καμάτοιο,
ἀλλ᾽ ἔτ᾽ ἀηθέσσουσα δύης καὶ δούλια ἔργα
εἶσιν ἀτυζομένη χαλεπὰς ὑπὸ χεῖρας ἀνάσσης -
τοίη ἄρ᾽ ἱμερόεσσα δόμων ἐξέσσυτο κούρη.     40 Δ
τῇ δὲ καὶ αὐτόματοι θυρέων ὑπόειξαν ὀχῆες
ὠκείαις ἄψορροι ἀναθρῴσκοντες ἀοιδαῖς.
γυμνοῖσιν δὲ πόδεσσιν ἀνὰ στεινὰς θέεν οἴμους,
λαιῇ μὲν χερὶ πέπλον ἐπ᾽ ὀφρύσιν ἀμφὶ μέτωπα
στειλαμένη καὶ καλὰ παρήια, δεξιτερῇ δὲ     45 Δ
ἄκρην ὑψόθι πέζαν ἀερτάζουσα χιτῶνος.
καρπαλίμως δ᾽ ἀίδηλον ἀνὰ στίβον ἔκτοθι πύργων
ἄστεος εὐρυχόροιο φόβῳ ἵκετ᾽, οὐδέ τις ἔγνω
τήνγε φυλακτήρων, λάθε δέ σφεας ὁρμηθεῖσα.
ἔνθεν ἴμεν νειόνδε μάλ᾽ ἐφράσατ᾽· οὐ γὰρ ἄιδρις     50 Δ
ἦεν ὁδῶν, θαμὰ καὶ πρὶν ἀλωμένη ἀμφί τε νεκρούς
ἀμφί τε δυσπαλέας ῥίζας χθονός, οἷα γυναῖκες
φαρμακίδες· τρομερῷ δ᾽ ὑπὸ δείματι πάλλετο θυμός
τὴν δὲ νέον Τιτηνὶς ἀνερχομένη περάτηθεν
φοιταλέην ἐσιδοῦσα θεὰ ἐπεχήρατο Μήνη     55 Δ
ἁρπαλέως, καὶ τοῖα μετὰ φρεσὶν ᾗσιν ἔειπεν·
Οὐκ ἄρ᾽ ἐγὼ μούνη μετὰ Λάτμιον ἄντρον ἀλύσκω,
οὐδ᾽ οἴη καλῷ περὶ δαίομαι Ἐνδυμίωνι.
ἦ θαμὰ δὴ καὶ σεῖο κύθον δολίῃσιν ἀοιδαῖς
μνησαμένη φιλότητος, ἵνα σκοτίῃ ἐνὶ νυκτὶ     60 Δ
φαρμάσσῃς εὔκηλος, ἅ τοι φίλα ἔργα τέτυκται·
νῦν δὲ καὶ αὐτὴ δῆθεν ὁμοίης ἔμμορες ἄτης,
δῶκε δ᾽ ἀνιηρόν τοι Ἰήσονα πῆμα γενέσθαι
δαίμων ἀλγινόεις. ἀλλ᾽ ἔρχεο, τέτλαθι δ᾽ ἔμπης,
καὶ πινυτή περ ἐοῦσα, πολύστονον ἄλγος ἀείρειν.     65 Δ
Ὣς ἄρ᾽ ἔφη. τὴν δ᾽ αἶψα πόδες φέρον ἐγκονέουσαν·
ἀσπασίως δ᾽ ὄχθῃσιν ἐπηέρθη ποταμοῖο
ἀντιπέρην λεύσσουσα πυρὸς σέλας ὅρρα τ᾽ ἀέθλου

παννύχιοι ἥρωες ἐυφροσύνῃσιν ἔδαιον.
ὀξείη δήπειτα διὰ κνέφας ὄρθια φωνῇ      70 Δ
ὁπλότατον Φρίξοιο περαιόθεν ἧπυε παίδων,
Φρόντιν. ὁ δὲ ξὺν ἑοῖσι κασιγνήτοις ὄπα κούρης.
αὐτῷ τ᾽ Αἰσονίδῃ τεκμαίρετο· σῖγα δ᾽ ἑταῖροι
θάμβεον, εὖτ᾽ ἐνόησαν ὃ δὴ καὶ ἐτήτυμον ἦεν.
τρὶς μὲν ἀνήυσεν, τρὶς δ᾽ ὀτρύνοντος ὁμίλου      75 Δ
Φρόντις ἀμοιβήδην ἀντίαχεν· οἱ δ᾽ ἄρα τείως
ἥρωες μετὰ τήνγε θοοῖς ἐλάασκον ἐρετμοῖς.
οὔπω πείσματα νηὸς ἐπ᾽ ἠπείροιο περαίης
βάλλον, ὁ δὲ κραιπνοὺς χέρσῳ πόδας ἧκεν Ἰήσων
ὑψοῦ ἀπ᾽ ἰκριόφιν· μετὰ δὲ Φρόντις τε καὶ Ἄργος,      80 Δ
υἷε δύω Φρίξου, χαμάδις θόρον. ἡ δ᾽ ἄρα τούσγε
γούνων ἀμφοτέρῃσι περισχομένη προσέειπεν·
Ἔκ με φίλοι ῥύσασθε δυσάμμορον, ὣς δὲ καὶ αὐτούς
ὑμέας, Αἰήταο· πρὸ γάρ τ᾽ ἀναφανδὰ τέτυκται
πάντα μάλ᾽, οὐδέ τι μῆχος ἱκάνεται· ἀλλ᾽ ἐνὶ νηί      85 Δ
φεύγωμεν πρὶν τόνγε θοῶν ἐπιβήμεναι ἵππων.
δώσω δὲ χρύσειον ἐγὼ δέρος, εὐνήσασα
φρουρὸν ὄφιν· τύνη δὲ θεοὺς ἐνὶ σοῖσιν ἑταίροις
ξεῖνε τεῶν μύθων ἐπιίστορας οὕς μοι ὑπέστης
ποίησαι, μηδ᾽ ἔνθεν ἑκαστέρω ὁρμηθεῖσαν      90 Δ
χήτεϊ κηδεμόνων ὀνοτὴν καὶ ἀεικέα θείης.
Ἴσκεν ἀκηχεμένη· μέγα δὲ φρένες Αἰσονίδαο
γήθεον. αἶψα δέ μιν περὶ γούνασι πεπτηυῖαν
ἧκ᾽ ἀναειρόμενος, προσπτύξατο θάρσυνέν τε·
Δαιμονίη, Ζεὺς αὐτὸς Ὀλύμπιος ὅρκιος ἔστω      95 Δ
Ἥρῃ τε Ζυγίῃ, Διὸς εὐνέτις, ἦ μὲν ἐμοῖσιν
κουριδίην σε δόμοισιν ἐνιστήσεσθαι ἄκοιτιν,
εὖτ᾽ ἂν ἐς Ἑλλάδα γαῖαν ἱκώμεθα νοστήσαντες.
Ὣς ηὔδα, καὶ χεῖρα παρασχεδὸν ἤραρε χειρὶ
δεξιτερήν. ἡ δέ σφιν ἐς ἱερὸν ἄλσος ἀνώγει      100 Δ
νῆα θοὴν ἐλάαν αὐτοσχεδόν, ὄφρ᾽ ἔτι νύκτωρ
κῶας ἑλόντες ἄγοιντο παρὲκ νόον Αἰήταο.
ἔνθ᾽ ἔπος ἠδὲ καὶ ἔργον ὁμοῦ πέλεν ἐσσυμένοισιν·
εἰς γάρ μιν βήσαντες, ἀπὸ χθονὸς αὐτίκ᾽ ἔωσαν

νῆα, πολὺς δ᾽ ὀρυμαγδὸς ἐπειγομένων ἐλάτῃσιν    105 Δ
ἦεν ἀριστήων. ἡ δ᾽ ἔμπαλιν ἀίσσουσα
γαίῃ χεῖρας ἔτεινεν, ἀμήχανος· αὐτὰρ Ἰήσων
θάρσυνέν τ᾽ ἐπέεσσι καὶ ἴσχανεν ἀσχαλόωσαν.
Ἦμος δ᾽ ἀνέρες ὕπνον ἀπ᾽ ὀφθαλμῶν ἐβάλοντο
ἀγρόται, οἵ τε κύνεσσι πεποιθότες οὔ ποτε νύκτα    110 Δ
ἄγχαυρον κνώσσουσιν, ἀλευάμενοι φάος ἠοῦς,
μὴ πρὶν ἀμαλδύνῃ θερμὸν στίβον ἠδὲ καὶ ὀδμήν
θηρείην λευκῇσιν ἐνισκίμψασα βολῇσιν -
τῆμος ἄρ᾽ Αἰσονίδης κούρη τ᾽ ἀπὸ νηὸς ἔβησαν
ποιήεντ᾽ ἀνὰ χῶρον ἵνα Κριοῦ καλέονται    115 Δ
Εὐναί, ὅθι πρῶτον κεκμηότα γούνατ᾽ ἔκαμψεν,
νώτοισιν φορέων Μινυήιον υἷ᾽ Ἀθάμαντος·
ἐγγύθι δ᾽ αἰθαλόεντα πέλεν βωμοῖο θέμεθλα,
ὅν ῥά ποτ᾽ Αἰολίδης Διὶ Φυξίῳ εἴσατο Φρίξος,
ῥέζων κεῖνο τέρας παγχρύσεον, ὥς οἱ ἔειπεν    120 Δ
Ἑρμείας πρόφρων ξυμβλήμενος. ἔνθ᾽ ἄρα τούσγε
Ἄργου φραδμοσύνῃσιν ἀριστῆες μεθέηκαν·
τὼ δὲ δι᾽ ἀτραπιτοῖο μεθ᾽ ἱερὸν ἄλσος ἵκοντο,
φηγὸν ἀπειρεσίην διζημένω ᾗ ἔπι κῶας
βέβλητο, νεφέλῃ ἐναλίγκιον ἥ τ᾽ ἀνιόντος    125 Δ
ἠελίου φλογερῇσιν ἐρεύθεται ἀκτίνεσσιν·
αὐτὰρ ὁ ἀντικρὺ περιμήκεα τείνετο δειρήν
ὀξὺς ἀύπνοισι προϊδὼν ὄφις ὀφθαλμοῖσιν
νισσομένους, ῥοίζει δὲ πελώριον, ἀμφὶ δὲ μακραί
ἠιόνες ποταμοῖο καὶ ἄσπετον ἴαχεν ἄλσος·    130 Δ
ἔκλυον οἳ καὶ πολλὸν ἑκὰς Τιτηνίδος Αἴης
Κολχίδα γῆν ἐνέμοντο παρὰ προχοῇσι Λύκοιο,
ὅς τ᾽ ἀποκιδνάμενος ποταμοῦ κελάδοντος Ἀράξεω
Φάσιδι συμφέρεται ἱερὸν ῥόον, οἱ δὲ υυνάμφω
Καυκασίην ἅλαδ᾽ εἰς ἓν ἐλαυνόμενοι προρέουσιν·    135 Δ
δείματι δ᾽ ἐξέγροντο λεχωίδες, ἀμφὶ δὲ παισίν
νηπιάχοις, οἵ τέ σφιν ὑπ᾽ ἀγκαλίδεσσιν ἴαυον,
ῥοίζῳ παλλομένοις χεῖρας βάλον ἀσχαλόωσαι.
ὡς δ᾽ ὅτε τυφομένης ὕλης ὕπερ αἰθαλόεσσαι
καπνοῖο στροφάλιγγες ἀπείριτοι εἰλίσσονται,    140 Δ

ἄλλη δ᾿ αἶψ᾿ ἑτέρη ἐπιτέλλεται αἰὲν ἐπιπρό
νειόθεν ἰλίγγοισιν ἐπήορος ἀίσσουσα -
ὡς τότε κεῖνο πέλωρον ἀπειρεσίας ἐλέλιζε
ῥυμβόνας, ἀζαλέῃσιν ἐπηρεφέας φολίδεσσιν.
τοῖο δ᾿ ἑλισσομένοιο κατ᾿ ὄμματος εἴσατο κούρη,     145 Δ
Ὕπνον ἀοσσητῆρα, θεῶν ὕπατον, καλέουσα
ἡδείη ἐνοπῇ, θέλξαι τέρας, αὖε δ᾿ ἄνασσαν
νυκτιπόλον, χθονίην, εὐαντέα δοῦναι ἐφορμήν.
εἵπετο δ᾿ Αἰσονίδης, πεφοβημένος· αὐτὰρ ὅγ᾿ ἤδη
οἴμη θελγόμενος δολιχὴν ἀνελύετ᾿ ἄκανθαν     150 Δ
γηγενέος σπείρης, μήκυνε δὲ μυρία κύκλα,
οἷον ὅτε βληχροῖσι κυλινδόμενον πελάγεσσιν
κῦμα μέλαν κωφόν τε καὶ ἄβρομον· ἀλλὰ καὶ ἔμπης
ὑψοῦ σμερδαλέην κεφαλὴν μενέαινεν ἀείρας
ἀμφοτέρους ὀλοῇσι περιπτύξαι γενύεσσιν.     155 Δ
ἡ δέ μιν ἀρκεύθοιο νέον τετμηότι θαλλῷ,
βάπτουσ᾿ ἐκ κυκεῶνος, ἀκήρατα φάρμακ᾿ ἀοιδαῖς
ῥαῖνε κατ᾿ ὀφθαλμῶν, περί τ᾿ ἀμφί τε νήριτος ὀδμή
φαρμάκου ὕπνον ἔβαλλε· γένυν δ᾿ αὐτῇ ἐνὶ χώρῃ
θῆκεν ἐρεισάμενος, τὰ δ᾿ ἀπείρονα πολλὸν ὀπίσσω     160 Δ
κύκλα πολυπρέμνοιο διὲξ ὕλης τετάνυστο.
ἔνθα δ᾿ ὁ μὲν χρύσειον ἀπὸ δρυὸς αἴνυτο κῶας,
κούρης κεκλομένης, ἡ δ᾿ ἔμπεδον ἑστηυῖα
φαρμάκῳ ἔψηχεν θηρὸς κάρη, εἰσόκε δή μιν
αὐτὸς ἑὴν ἐπὶ νῆα παλιντροπάασθαι Ἰήσων     165 Δ
ἤνωγεν· λεῖπον δὲ πολύσκιον ἄλσος Ἄρηος.
ὡς δὲ σεληναίης διχομήνιδα παρθένος αἴγλην
ὑψόθεν ἀνέχουσαν ὑπωρόφιον θαλάμοιο
λεπταλέῳ ἑανῷ ὑποΐσχεται, ἐν δέ οἱ ἦτορ
χαίρει δερκομένης καλὸν σέλας - ὡς τότ᾿ Ἰήσων     170 Δ
γηθόσυνος μέγα κῶας ἑαῖς ἀναείρετο χερσίν,
καί οἱ ἐπὶ ξανθῇσι παρηίσιν ἠδὲ μετώπῳ
μαρμαρυγῇ ληνέων φλογὶ εἴκελον ἷζεν ἔρευθος.
ὅσση δὲ ῥινὸς βοὸς ἤνιος ἢ ἐλάφοιο
γίγνεται, ἥν τ᾿ ἀγρῶσται ἀχαινέην καλέουσιν,     175 Δ
τόσσον ἔην πάντῃ χρύσεον ἐφύπερθεν ἄωτον

βεβρίθει λήνεσσιν ἐπηρεφές· ἤλιθα δὲ χθών
αἰὲν ὑποπρὸ ποδῶν ἀμαρύσσετο νισσομένοιο.
ἤιε δ᾽ ἄλλοτε μὲν λαιῷ ἐπιειμένος ὤμῳ
αὐχένος ἐξ ὑπάτοιο ποδηνεκές, ἄλλοτε δ᾽ αὖτε        180 Δ
εἴλει ἀφασσόμενος· περὶ γὰρ δίεν ὄφρα ἑ μή τις
ἀνδρῶν ἠὲ θεῶν νοσφίσσεται ἀντιβολήσας.
Ἠὼς μέν ῥ᾽ ἐπὶ γαῖαν ἐκίδνατο, τοὶ δ᾽ ἐς ὅμιλον
ἷξον. θάμβησαν δὲ νέοι μέγα κῶας ἰδόντες
λαμπόμενον στεροπῇ ἴκελον Διός, ὦρτο δ᾽ ἕκαστος        185 Δ
ψαῦσαι ἐελδόμενος δέχθαι τ᾽ ἐνὶ χερσὶν ἑῆσιν·
Αἰσονίδης δ᾽ ἄλλους μὲν ἐρήτυε, τῷ δ᾽ ἐπὶ φᾶρος
κάββαλε νηγάτεον. πρύμνῃ δ᾽ ἐνεείσατο κούρην
ἀνθέμενος, καὶ τοῖον ἔπος μετὰ πᾶσιν ἔειπεν·
Μηκέτι νῦν χάζεσθε φίλοι πάτρηνδε νέεσθαι·        190 Δ
ἤδη γὰρ χρειὼ τῆς εἵνεκα τήνδ᾽ ἀλεγεινήν
ναυτιλίην ἔτλημεν, ὀιζύι μοχθίζοντες,
εὐπαλέως κούρης ὑπὸ δήνεσι κεκράανται.
τὴν μὲν ἐγὼν ἐθέλουσαν ἀνάξομαι οἴκαδ᾽ ἄκοιτιν
κουριδίην· ἀτὰρ ὔμμες, Ἀχαιίδος οἷά τε πάσης        195 Δ
αὐτῶν θ᾽ ὑμείων ἐσθλὴν ἐπαρωγὸν ἐοῦσαν,
σώετε· δὴ γάρ που μάλ᾽, ὀίομαι, εἶσιν ἐρύξων
Αἰήτης ὁμάδῳ πόντονδ᾽ ἴμεν ἐκ ποταμοῖο.
ἀλλ᾽ οἱ μὲν διὰ νηὸς ἀμοιβαδὶς ἀνέρος ἀνήρ
ἑζόμενος πηδοῖσιν ἐρέσσετε, τοὶ δὲ βοείας        200 Δ
ἀσπίδας ἡμίσεες δήων θοὸν ἔχμα βολάων
προσχόμενοι νόστῳ ἐπαμύνετε. νῦν ἐνὶ χερσίν
παῖδας ἑοὺς πάτρην τε φίλην γεραρούς τε τοκῆας
ἴσχομεν, ἡμετέρῃ δ᾽ ἐπ᾽ ἐρείδεται Ἑλλὰς ἐφορμῇ
ἠὲ κατηφείην ἢ καὶ μέγα κῦδος ἀρέσθαι.        205 Δ
Ὣς φάτο, δῦνε δὲ τεύχε᾽ ἀρήια· τοὶ δ᾽ ἰάχησαν
θεσπέσιον μεμαῶτες. ὁ δὲ ξίφος ἐκ κολεοῖο
σπασσάμενος, πρυμναῖα νεὼς ἀπὸ πείσματ᾽ ἔκοψεν·
ἄγχι δὲ παρθενικῆς κεκορυθμένος ἰθυντῆρι
Ἀγκαίῳ παρέβασκεν· ἐπείγετο δ᾽ εἰρεσίῃ νηῦς        210 Δ
σπερχομένων ἄμοτον ποταμοῦ ἄφαρ ἐκτὸς ἐλάσσαι.
Ἤδη δ᾽ Αἰήτῃ ὑπερήνορι πᾶσί τε Κόλχοις

Μηδείης περίπυστος ἔρως καὶ ἔργ᾽ ἐτέτυκτο·
ἐς δ᾽ ἀγορὴν ἀγέροντ᾽ ἐνὶ τεύχεσιν, ὅσσα τε πόντου
κύματα χειμερίοιο κορύσσεται ἐξ ἀνέμοιο·     215 Δ
ἢ ὅσα φύλλα χαμᾶζε περικλαδέος πέσεν ὕλης
φυλλοχόῳ ἐνὶ μηνί τίς ἂν τάδε τεκμήραιτο; -
ὣς οἱ ἀπειρέσιοι ποταμοῦ παρεμέτρεον ὄχθας,
κλαγγῇ μαιμώοντες. ὁ δ᾽ εὐτύκτῳ ἐνὶ δίφρῳ
Αἰήτης ἵπποισι μετέπρεπεν οὕς οἱ ὄπασσεν     220 Δ
Ἥλιος πνοιῇσιν ἐειδομένους ἀνέμοιο,
σκαιῇ μέν ῥ᾽ ἐνὶ χειρὶ σάκος δινωτὸν ἀείρων,
τῇ δ᾽ ἑτέρῃ πεύκην περιμήκεα, πὰρ δέ οἱ ἔγχος
ἀντικρὺ τετάνυστο πελώριον· ἡνία δ᾽ ἵππων
γέντο χεροῖν Ἄψυρτος. ὑπεκπρὸ δὲ πόντον ἔταμνε     225 Δ
νηῦς ἤδη, κρατεροῖσιν ἐπειγομένη ἐρέτῃσιν
καὶ μεγάλου ποταμοῖο καταβλώσκοντι ῥεέθρῳ·
αὐτὰρ ἄναξ ἄτῃ πολυπήμονι, χεῖρας ἀείρας,
Ἥλιον καὶ Ζῆνα κακῶν ἐπιμάρτυρας ἔργων
κέκλετο, δεινὰ δὲ παντὶ παρασχεδὸν ἤπυε λαῷ·     230 Δ
εἰ μή οἱ κούρην αὐτάγρετον ἢ ἀνὰ γαῖαν
ἢ πλωτῆς εὑρόντες ἔτ᾽ εἰν ἁλὸς οἴδματι νῆα
ἄξουσιν καὶ θυμὸν ἐνιπλήσει μενεαίνων
τείσασθαι τάδε πάντα, δαήσονται κεφαλῇσιν
πάντα χόλον καὶ πᾶσαν ἑὴν ὑποδέγμενοι ἄτην.     235 Δ
Ὣς ἔφατ᾽ Αἰήτης. αὐτῷ δ᾽ ἐνὶ ἤματι Κόλχοι
νῆάς τ᾽ εἰρύσσαντο καὶ ἄρμενα νηυσὶ βάλοντο,
αὐτῷ δ᾽ ἤματι πόντον ἀνήιον· οὐδέ κε φαίης
τόσσον νηίτην στόλον ἔμμεναι, ἀλλ᾽ οἰωνῶν
ἰλαδὸν ἄσπετον ἔθνος ἐπιβρομέειν πελάγεσσιν.     240 Δ
Οἱ δ᾽, ἀνέμου λαιψηρὰ θεῆς βουλῇσιν ἀέντος
Ἥρης, ὄφρ᾽ ὤκιστα κακὸν Πελίαο δόμοισιν
Αἰαίη Μήδεια Πελασγίδα γαῖαν ἵκηται,
ἠοῖ ἐνὶ τριτάτῃ πρυμνήσια νηὸς ἔδησαν
Παφλαγόνων ἀκτῇσι, πάροιθ᾽ Ἅλυος ποταμοῖο·     245 Δ
τῇ γάρ σφ᾽ ἐξαποβάντας ἀρέσσασθαι θυέεσσιν
ἠνώγει Ἑκάτην, καὶ δὴ τὰ μὲν ὅσσα θυηλήν
κούρη πορσανέουσα τιτύσκετο μήτε τις ἴστωρ

εἴη μήτ᾽ ἐμὲ θυμὸς ἐποτρύνειεν ἀείδειν
ἅζομαι αὐδῆσαι· τό γε μὴν ἔδος ἐξέτι κείνου,     250 Δ
ὅρρα θεᾷ ἥρωες ἐπὶ ῥηγμῖσιν ἔδειμαν,
ἀνδράσιν ὀψιγόνοισι μένει καὶ τηλόσ᾽ ἰδέσθαι.
αὐτίκα δ᾽ Αἰσονίδης ἐμνήσατο, σὺν δὲ καὶ ὦλλοι
ἥρωες, Φινῆος ὃ δὴ πλόον ἄλλον ἔειπεν
ἐξ Αἴης ἔσσεσθαι· ἀνώιστος δὲ τέτυκτο     255 Δ
πᾶσιν ὁμῶς. Ἄργος δὲ λιλαιομένοις ἀγόρευσεν·
......
νισσόμεθ᾽ Ὀρχομενόν, τὴν ἔχραεν ὔμμι περῆσαι
νημερτὴς ὅδε μάντις ὅτῳ ξυνέβητε πάροιθεν.
ἔστιν γὰρ πλόος ἄλλος, ὃν ἀθανάτων ἱερῆες
πέφραδον οἱ Θήβης Τριτωνίδος ἐκγεγάασιν.     260 Δ
οὔπω τείρεα πάντα τά τ᾽ οὐρανῷ εἰλίσσονται,
οὐδέ τί πω Δαναῶν ἱερὸν γένος ἦεν ἀκοῦσαι
πευθομένοις· οἷοι δ᾽ ἔσαν Ἀρκάδες Ἀπιδανῆες,
Ἀρκάδες, οἳ καὶ πρόσθε σεληναίης ὑδέονται
ζώειν, φηγὸν ἔδοντες ἐν οὔρεσιν, οὐδὲ Πελασγίς     265 Δ
χθὼν τότε κυδαλίμοισιν ἀνάσσετο Δευκαλίδησιν,
ἦμος ὅτ᾽ Ἠερίη πολυλήιος ἐκλήιστο
μήτηρ Αἴγυπτος προτερηγενέων αἰζηῶν,
καὶ ποταμὸς Τρίτων εὐρύρροος ᾧ ὕπο πᾶσα
ἄρδεται Ἠερίη, Διόθεν δέ μιν οὔποτε δεύει     270 Δ
ὄμβρος· ἅλις προχοῇσιν ἀνασταχύουσιν ἄρουραι.
ἔνθεν δή τινά φασι πέριξ διὰ πᾶσαν ὁδεῦσαι
Εὐρώπην Ἀσίην τε, βίῃ καὶ κάρτεϊ λαῶν
σφωιτέρων θάρσει τε πεποιθότα· μυρία δ᾽ ἄστη
νάσσατ᾽ ἐποιχόμενος, τὰ μὲν ἤ ποθι ναιετάουσιν     275 Δ
ἠὲ καὶ οὔ, πουλὺς γὰρ ἄδην ἐπενήνοθεν αἰών·
Αἶά γε μὴν ἔτι νῦν μένει ἔμπεδον, υἱωνοί τε
τῶνδ᾽ ἀνδρῶν οὓς ὅγε καθίσσατο ναιέμεν Αἶαν·
οἳ δή τοι γραπτῦς πατέρων ἔθεν εἰρύονται,
κύρβιας οἷς ἔνι πᾶσαι ὁδοὶ καὶ πείρατ᾽ ἔασιν     280 Δ
ὑγρῆς τε τραφερῆς τε πέριξ ἐπινισσομένοισιν.
ἔστι δέ τις ποταμός, ὕπατον κέρας Ὠκεανοῖο,
εὐρύς τε προβαθής τε καὶ ὁλκάδι νηὶ περῆσαι·

Ἴστρον μιν καλέοντες ἑκὰς διετεκμήραντο·
ὃς δή τοι τείως μὲν ἀπείρονα τέμνετ᾽ ἄρουραν      285 Δ
εἷς οἶος, πηγαὶ γὰρ ὑπὲρ πνοιῆς βορέαο
Ῥιπαίοις ἐν ὄρεσσιν ἀπόπροθι μορμύρουσιν·
ἀλλ᾽ ὁπόταν Θρηκῶν Σκυθέων τ᾽ ἐπιβήσεται οὔρους,
ἔνθα διχῆ, τὸ μὲν ἔνθα μεθ᾽ ἡμετέρην ἅλα βάλλει
τῇδ᾽ ὕδωρ, τὸ δ᾽ ὄπισθε βαθὺν διὰ κόλπον ἵησιν      290 Δ
σχιζόμενος πόντου Τρινακρίου εἰσανέχοντα,
γαίη ὃς ὑμετέρη παρακέκλιται, εἰ ἐτεὸν δή
ὑμετέρης γαίης Ἀχελώιος ἐξανίησιν.
Ὣς ἄρ᾽ ἔφη. τοῖσιν δὲ θεὰ τέρας ἐγγυάλιξεν
αἴσιον, ᾧ καὶ πάντες ἐπευφήμησαν ἰδόντες      295 Δ
στέλλεσθαι τήνδ᾽ οἶμον· ἐπιπρὸ γὰρ ὁλκὸς ἐτύχθη
οὐρανίης ἀκτῖνος, ὅπη καὶ ἀμεύσιμον ἦεν.
γηθόσυνοι δέ, Λύκοιο καταυτόθι παῖδα λιπόντες,
λαίφεσι πεπταμένοισιν ὑπεὶρ ἅλα ναυτίλλοντο
οὔρεα Παφλαγόνων θηεύμενοι· οὐδὲ Κάραμβιν      300 Δ
γνάμψαν, ἐπεὶ πνοιαί τε καὶ οὐρανίου πυρὸς αἴγλη
μίμνεν ἕως Ἴστροιο μέγαν ῥόον εἰσαφίκοντο.
Κόλχοι δ᾽ αὖτ᾽, ἄλλοι μὲν ἐτώσια μαστεύοντες
Κυανέας Πόντοιο διὲκ πέτρας ἐπέρησαν,
ἄλλοι δ᾽ αὖ ποταμὸν μετεκίαθον, οἷσιν ἄνασσεν      305 Δ
Ἄψυρτος, Καλὸν δὲ διὰ στόμα πεῖρε λιασθείς·
τῷ καὶ ὑπέφθη τούσγε βαλὼν ὑπὲρ αὐχένα γαίης
κόλπον ἔσω πόντοιο πανέσχατον Ἰονίοιο.
Ἴστρῳ γάρ τις νῆσος ἐέργεται οὔνομα Πεύκη
τριγλώχιν, εὖρος μὲν ἐς αἰγιαλοὺς ἀνέχουσα,      310 Δ
στεινὸν δ᾽ αὖτ᾽ ἀγκῶνα ποτὶ ῥόον, ἀμφὶ δὲ δοιαί
σχίζονται προχοαί· τὴν μὲν καλέουσι Νάρηκος,
τὴν δ᾽ ὑπὸ τῇ νεάτῃ Καλὸν στόμα· τῇδε διαπρὸ
Ἄψυρτος Κόλχοι τε θοώτερον ὡρμήθησαν,
οἱ δ᾽ ὑψοῦ νήσοιο κατ᾽ ἀκροτάτης ἐνέοντο      315 Δ
τηλόθεν. εἰαμενῇσι δ᾽ ἐν ἄσπετα πώεα λεῖπον
ποιμένες ἄγραυλοι νηῶν φόβῳ, οἷά τε θῆρας
ὀσσόμενοι πόντου μεγακήτεος ἐξανιόντας·
οὐ γάρ πω ἁλίας γε πάρος ποθὶ νῆας ἴδοντο

οὔτ᾽ οὖν Θρήιξιν μιγάδες Σκύθαι οὐδὲ Σίγυννοι,     320 Δ
οὔτ᾽ αὖ Γραυκένιοι, οὔθ᾽ οἱ περὶ Λαύριον ἤδη
Σίνδοι ἐρημαῖον πεδίον μέγα ναιετάοντες.
αὐτὰρ ἐπεί τ᾽ Ἄγγουρον ὄρος καὶ ἄπωθεν ἐόντα
Ἀγγούρου ὄρεος σκόπελον παρὰ Καυλιακοῖο,
ᾧ πέρι δὴ σχίζων Ἴστρος ῥόον ἔνθα καὶ ἔνθα     325 Δ
βάλλει ἁλός, πεδίον τε τὸ Λαύριον ἠμείψαντο,
δή ῥα τότε Κρονίην Κόλχοι ἅλαδ᾽ ἐκπρομολόντες,
πάντῃ, μή σφε λάθοιεν, ὑπετμήξαντο κελεύθους.
οἱ δ᾽ ὄπιθεν ποταμοῖο κατήλυθον, ἐκ δ᾽ ἐπέρησαν
δοιὰς Ἀρτέμιδος Βρυγηίδας ἀγχόθι νήσους.     330 Δ
τῶν ἤτοι ἑτέρῃ μὲν ἐν ἱερὸν ἔσκεν ἔδεθλον·
ἐν δ᾽ ἑτέρῃ, πληθὺν πεφυλαγμένοι Ἀψύρτοιο,
βαῖνον· ἐπεὶ κείνας πολέων λίπον ἔνδοθι νήσους
αὔτως, ἁζόμενοι κούρην Διός, αἱ δὲ δὴ ἄλλαι
στεινόμεναι Κόλχοισι πόρους εἴρυντο θαλάσσης.     335 Δ
ὣς δὲ καὶ εἰς ἀκτὰς πληθὺν λίπεν ἀγχόθι νήσους
μέσφα Σαλαγγῶνος ποταμοῦ καὶ Νέστιδος αἴης.
Ἔνθα κε λευγαλέῃ Μινύαι τότε δηιοτῆτι
παυρότεροι πλεόνεσσιν ὑπείκαθον, ἀλλὰ πάροιθεν
συνθεσίην, μέγα νεῖκος ἀλευάμενοι, ἐτάμοντο·     340 Δ
κῶας μὲν χρύσειον, ἐπεί σφισιν αὐτὸς ὑπέστη
Αἰήτης, εἴ κέν οἱ ἀναπλήσειαν ἀέθλους,
ἔμπεδον εὐδικίῃ σφέας ἐξέμεν, εἴτε δόλοισιν
εἴτε καὶ ἀμφαδίην αὔτως ἀέκοντος ἀπηύρων·
αὐτὰρ Μήδειαν τὸ γὰρ πέλεν ἀμφήριστον     345 Δ
παρθέσθαι κούρῃ Λητωίδι νόσφιν ὁμίλου,
εἰσόκε τις δικάσῃσι θεμιστούχων βασιλήων
εἴτε μιν εἰς πατρὸς χρειὼ δόμον αὖτις ἱκάνειν
εἴτε μεθ᾽ Ἑλλάδα γαῖαν ἀριστήεσσιν ἕπεσθαι.
Ἔνθα δ᾽ ἐπεὶ τὰ ἕκαστα νόῳ πεμπάσσατο κούρη,     350 Δ
δή ῥά μιν ὀξεῖαι κραδίην ἐλέλιξαν ἀνῖαι
νωλεμές. αἶψα δὲ νόσφιν Ἰήσονα μοῦνον ἑταίρων
ἐκπροκαλεσσαμένη ἄγεν ἄλλυδις, ὄφρ᾽ ἐλίασθεν
πολλὸν ἑκάς, στονόεντα δ᾽ ἐνωπαδὶς ἔκφατο μῦθον·
Αἰσονίδη, τίνα τήνδε συναρτύνασθε μενοινήν     355 Δ

ἀμφ᾽ ἐμοί; ἦέ σε πάγχυ λαθιφροσύναις ἐνέηκαν
ἀγλαΐαι, τῶν δ᾽ οὔ τι μετατρέπῃ ὅσσ᾽ ἀγόρευες
χρειοῖ ἐνισχόμενος; ποῦ τοι Διὸς Ἱκεσίοιο
ὅρκια, ποῦ δὲ μελιχραὶ ὑποσχεσίαι βεβάασιν;
ἧς ἐγὼ οὐ κατὰ κόσμον ἀναιδήτῳ ἰότητι          360 Δ
πάτρην τε κλέα τε μεγάρων αὐτούς τε τοκῆας
νοσφισάμην, τά μοι ἦεν ὑπέρτατα, τηλόθι δ᾽ οἴη
λυγρῇσιν κατὰ πόντον ἅμ᾽ ἀλκυόνεσσι φορεῦμαι,
σῶν ἕνεκεν καμάτων, ἵνα μοι σόος ἀμφί τε βουσίν
ἀμφί τε γηγενέεσσιν ἀναπλήσειας ἀέθλους·          365 Δ
ὕστατον αὖ καὶ κῶας, ἐφ᾽ ᾧ πλόος ὕμμιν ἐτύχθη,
εἷλες ἐμῇ ματίῃ, κατὰ δ᾽ οὐλοὸν αἶσχος ἔχευα
θηλυτέραις· τῶ φημὶ τεὴ κούρη τε δάμαρ τε
αὐτοκασιγνήτη τε μεθ᾽ Ἑλλάδα γαῖαν ἔπεσθαι.
πάντη νυν πρόφρων ὑπερίστασο, μηδέ με μούνην          370 Δ
σεῖο λίπῃς ἀπάνευθεν, ἐποιχόμενος βασιλῆας,
ἀλλ᾽ αὔτως εἴρυσο· δίκη δέ τοι ἔμπεδος ἔστω
καὶ θέμις ἣν ἄμφω συναρέσσαμεν· ἢ σύγ᾽ ἔπειτα
φασγάνῳ αὐτίκα τόνδε μέσον διὰ λαιμὸν ἀμῆσαι,
ὄφρ᾽ ἐπίηρα φέρωμαι ἐοικότα μαργοσύνῃσιν,          375 Δ
σχέτλιε· εἴ κέν με κασιγνήτοιο δικάσσῃ
ἔμμεναι οὗτος ἄναξ τῷ ἐπίσχετε τάσδ᾽ ἀλεγεινάς
ἄμφω συνθεσίας, πῶς ἵξομαι ὄμματα πατρός;
ἦ μάλ᾽ ἐυκλειής. τίνα δ᾽ οὐ τίσιν ἠὲ βαρεῖαν
ἄτην οὐ σμυγερῶς δεινῶν ὕπερ οἷα ἔοργα          380 Δ
ὀτλήσω, σὺ δέ κεν θυμηδέα νόστον ἕλοιο;
μὴ τόγε παμβασίλεια Διὸς τελέσειεν ἄκοιτις,
ᾗ ἔπι κυδιάεις· μνήσαιο δὲ καί ποτ᾽ ἐμεῖο
στρευγόμενος καμάτοισι, δέρος δέ τοι ἶσον ὀνείρῳ
οἴχοιτ᾽ εἰς ἔρεβος μεταμώνιον· ἐκ δέ σε πάτρης          385 Δ
αὐτίκ᾽ ἐμαὶ ἐλάσειαν Ἐρινύες, οἷα καὶ αὐτή
σῇ πάθον ἀτροπίῃ· τὰ μὲν οὐ θέμις ἀκράαντα
ἐν γαίῃ πεσέειν, μάλα γὰρ μέγαν ἤλιτες ὅρκον,
νηλεές· ἀλλ᾽ οὔ θήν μοι ἐπιλλίζοντες ὀπίσσω
δὴν ἔσσεσθ᾽ εὔκηλοι ἕκητί γε συνθεσιάων.          390 Δ
Ὣς φάτ᾽, ἀναζείουσα βαρὺν χόλον· ἵετο δ᾽ ἥγε

νῆα καταφλέξαι διά τ᾽ ἔμπεδα πάντα κεάσσαι,
ἐν δὲ πεσεῖν αὐτὴ μαλερῷ πυρί. τοῖα δ᾽ Ἴησων
μειλιχίοις ἐπέεσσιν ὑποδδείσας προσέειπεν·
Ἴσχεο, δαιμονίη· τὰ μὲν ἀνδάνει οὐδ᾽ ἐμοὶ αὐτῷ,      395 Δ
ἀλλά τιν᾽ ἀμβολίην διζήμεθα δηιοτῆτος,
ὅσσον δυσμενέων ἀνδρῶν νέφος ἀμφιδέδηεν
εἵνεκα σεῦ. πάντες γὰρ ὅσοι χθόνα τήνδε νέμονται
Ἀψύρτῳ μεμάασιν ἀμυνέμεν, ὄφρα σε πατρί,
οἷά τε ληισθεῖσαν, ὑπότροπον οἴκαδ᾽ ἄγοιτο·      400 Δ
αὐτοὶ δὲ στυγερῷ κεν ὀλοίμεθα πάντες ὀλέθρῳ,
μείξαντες δαῖ χεῖρας· ὅ τοι καὶ ῥίγιον ἄλγος
ἔσσεται, εἴ σε θανόντες ἕλωρ κείνοισι λίποιμεν.
ἥδε δὲ συνθεσίη κρανέει δόλον ᾧ μιν ἐς ἄτην
βήσομεν· οὐδ᾽ ἂν ὁμῶς περιναιέται ἀντιόωσι      405 Δ
Κόλχοις ἦρα φέροιεν ὑπὲρ σέο, νόσφιν ἄνακτος
ὅς τοι ἀοσσητήρ τε κασίγνητός τε τέτυκται,
οὐδ᾽ ἂν ἐγὼ Κόλχοισιν ὑπείξαιμι πτολεμίζων
ἀντιβίην, ὅτε μή με διὲξ εἰῶσι νέεσθαι.
Ἴσκεν ὑποσσαίνων· ἡ δ᾽ οὐλοὸν ἔκφατο μῦθον·      410 Δ
Φράζεο νῦν χρειὼ γὰρ ἀεικελίοισιν ἐπ᾽ ἔργοις
καὶ τόδε μητίσασθαι, ἐπεὶ τὸ πρῶτον ἀάσθην
ἀμπλακίη, θεόθεν δὲ κακὰς ἤνυσσα μενοινάς·
τύνη μὲν κατὰ μῶλον ἀλέξεο δούρατα Κόλχων,
αὐτὰρ ἐγὼ κεῖνόν γε τεὰς ἐς χεῖρας ἱκέσθαι      415 Δ
μειλίξω· σὺ δέ μιν φαιδροῖς ἀγαπάζεο δώροις,
εἴ κέν πως κήρυκας ἀπερχομένους πεπίθοιμι
οἰόθεν οἶον ἐμοῖσι συναρθμῆσαι ἐπέεσσιν.
ἔνθ᾽ εἴ τοι τόδε ἔργον ἐφανδάνει, οὔτι μεγαίρω,
κτεῖνέ τε καὶ Κόλχοισιν ἀείρεο δηιοτᾶτα.      420 Δ
Ὣς τώγε ξυμβάντε μέγαν δόλον ἠρτύναντο
Ἀψύρτῳ, καὶ πολλὰ πόρον ξεινήια δῶρα·
οἷς μέτα καὶ πέπλον δόσαν ἱερὸν Ὑψιπυλείης
πορφύρεον. τὸν μέν ῥα Διωνύσῳ κάμον αὐταὶ
Δίῃ ἐν ἀμφιάλῳ Χάριτες θεαί, αὐτὰρ ὁ παιδὶ      425 Δ
δῶκε Θόαντι μεταῦτις, ὁ δ᾽ αὖ λίπεν Ὑψιπυλείῃ,
ἡ δ᾽ ἔπορ᾽ Αἰσονίδῃ πολέσιν μετὰ καὶ τὸ φέρεσθαι

γλήνεσιν εὐεργὲς ξεινήιον. οὐ μιν ἀφάσσων
οὔτε κεν εἰσορόων γλυκὺν ἵμερον ἐμπλήσειας·
τοῦ δὲ καὶ ἀμβροσίη ὀδμὴ πέλεν ἐξέτι κείνου      430 Δ
ἐξ οὗ ἄναξ αὐτὸς Νυσήιος ἐγκατέλεκτο
ἀκροχάλιξ οἴνῳ καὶ νέκταρι, καλὰ μεμαρπώς
στήθεα παρθενικῆς Μινωίδος, ἥν ποτε Θησεύς
Κνωσσόθεν ἑσπομένην Δίῃ ἔνι κάλλιπε νήσῳ.
ἡ δ᾽ ὅτε κηρύκεσσιν ἐπεξυνώσατο μύθους,      435 Δ
θελγέμεν, εὖτ᾽ ἂν πρῶτα θεᾶς περὶ νηὸν ἵκηται
συνθεσίῃ νυκτός τε μέλαν κνέφας ἀμφιβάλησιν,
ἐλθέμεν, ὄφρα δόλον συμφράσσεται ᾧ κεν ἑλοῦσα
χρύσειον μέγα κῶας ὑπότροπος αὖτις ὀπίσσω
βαίη ἐς Αἰήταο δόμους· πέρι γάρ μιν ἀνάγκη      440 Δ
υἱῆες Φρίξοιο δόσαν ξείνοισιν ἄγεσθαι -
τοῖα παραιφαμένη, θελκτήρια φάρμακ᾽ ἔπασσεν
αἰθέρι καὶ πνοιῇσι, τά κεν καὶ ἄπωθεν ἐόντα
ἄγριον ἠλιβάτοιο κατ᾽ οὔρεος ἤγαγε θῆρα.
Σχέτλι᾽ Ἔρως, μέγα πῆμα, μέγα στύγος ἀνθρώποισιν,      445 Δ
ἐκ σέθεν οὐλόμεναί τ᾽ ἔριδες στοναχαί τε γόοι τε,
ἄλγεά τ᾽ ἄλλ᾽ ἐπὶ τοῖσιν ἀπείρονα τετρήχασιν·
δυσμενέων ἐπὶ παισὶ κορύσσεο δαῖμον ἀερθείς
οἷος Μηδείῃ στυγερὴν φρεσὶν ἔμβαλες ἄτην.
Πῶς γὰρ δὴ μετιόντα κακῷ ἐδάμασσεν ὀλέθρῳ      450 Δ
Ἄψυρτον; τὸ γὰρ ἧμιν ἐπισχερὼ ἦεν ἀοιδῆς.
Ἦμος ὅτ᾽ Ἀρτέμιδος νηῷ ἔνι τήν γε λίποντο
συνθεσίῃ, τοὶ μέν ῥα διάνδιχα νηυσὶν ἔκελσαν
σφωιτέραις κρινθέντες· ὁ δ᾽ ἐς λόχον ἦεν Ἰήσων,
δέγμενος Ἄψυρτόν τε καὶ οὓς ἐξαῦτις ἑταίρους.      455 Δ
αὐτὰρ ὅγ᾽, αἰνοτάτῃσιν ὑποσχεσίῃσι δολωθείς,
καρπαλίμως ᾗ νηὶ διὲξ ἁλὸς οἶδμα περήσας,
νύχθ᾽ ὕπο λυγαίην ἱερῆς ἐπεβήσετο νήσου·
οἰόθι δ᾽ ἀντικρὺ μετιών, πειρήσατο μύθοις
εἷο κασιγνήτης, ἀταλὸς πάις οἷα χαράδρης      460 Δ
χειμερίης ἣν οὐδὲ δι᾽ αἰζηοὶ περόωσιν,
εἴ κε δόλον ξείνοισιν ἐπ᾽ ἀνδράσι τεχνήσαιτο.
καὶ τὼ μὲν τὰ ἕκαστα συνήνεον ἀλλήλοισιν·

αὐτίκα δ᾽ Αἰσονίδης πυκινοῦ ἔκπαλτο λόχοιο
γυμνὸν ἀνασχόμενος παλάμῃ ξίφος. αἶψα δὲ κούρῃ     465 Δ
ἔμπαλιν ὄμματ᾽ ἔνεικε, καλυψαμένη ὀθόνῃσιν,
μὴ φόνον ἀθρήσειε κασιγνήτοιο τυπέντος·
τὸν δ᾽ ὅγε, βουτύπος ὥστε μέγαν κερεαλκέα ταῦρον,
πλῆξεν, ὀπιπτεύσας νηοῦ σχεδὸν ὅν ποτ᾽ ἔδειμαν
Ἀρτέμιδι Βρυγοὶ περιναιέται ἀντιπέρηθεν.     470 Δ
τοῦ ὅγ᾽ ἐνὶ προδόμῳ γνὺξ ἤριπε· λοίσθια δ᾽ ἥρως
θυμὸν ἀναπνείων, χερσὶν μέλαν ἀμφοτέρῃσιν
αἷμα κατ᾽ ὠτειλὴν ὑποΐσχετο, τῆς δὲ καλύπτρην
ἀργυφέην καὶ πέπλον ἀλευομένης ἐρύθηνεν.
ὀξὺ δὲ πανδαμάτωρ λοξῷ ἴδεν οἷον ἔρεξαν     475 Δ
ὄμματι νηλειεῖς ὀλοφώιον ἔργον Ἐρινύς.
ἥρως δ᾽ Αἰσονίδης ἐξάργματα τάμνε θανόντος,
τρὶς δ᾽ ἀπέλειξε φόνου, τρὶς δ᾽ ἐξ ἄγος ἔπτυσ᾽ ὀδόντων,
ἣ θέμις αὐθέντῃσι δολοκτασίας ἱλάεσθαι·
ὑγρὸν δ᾽ ἐν γαίῃ κρύψεν νέκυν, ἔνθ᾽ ἔτι νῦν περ     480 Δ
κείαται ὀστέα κεῖνα μετ᾽ ἀνδράσιν Ἀψυρτεῦσιν.
Οἱ δ᾽ ἄμυδις πυρσοῖο σέλας προπάροιθεν ἰδόντες
τό σφιν παρθενικὴ τέκμαρ μετιοῦσιν ἄειρεν,
Κολχίδος ἀγχόθι νηὸς ἑὴν παρὰ νῆα βάλοντο
ἥρωες, Κόλχων δ᾽ ὄλεκον στόλον, ἠύτε κίρκοι     485 Δ
φῦλα πελειάων ἠὲ μέγα πῶυ λέοντες
ἀγρότεροι κλονέουσιν ἐνὶ σταθμοῖσι θορόντες·
οὐδ᾽ ἄρα τις κείνων θάνατον φύγε, πάντα δ᾽ ὅμιλον
πῦρ ἄτε δηιόωντες ἐπέδραμον. ὀψὲ δ᾽ Ἰήσων
ἤντησεν, μεμαὼς ἐπαμυνέμεν - οὐ μάλ᾽ ἀρωγῆς     490 Δ
δευομένοις, ἤδη δὲ καὶ ἀμφ᾽ αὐτοῖο μέλοντο.
Ἔνθα δὲ ναυτιλίης πυκινὴν πέρι μητιάασκον
ἑζόμενοι βουλήν, ἐπὶ δέ σφισιν ἤλυθε κούρη
φραζομένοις. Πηλεὺς δὲ παροίτατος ἔκφατο μῦθον·
Ἤδη νῦν κέλομαι νύκτωρ ἔτι νῆ᾽ ἐπιβάντας     495 Δ
εἰρεσίῃ περάαν πλόον ἀντίον ᾧ ἐπέχουσι
δήιοι. ἠῶθεν γὰρ ἐπαθρήσαντας ἕκαστα
ἔλπομαι οὐχ ἕνα μῦθον ὅτις προτέρωσε δίεσθαι
ἡμέας ὀτρυνέει τοὺς πεισέμεν, οἶά τ᾽ ἄνακτος

εὔνιδες ἀργαλέῃσι διχοστασίῃς κεδόωνται·   500 Δ
ῥηιδίη δέ κεν ἄμμι, κεδασθέντων δίχα λαῶν,
ἤδ᾽ εἴη μετέπειτα κατερχομένοισι κέλευθος.
Ὣς ἔφατ᾽· ᾔνησαν δὲ νέοι ἔπος Αἰακίδαο.
ῥίμφα δὲ νῆ᾽ ἐπιβάντες ἐπερρώοντ᾽ ἐλάτῃσιν
νωλεμές, ὄφρ᾽ ἱερὴν Ἠλεκτρίδα νῆσον ἵκοντο,   505 Δ
ἀλλάων ὑπάτην, ποταμοῦ σχεδὸν Ἠριδανοῖο.
Κόλχοι δ᾽ ὁππότ᾽ ὄλεθρον ἐπεφράσθησαν ἄνακτος,
ἤτοι μὲν δίζεσθαι ἐπέχραον ἔνδοθι πάσης
Ἀργὼ καὶ Μινύας Κρονίης ἁλός, ἀλλ᾽ ἀπέρυκεν
Ἥρη σμερδαλέῃσι κατ᾽ αἰθέρος ἀστεροπῇσιν.   510 Δ
ὕστατον αὖ δὴ γάρ τε Κυταιίδος ἤθεα γαίης
στύξαν ἀτυζόμενοι χόλον ἄγριον Αἰήταο
ἔμπεδον ἄλλυδις ἄλλοι ἀφορμηθέντες ἔνασθεν·
οἱ μὲν ἐπ᾽ αὐτάων νήσων ἔβαν ᾗσιν ἐπέσχον
ἥρωες, ναίουσι δ᾽ ἐπώνυμοι Ἀψύρτοιο·   515 Δ
οἱ δ᾽ ἄρ᾽ ἐπ᾽ Ἰλλυρικοῖο μελαμβαθέος ποταμοῖο,
τύμβος ἵν᾽ Ἁρμονίης Κάδμοιό τε, πύργον ἔδειμαν,
ἀνδράσιν Ἐγχελέεσσιν ἐφέστιοι· οἱ δ᾽ ἐν ὄρεσσιν
ἐνναίουσιν ἅπερ τε Κεραύνια κικλήσκονται
ἐκ τόθεν ἐξότε τούσγε Διὸς Κρονίδαο κεραυνοὶ   520 Δ
νῆσον ἐς ἀντιπέραιαν ἀπέτραπον ὁρμηθῆναι.
Ἥρωες δ᾽, ὅτε δή σφιν ἐείσατο νόστος ἀπήμων,
δή ῥα τότε προμολόντες ἐπὶ χθονὶ πείσματ᾽ ἔδησαν
Ὑλλήων· νῆσοι γὰρ ἐπιπρούχοντο θαμειαί
ἀργαλέην πλώουσιν ὁδὸν μεσσηγὺς ἔχουσαι.   525 Δ
οὐδέ σφιν, ὡς καὶ πρίν, ἀνάρσια μητιάασκον
Ὑλλῆες, πρὸς δ᾽ αὐτοὶ ἐμηχανόωντο κέλευθον,
μισθὸν ἀειράμενοι τρίποδα μέγαν Ἀπόλλωνος.
δοιοὺς γὰρ τρίποδας τηλοῦ πόρε Φοῖβος ἄγεσθαι
Αἰσονίδῃ περόωντι κατὰ χρέος, ὁππότε Πυθὼ   530 Δ
ἱρὴν πευσόμενος μετεκίαθε τῆσδ᾽ ὑπὲρ αὐτῆς
ναυτιλίης· πέπρωτο δ᾽, ὅπῃ χθονὸς ἱδρυθεῖεν,
μήποτε τὴν δήιοσιν ἀναστήσεσθαι ἰοῦσιν.
τούνεκεν εἰσέτι νῦν κείνη ὅδε κεύθεται αἴῃ
ἀμφὶ πόλιν Ἀγανὴν Ὑλληίδα, πολλὸν ἔνερθεν   535 Δ

οὔδεος, ὥς κεν ἄφαντος ἀεὶ μερόπεσσι πέλοιτο.
οὐ μὲν ἔτι ζώοντα καταυτόθι τέτμον ἄνακτα
Ὕλλον, ὃν εὐειδὴς Μελίτη τέκεν Ἡρακλῆι
δήμῳ Φαιήκων· ὁ γὰρ οἰκία Ναυσιθόοιο
Μάκριν τ᾽ εἰσαφίκανε, Διωνύσοιο τιθήνην,     540 Δ
νιψόμενος παίδων ὀλοὸν φόνον· ἔνθ᾽ ὅγε κούρην
Αἰγαίου ἐδάμασσεν ἐρασσάμενος ποταμοῖο,
νηιάδα Μελίτην, ἡ δὲ σθεναρὸν τέκεν Ὕλλον·
οὐδ᾽ ἄρ᾽ ὅγ᾽ ἡβήσας αὐτῇ ἐνὶ ἔλδετο νήσῳ
ναίειν κοιρανέοντος ὑπ᾽ ὀφρύσι Ναυσιθόοιο·     545 Δ
βῆ δ᾽ ἅλαδε Κρονίην, αὐτόχθονα λαὸν ἀγείρας
Φαιήκων, σὺν γάρ οἱ ἄναξ πόρσυνε κέλευθον
ἥρως Ναυσίθοος· τόθι δ᾽ εἴσατο· καί μιν ἔπεφνον
Μέντορες, ἀγραύλοισιν ἀλεξόμενοι περὶ βουσίν.
Ἀλλὰ θεαί, πῶς τῆσδε παρὲξ ἁλὸς ἀμφί τε γαῖαν     550 Δ
Αὐσονίην νήσους τε Λιγυστίδας, αἳ καλέονται
Στοιχάδες, Ἀργῴης περιώσια σήματα νηός
νημερτὲς πέφαται; τίς ἀπόπροθι τόσσον ἀνάγκη
καὶ χρειώ σφ᾽ ἐκόμισσε; τίνες σφέας ἤγαγον αὖραι;
Αὐτόν που μεγαλωστὶ δεδουπότος Ἀψύρτοιο     555 Δ
Ζῆνα θεῶν βασιλῆα χόλος λάβεν οἷον ἔρεξαν,
Αἰαίης δ᾽ ὀλοὸν τεκμήρατο δήνεσι Κίρκης
αἷμ᾽ ἀπονιψαμένους πρό τε μυρία πημανθέντας
νοστήσειν. τὸ μὲν οὔ τις ἀριστήων ἐνόησεν·
ἀλλ᾽ ἔθεον γαίης Ὑλληίδος ἐξανιόντες     560 Δ
τηλόθι, τὰς δ᾽ ἀπέλειπον ὅσαι Κόλχοισι πάροιθεν
ἑξείης πλήθοντο Λιβυρνίδες εἰν ἁλὶ νῆσοι,
Ἴσσα τε Δυσκέλαδός τε καὶ ἱμερτὴ Πιτύεια·
αὐτὰρ ἔπειτ᾽ ἐπὶ τῆσι παραὶ Κέρκυραν ἵκοντο,
ἔνθα Ποσειδάων Ἀσωπίδα νάσσατο κούρην,     565 Δ
ἠύκομον Κέρκυραν, ἑκὰς Φλειουντίδος αἴης,
ἁρπάξας ὑπ᾽ ἔρωτι· μελαινομένην δέ μιν ἄνδρες
ναυτίλοι ἐκ πόντοιο κελαινῇ πάντοθεν ὕλῃ
δερκόμενοι, Κέρκυραν ἐπικλείουσι Μέλαιναν·
τῇ δ᾽ ἐπὶ καὶ Μελίτην, λιαρῷ περιγηθέες οὔρῳ,     570 Δ
αἰπεινήν τε Κερωσσόν, ὕπερθε δὲ πολλὸν ἐοῦσαν

Νυμφαίην παράμειβον, ἵνα κρείουσα Καλυψώ
Ἀτλαντὶς ναίεσκε. τὰ δ᾽ ἠεροειδέα λεύσσειν
οὔρεα δοιάζοντο Κεραύνια· καὶ τότε βουλὰς
ἀμφ᾽ αὐτοῖς Ζηνός τε μέγαν χόλον ἐφράσαθ᾽ Ἥρη,     575 Δ
μηδομένη δ᾽ ἄνυσιν τοῖο πλόου, ὦρσεν ἀέλλας
ἀντικρύ· τοὶ δ᾽ αὖτις ἀναρπάγδην φορέοντο
νήσου ἔπι κραναῆς Ἠλεκτρίδος. αὐτίκα δ᾽ ἄφνω
ἴαχεν ἀνδρομέῃ ἐνοπῇ μεσσηγὺ θεόντων
αὐδῆεν γλαφυρῆς νηὸς δόρυ, τόρρ᾽ ἀνὰ μέσσην     580 Δ
στεῖραν Ἀθηναίη Δωδωνίδος ἥρμοσε φηγοῦ.
τοὺς δ᾽ ὀλοὸν μεσσηγὺ δέος λάβεν εἰσαΐοντας
φθογγήν τε Ζηνός τε βαρὺν χόλον· οὐ γὰρ ἀλύξειν
ἔννεπεν οὔτε πόρους δολιχῆς ἁλὸς οὔτε θυέλλας
ἀργαλέας, ὅτε μὴ Κίρκη φόνον Ἀψύρτοιο     585 Δ
νηλέα νίψειεν· Πολυδεύκεα δ᾽ εὐχετάασθαι
Κάστορά τ᾽ ἀθανάτοισι θεοῖς ἤνωγε κελεύθους
Αὐσονίης ἔντοσθε πορεῖν ἁλός, ᾗ ἔνι Κίρκην
δήουσιν, Πέρσης τε καὶ Ἠελίοιο θύγατρα.
Ὣς Ἀργὼ ἰάχησεν ὑπὸ κνέφας. οἱ δ᾽ ἀνόρουσαν     590 Δ
Τυνδαρίδαι καὶ χεῖρας ἀνέσχεθον ἀθανάτοισιν
εὐχόμενοι τὰ ἕκαστα· κατηφείη δ᾽ ἔχεν ἄλλους
ἥρωας Μινύας. ἡ δ᾽ ἔσσυτο πολλὸν ἐπιπρὸ
λαίφεσιν. ἐς δ᾽ ἔβαλον μύχατον ῥόον Ἠριδανοῖο,
ἔνθα ποτ᾽ αἰθαλόεντι τυπεὶς πρὸς στέρνα κεραυνῷ     595 Δ
ἡμιδαὴς Φαέθων πέσεν ἅρματος Ἠελίοιο
λίμνης ἐς προχοὰς πολυβενθέος· ἡ δ᾽ ἔτι νῦν περ
τραύματος αἰθομένοιο βαρὺν ἀνακηκίει ἀτμόν,
οὐδέ τις ὕδωρ κεῖνο διὰ πτερὰ κοῦφα τανύσσας
οἰωνὸς δύναται βαλέειν ὕπερ, ἀλλὰ μεσηγὺς     600 Δ
φλογμῷ ἐπιθρῴσκει πεποτημένος. ἀμφὶ δὲ κοῦραι
Ἡλιάδες ταναῇσιν ἀείμεναι αἰγείροισιν
μύρονται κινυρὸν μέλεαι γόον, ἐκ δὲ φαεινάς
ἠλέκτρου λιβάδας βλεφάρων προχέουσιν ἔραζε·
αἵ μέν τ᾽ ἠελίῳ ψαμάθοις ἔπι τερσαίνονται,     605 Δ
εὖτ᾽ ἂν δὲ κλύζῃσι κελαινῆς ὕδατα λίμνης
ἠιόνας πνοιῇ πολυηχέος ἐξ ἀνέμοιο,

δὴ τότ᾽ ἐς Ἠριδανὸν προκυλίνδεται ἀθρόα πάντα
κυμαίνοντι ῥόῳ. Κελτοὶ δ᾽ ἐπὶ βάξιν ἔθεντο
ὡς ἄρ᾽ Ἀπόλλωνος τάδε δάκρυα Λητοΐδαο          610 Δ
ἐμφέρεται δίναις, ἅ τε μυρία χεῦε πάροιθεν,
ἦμος Ὑπερβορέων ἱερὸν γένος εἰσαφίκανεν,
οὐρανὸν αἰγλήεντα λιπὼν ἐκ πατρὸς ἐνιπῆς,
χωόμενος περὶ παιδὶ τὸν ἐν λιπαρῇ Λακερείῃ
δῖα Κορωνὶς ἔτικτεν ἐπὶ προχοῆς Ἀμύροιο.          615 Δ
καὶ τὰ μὲν ὣς κείνοισι μετ᾽ ἀνδράσι κεκλήισται·
τοὺς δ᾽ οὔτε βρώμης ἦρει πόθος οὔτε ποτοῖο,
οὔτ᾽ ἐπὶ γηθοσύνας νόος ἐτράπετ᾽· ἀλλ᾽ ἄρα τοίγε
ἤματα μὲν στρεύγοντο περιβληχρὸν βαρύθοντες
ὀδμῇ λευγαλέῃ τήν ῥ᾽ ἄσχετον ἐξανίεσκον          620 Δ
τυφομένου Φαέθοντος ἐπιρροαὶ Ἠριδανοῖο,
νυκτὸς δ᾽ αὖ γόον ὀξὺν ὀδυρομένων ἐσάκουον
Ἡλιάδων λιγέως· τὰ δὲ δάκρυα μυρομένῃσιν
οἷον ἐλαιηραὶ στάγες ὕδασιν ἐμφορέοντο.
Ἐκ δὲ τόθεν Ῥοδανοῖο βαθὺν ῥόον εἰσεπέρησαν,          625 Δ
ὅς τ᾽ εἰς Ἠριδανὸν μετανίσσεται, ἄμμιγα δ᾽ ὕδωρ
ἐν ξυνοχῇ βέβρυχε κυκώμενον. αὐτὰρ ὁ γαίης
ἐκ μυχάτης, ἵνα τ᾽ εἰσὶ πύλαι καὶ ἐδέθλια Νυκτός,
ἔνθεν ἀπορνύμενος, τῇ μέν τ᾽ ἐπερεύγεται ἀκτάς
Ὠκεανοῦ, τῇ δ᾽ αὖτε μετ᾽ Ἰονίην ἅλα βάλλει,          630 Δ
τῇ δ᾽ ἐπὶ Σαρδόνιον πέλαγος καὶ ἀπείρονα κόλπον
ἑπτὰ διὰ στομάτων ἵει ῥόον. ἐκ δ᾽ ἄρα τοῖο
λίμνας εἰσέλασαν δυσχείμονας αἵ τ᾽ ἀνὰ Κελτῶν
ἤπειρον πέπτανται ἀθέσφατοι. ἔνθα κεν οἵγε
ἄτῃ ἀεικελίῃ πέλασαν· φέρε γάρ τις ἀπορρώξ          635 Δ
κόλπον ἐς Ὠκεανοῖο, τὸν οὐ προδαέντες ἔμελλον
εἰσβαλέειν. τόθεν οὔ κεν ὑπότροποι ἐξεσάωθεν·
ἀλλ᾽ Ἥρη σκοπέλοιο καθ᾽ Ἑρκυνίου ἰάχησεν
οὐρανόθεν προθοροῦσα, φόβῳ δ᾽ ἐτίναχθεν ἀυτῆς
πάντες ὁμῶς, δεινὸν γὰρ ἐπὶ μέγας ἔβραχεν αἰθήρ·          640 Δ
ἂψ δὲ παλιντροπόωντο θεᾶς ὕπο καί ῥ᾽ ἐνόησαν
τήνδ᾽ οἶμον τῇπέρ τε καὶ ἔπλετο νόστος ἰοῦσι.
δηναιοὶ δ᾽ ἀκτὰς ἁλιμυρέας εἰσαφίκοντο,

Ἥρης ἐννεσίῃσι δι᾽ ἔθνεα μυρία Κελτῶν
καὶ Λιγύων περόωντες ἀδήιοι, ἀμφὶ γὰρ αἰνήν        645 Δ
ἠέρα χεῦε θεὰ πάντ᾽ ἤματα νισσομένοισιν.
μεσσότατον δ᾽ ἄρα τοίγε διὰ στόμα νηὶ βαλόντες,
Στοιχάδας εἰσαπέβαν νήσους, σόοι εἵνεκα κούρων
Ζηνός· ὃ δὴ βωμοί τε καὶ ἱερὰ τοῖσι τέτυκται
ἔμπεδον, οὐδ᾽ οἷον κείνης ἐπίουροι ἕποντο        650 Δ
ναυτιλίης, Ζεὺς δέ σφι καὶ ὀψιγόνων πόρε νῆας.
Στοιχάδας αὖτε λιπόντες ἐς Αἰθαλίην ἐπέρησαν
νῆσον, ἵνα ψηφῖσιν ἀπωμόρξαντο καμόντες
ἱδρῶ ἅλις· χροιῇ δὲ κατ᾽ αἰγιαλοῖο κέχυνται
εἴκελοι        655 Δ
ἐν δὲ σόλοι καὶ τρύχεα θέσκελα κείνων·
ἔνθα λιμὴν Ἀργῷος ἐπωνυμίην πεφάτισται.
Καρπαλίμως δ᾽ ἐνθένδε διὲξ ἁλὸς οἶδμα νέοντο
Αὐσονίης, ἀκτὰς Τυρσηνίδας εἰσορόωντες,
ἷξον δ᾽ Αἰαίης λιμένα κλυτόν. ἐκ δ᾽ ἄρα νηός        660 Δ
πείσματ᾽ ἐπ᾽ ἠιόνων σχεδόθεν βάλον· ἔνθα δὲ Κίρκην
εὗρον ἁλὸς νοτίδεσσι κάρη περιφαιδρύνουσαν,
τοῖον γὰρ νυχίοισιν ὀνείρασιν ἐπτοίητο·
αἵματί οἱ θάλαμοί τε καὶ ἕρκεα πάντα δόμοιο
μύρεσθαι δόκεον, φλὸξ δ᾽ ἀθρόα φάρμακ᾽ ἔδαπτεν        665 Δ
οἷσι πάρος ξείνους θέλγ᾽ ἀνέρας ὅστις ἵκοιτο·
τὴν δ᾽ αὐτὴ φονίῳ σβέσεν αἵματι πορφύρουσαν,
χερσὶν ἀφυσσαμένη, λῆξεν δ᾽ ὀλοοῖο φόβοιο.
τῶ καὶ ἐπιπλομένης ἠοῦς νοτίδεσσι θαλάσσης
ἐγρομένη πλοκάμους τε καὶ εἵματα φαιδρύνεσκεν.        670 Δ
θῆρες δ᾽, οὐ θήρεσσιν ἐοικότες ὠμηστῇσιν
οὐδὲ μὲν οὐδ᾽ ἄνδρεσσιν ὁμὸν δέμας, ἄλλο δ᾽ ἀπ᾽ ἄλλων
συμμιγέες γενέων, κίον ἀθρόοι, ἠύτε μῆλα
ἐκ σταθμῶν ἅλις εἶσιν ὀπηδεύοντα νομῆι.
τοίους καὶ προτέρους ἐξ ἰλύος ἐβλάστησεν        675 Δ
χθὼν αὐτὴ μικτοῖσιν ἀρηρεμένους μελέεσσιν,
οὔπω διψαλέῳ μάλ᾽ ὑπ᾽ ἠέρι πιληθεῖσα
οὐδέ πω ἀζαλέοιο βολαῖς τόσον ἠελίοιο
ἰκμάδας αἰνυμένου· τὰ δ᾽ ἐπὶ στίχας ἤγαγεν αἰών

συγκρίνας. τὼς οἵγε φυὴν ἀΐδηλοι ἕποντο,      680 Δ
ἥρωας δ᾽ ἕλε θάμβος ἀπείριτον. αἶψα δ᾽ ἕκαστος,
Κίρκης εἴς τε φυὴν εἴς τ᾽ ὄμματα παπταίνοντες,
ῥεῖα κασιγνήτην φάσαν ἔμμεναι Αἰήταο.
Ἡ δ᾽ ὅτε δὴ νυχίων ἀπὸ δείματα πέμψεν ὀνείρων,
αὐτίκ᾽ ἔπειτ᾽ ἄψορρον ἀπέστιχε, τοὺς δ᾽ ἅμ᾽ ἕπεσθαι      685 Δ
χειρὶ καταρρέξασα δολοφροσύνησιν ἄνωγεν.
ἔνθ᾽ ἤτοι πληθὺς μὲν ἐφετμαῖς Αἰσονίδαο
μίμνον ἀπηλεγέως, ὁ δ᾽ ἐρύσσατο Κολχίδα κούρην·
ἄμφω δ᾽ ἑσπέσθην αὐτὴν ὁδόν, ἔστ᾽ ἀφίκοντο
Κίρκης ἐς μέγαρον. τοὺς δ᾽ ἐν λιπαροῖσι κέλευεν      690 Δ
ἥγε θρόνοις ἕζεσθαι, ἀμηχανέουσα κιόντων·
τὼ δ᾽ ἄνεῳ καὶ ἄναυδοι ἐφ᾽ ἑστίῃ ἀΐξαντε
ἵζανον, ἥ τε δίκη λυγροῖς ἱκέτῃσι τέτυκται,
ἡ μὲν ἐπ᾽ ἀμφοτέραις θεμένη χείρεσσι μέτωπα,
αὐτὰρ ὁ κωπῆεν μέγα φάσγανον ἐν χθονὶ πήξας      695 Δ
ᾧπέρ τ᾽ Αἰήταο πάιν κτάνεν· οὐδέ ποτ᾽ ὄσσε
ἰθὺς ἐνὶ βλεφάροισιν ἀνέσχεθον. αὐτίκα δ᾽ ἔγνω
Κίρκη φύξιον οἶτον ἀλιτροσύνας τε φόνοιο.
τῶ καὶ ὀπιζομένη Ζηνὸς θέμιν Ἱκεσίοιο,
ὃς μέγα μὲν κοτέει, μέγα δ᾽ ἀνδροφόνοισιν ἀρήγει,      700 Δ
ῥέζε θυηπολίην οἵῃ τ᾽ ἀπολυμαίνονται
νηλειτεῖς ἱκέται, ὅτ᾽ ἐφέστιοι ἀντιόωσιν.
πρῶτα μὲν ἀτρέπτοιο λυτήριον ἧγε φόνοιο
τειναμένη καθύπερθε συὸς τέκος, ἧς ἔτι μαζοὶ
πλήμυρον λοχίης ἐκ νηδύος, αἵματι χεῖρας      705 Δ
τέγγεν, ἐπιτμήγουσα δέρην· αὖτις δὲ καὶ ἄλλοις
μείλισσεν χύτλοισι Καθάρσιον ἀγκαλέουσα
Ζῆνα παλαμναίων τιμήορον ἱκεσίῃσι.
καὶ τὰ μὲν ἀθρόα πάντα δόμων ἐκ λύματ᾽ ἔνεικαν
νηιάδες πρόπολοι, ταί οἱ πόρσυνον ἕκαστα·      710 Δ
ἡ δ᾽ εἴσω πελανοὺς μείλικτρά τε νηφαλίῃσιν
καῖεν ἐπ᾽ εὐχωλῇσι παρέστιος, ὄφρα χόλοιο
υμερδαλέας παύσειεν Ἐρινύας ἠδὲ καὶ αὐτός
εὐμειδής τε πέλοιτο καὶ ἤπιος ἀμφοτέροισιν,
εἴτ᾽ οὖν ὀθνείῳ μεμιασμένοι αἵματι χεῖρας      715 Δ

εἴτε καὶ ἐμφύλῳ προσκηδέες ἀντιόῳεν.
Αὐτὰρ ἐπεὶ μάλα πάντα πονήσατο, δὴ τότ᾿ ἔπειτα
εἷσεν ἐπὶ ξεστοῖσιν ἀναστήσασα θρόνοισιν,
καὶ δ᾿ αὐτὴ πέλας ἷζεν ἐνωπαδίς. αἶψα δὲ μύθῳ
χρειώ ναυτιλίην τε διακριδὸν ἐξερέεινεν,      720 Δ
ἠδ᾿ ὁπόθεν μετὰ γαῖαν ἑὴν καὶ δώματ᾿ ἰόντες
αὕτως ἱδρύθησαν ἐφέστιοι· ἦ γὰρ ὀνείρων
μνῆστις ἀεικελίη δῦνεν φρένας ὁρμαίνουσαν,
ἵετο δ᾿ αὖ κούρης ἐμφύλιον ἴδμεναι ὀμφήν
αὐτίχ᾿ ὅπως ἐνόησεν ἀπ᾿ οὔδεος ὄσσε βαλοῦσαν·      725 Δ
πᾶσα γὰρ Ἡελίου γενεὴ ἀρίδηλος ἰδέσθαι
ἦεν, ἐπεὶ βλεφάρων ἀποτηλόθι μαρμαρυγῇσιν
οἷόν τε χρυσέην ἀντώπιον ἵεσαν αἴγλην.
ἡ δ᾿ ἄρα τῇ τὰ ἕκαστα διειρομένη κατέλεξεν,
Κολχίδα γῆρυν ἱεῖσα, βαρύφρονος Αἰήταο      730 Δ
κούρη μειλιχίως· ἠμὲν στόλον ἠδὲ κελεύθους
ἡρώων, ὅσα τ᾿ ἀμφὶ θοοῖς ἐμόγησαν ἀέθλοις·
ὥς τε κασιγνήτης πολυκηδέος ἤλιτε βουλαῖς·
ὥς τ᾿ ἀπονόσφιν ἄλυξεν ὑπέρβια δείματα πατρός
σὺν παισὶ Φρίξοιο. φόνον δ᾿ ἀλέεινεν ἐνισπεῖν      735 Δ
Ἀψύρτου, τὴν δ᾿ οὔτι νόῳ λάθεν· ἀλλὰ καὶ ἔμπης
μυρομένην ἐλέαιρεν, ἔπος δ᾿ ἐπὶ τοῖον ἔειπεν·
Σχετλίη, ἦ ῥα κακὸν καὶ ἀεικέα μήσαο νόστον.
ἔλπομαι οὐκ ἐπὶ δὴν σε βαρὺν χόλον Αἰήταο
ἐκφυγέειν, τάχα δ᾿ εἶσι καὶ Ἑλλάδος ἤθεα γαίης      740 Δ
τεισόμενος φόνον υἷος, ὅτ᾿ ἄσχετα ἔργα τέλεσσας.
ἀλλ᾿ ἐπεὶ οὖν ἱκέτις καὶ ὁμόγνιος ἔπλευ ἐμεῖο,
ἄλλο μὲν οὔτι κακὸν μητίσομαι ἐνθάδ᾿ ἰούσῃ·
ἔρχεο δ᾿ ἐκ μεγάρων, ξείνῳ συνοπηδὸς ἐοῦσα
ὅντινα τοῦτον ἄιστον ἀνεύραο πατρὸς ἄνευθεν,      745 Δ
μηδέ με γουνάσσηαι ἐφέστιος· οὐ γὰρ ἔγωγε
αἰνήσω βουλάς τε σέθεν καὶ ἀεικέα φύξιν.
Ὣς φάτο· τὴν δ᾿ ἀμέγαρτον ἄχος λάβεν, ἀμφὶ δὲ πέπλον
ὀφθαλμοῖσι βαλοῦσα γόον χέεν, ὄφρα μιν ἥρως
χειρὸς ἐπισχόμενος μεγάρων ἐξῆγε θύραζε      750 Δ
δείματι παλλομένην, λεῖπον δ᾿ ἀπὸ δώματα Κίρκης.

Οὐδ᾽ ἄλοχον Κρονίδαο Διὸς λάθον, ἀλλά οἱ Ἶρις
πέφραδεν, εὖτ᾽ ἐνόησεν ἀπὸ μεγάροιο κιόντας·
αὐτὴ γάρ μιν ἄνωγε δοκευέμεν ὁππότε νῆα
στείχοιεν. τὸ καὶ αὖτις ἐποτρύνουσ᾽ ἀγόρευεν·      755 Δ
Ἶρι φίλη, νῦν, εἴ ποτ᾽ ἐμὰς ἐτέλεσσας ἐφετμάς,
εἰ δ᾽ ἄγε λαιψηρῇσι μετοιχομένη πτερύγεσσιν
δεῦρο Θέτιν μοι ἄνωχθι μολεῖν ἁλὸς ἐξανιοῦσαν,
κείνης γὰρ χρειώ με κιχάνεται. αὐτὰρ ἔπειτα
ἐλθέμεν εἰς ἀκτὰς ὅθι τ᾽ ἄκμονες Ἡφαίστοιο      760 Δ
χάλκειοι στιβαρῇσιν ἀράσσονται τυπίδεσσιν,
εἰπὲ δὲ κοιμῆσαι φύσας πυρός, εἰσόκεν Ἀργὼ
τάσγε παρεξελάσῃσιν. ἀτὰρ καὶ ἐς Αἴολον ἐλθεῖν,
Αἴολον ὅς τ᾽ ἀνέμοις αἰθρηγενέεσσιν ἀνάσσει·
καὶ δὲ τῷ εἰπέμεναι τὸν ἐμὸν νόον, ὥς κεν ἀήτας      765 Δ
πάντας ἀπολλήξειεν ὑπ᾽ ἠοῖ, μηδέ τις αὔρη
τρηχύνοι πέλαγος, ζεφύρου γε μὲν οὖρος ἀήτω,
ὄφρ᾽ οἵγ᾽ Ἀλκινόου Φαιηκίδα νῆσον ἵκωνται.
Ὣς ἔφατ᾽. αὐτίκα δ᾽ Ἶρις ἀπ᾽ Οὐλύμποιο θοροῦσα
τέμνε, τανυσσαμένη κοῦφα πτερά· δῦ δ᾽ ἐνὶ πόντῳ      770 Δ
Αἰγαίῳ, τόθι πέρ τε δόμοι Νηρῆος ἔασιν,
πρώτην δ᾽ εἰσαφίκανε Θέτιν καὶ ἐπέφραδε μῦθον
Ἥρης ἐννεσίης ὦρσέν τέ μιν εἰς ἓ νέεσθαι·
δεύτερα δ᾽ εἰς Ἥφαιστον ἐβήσατο, παῦσε δὲ τόνγε
ῥίμφα σιδηρείων τυπίδων, ἔσχοντο δ᾽ αὐτμῆς      775 Δ
αἰθαλέοι πρηστῆρες· ἀτὰρ τρίτον εἰσαφίκανεν
Αἴολον Ἱππότεω παῖδα κλυτόν. ὄφρα δὲ καὶ τῷ
ἀγγελίην φαμένη θοὰ γούνατα παῦεν ὁδοῖο,
τόφρα Θέτις, Νηρῆα κασιγνήτας τε λιποῦσα,
ἐξ ἁλὸς Οὐλυμπόνδε θεὰν μετεκίαθεν Ἥρην.      780 Δ
ἡ δέ μιν ἆσσον ἑοῖο παρεῖσέ τε φῦνέ τε μυθον·
Κέκλυθι νῦν, Θέτι δῖα, τά τοι ἐπιέλδομ᾽ ἐνισπεῖν.
οἶσθα μὲν ὅσσον ἐμῇσιν ἐνὶ φρεσὶ τίεται ἥρως
Αἰσονίδης ἠδ᾽ ἄλλοι ἀοσσητῆρες ἀέθλου,
οἵη τέ σφ᾽ ἐσάωσα διὰ Πλαγκτὰς περόωντας      785 Δ
πέτρας, ἔνθα πυρὸς δειναὶ βρομέουσι θύελλαι,
κύματά τε σκληρῇσι περιβλύει σπιλάδεσσιν,

νῦν δὲ παρὰ Σκύλλης σκόπελον μέγαν ἠδὲ Χάρυβδιν
δεινὸν ἐρευγομένην δέχεται ὁδός. ἀλλά σε γὰρ δή
ἐξέτι νηπυτίης αὐτὴ τρέφον, ἠδ᾽ ἀγάπησα          790 Δ
ἔξοχον ἀλλάων αἵ τ᾽ εἰν ἁλὶ ναιετάουσιν,
οὕνεκεν οὐκ ἔτλης εὐνῇ Διὸς ἱεμένοιο
λέξασθαι κείνῳ γὰρ ἀεὶ τάδε ἔργα μέμηλεν,
ἠὲ σὺν ἀθανάταις ἠὲ θνητῇσιν ἰαύειν,
ἀλλ᾽ ἐμέ γ᾽ αἰδομένη καὶ ἐνὶ φρεσὶ δειμαίνουσα      795 Δ
ἠλεύω· ὁ δ᾽ ἔπειτα πελώριον ὅρκον ὅμοσσε,
μήποτέ σ᾽ ἀθανάτοιο θεοῦ καλέεσθαι ἄκοιτιν.
ἔμπης δ᾽ οὐ μεθίεσκεν ὀπιπτεύων ἀέκουσαν,
εἰσότε οἱ πρέσβειρα Θέμις κατέλεξεν ἅπαντα,
ὡς δή τοι πέπρωται ἀμείνονα πατρὸς ἑοῖο          800 Δ
παῖδα τεκεῖν· τῶ καί σε λιλαιόμενος μεθέηκεν
δείματι, μή τις ἑοῦ ἀντάξιος ἄλλος ἀνάσσοι
ἀθανάτων, ἀλλ᾽ αἰὲν ἑὸν κράτος εἰρύοιτο.
αὐτὰρ ἐγὼ τὸν ἄριστον ἐπιχθονίων πόσιν εἶναι
δῶκά τοι, ὄφρα γάμου θυμηδέος ἀντιάσειας        805 Δ
τέκνα τε φιτύσαιο· θεοὺς δ᾽ εἰς δαῖτα κάλεσσα
πάντας ὁμῶς, αὐτὴ δὲ σέλας χείρεσσιν ἀνέσχον
νυμφίδιον, κείνης ἀγανόφρονος εἵνεκα τιμῆς.
ἀλλ᾽ ἄγε καί τινά τοι νημερτέα μῦθον ἐνίψω.
εὖτ᾽ ἂν ἐς Ἠλύσιον πεδίον τεὸς υἱὸς ἵκηται,      810 Δ
ὃν δὴ νῦν Χείρωνος ἐν ἤθεσι Κενταύροιο
νηιάδες κομέουσι τεοῦ λίπτοντα γάλακτος,
χρειώ μιν κούρης πόσιν ἔμμεναι Αἰήταο
Μηδείης· σὺ δ᾽ ἄρηγε νυῷ ἑκυρή περ ἐοῦσα,
ἠδ᾽ αὐτῷ Πηλῆι. τί τοι χόλος ἐστήρικται;        815 Δ
ἀάσθη, καὶ γάρ τε θεοὺς ἐπινίσσεται ἄτη.
ναὶ μὲν ἐφημοσύνησιν ἐμαῖς Ἥφαιστον ὀίω
λωφήσειν πρήσσοντα πυρὸς μένος, Ἱπποτάδην δέ
Αἴολον ὠκείας ἀνέμων ἄικας ἐρύξειν
νόσφιν εὐσταθέος ζεφύρου, τείως κεν ἵκωνται      820 Δ
Φαιήκων λιμένας. σὺ δ᾽ ἀκηδέα μήδεο νόστον·
δεῖμα δέ τοι πέτραι καὶ ὑπέρβια κύματ᾽ ἔασιν
μοῦνον, ἅ κεν τρέψαιο κασιγνήτῃσι σὺν ἄλλαις·

μηδὲ σύγ᾽ ἠὲ Χάρυβδιν ἀμηχανέοντας ἐάσῃς
ἐσβαλέειν, μὴ πάντας ἀναβρόξασα φέρῃσιν,     825 Δ
ἠὲ παρὰ Σκύλλης στυγερὸν κευθμῶνα νέεσθαι
Σκύλλης Αὐσονίης ὀλοόφρονος, ἣν τέκε Φόρκῳ
νυκτιπόλος Ἑκάτη, τήν τε κλείουσι Κράταιιν,
μή πως σμερδαλέῃσιν ἐπαΐξασα γένυσσιν
λεκτοὺς ἡρώων δηλήσεται· ἀλλ᾽ ἔχε νῆα     830 Δ
κεῖσ᾽ ὅθι περ τυτθή γε παραίβασις ἔσσετ᾽ ὀλέθρου.
Ὣς φάτο· τὴν δὲ Θέτις τοίῳ προσελέξατο μύθῳ·
Εἰ μὲν δὴ μαλεροῖο πυρὸς μένος ἠδὲ θύελλαι
ζαχρηεῖς λήξουσιν ἐτήτυμον, ἦ τ᾽ ἂν ἔγωγε
θαρσαλέη φαίην καὶ κύματος ἀντιόωντος     835 Δ
νῆα σαωσέμεναι, ζεφύρου λίγα κινυμένοιο.
ἀλλ᾽ ὥρη δολιχήν τε καὶ ἄσπετον οἶμον ὁδεύειν,
ὄφρα κασιγνήτας μετ᾽ ἐλεύσομαι αἵ μοι ἀρωγοί
ἔσσονται, καὶ νηὸς ὅθι πρυμνῆσι᾽ ἀνῆπται,
ὥς κεν ὑπηῷοι μνησαίατο ναυτίλλεσθαι.     840 Δ
Ἦ, καὶ ἀναΐξασα κατ᾽ αἰθέρος ἔμπεσε δίναις
κυανέου πόντοιο, κάλει δ᾽ ἐπαμυνέμεν ἄλλας
αὐτοκασιγνήτας Νηρηίδας· αἱ δ᾽ ἀίουσαι
ἤντεον ἀλλήλῃσι, Θέτις δ᾽ ἀγόρευεν ἐφετμάς
Ἥρης, αἶψα δ᾽ ἴαλλε μετ᾽ Αὐσονίην ἅλα πάσας.     845 Δ
αὐτὴ δ᾽ ὠκυτέρη ἀμαρύγματος ἠὲ βολάων
ἠελίου ὅτ᾽ ἄνεισι περαίης ὑψόθι γαίης,
σεύατ᾽ ἴμεν λαιψηρὰ δι᾽ ὕδατος, ἔστ᾽ ἀφίκανεν
ἀκτὴν Αἰαίην Τυρσηνίδος ἠπείροιο.
τοὺς δ᾽ εὗρεν παρὰ νηὶ σόλῳ ῥιπῇσί τ᾽ ὀιστῶν     850 Δ
τερπομένους· στῆ δ᾽ ἆσσον, ὀρεξαμένη χερὸς ἄκρης,
Αἰακίδεω Πηλῆος, ὁ γάρ ῥά οἱ ἦεν ἀκοίτης·
οὐδέ τις εἰσιδέειν δύνατ᾽ ἀμφαδόν, ἀλλ᾽ ἄρα τῷγε
οἴῳ ἐν ὀφθαλμοῖσιν ἐείσατο, φώνησέν τε·
Μηκέτι νῦν ἀκταῖς Τυρσηνίσιν ἧσθε μένοντες,     855 Δ
ἠῶθεν δὲ θοῆς πρυμνήσια λύετε νηός,
Ἥρῃ πειθόμενοι, ἐπαρηγόνι· τῆς γὰρ ἐφετμῆς
πασσυδίῃ κοῦραι Νηρηίδες ἀντιόωσι
νῆα διὲκ πέτρας αἵ τε Πλαγκταὶ καλέονται

ῥυσόμεναι· κείνη γὰρ ἐναίσιμος ὕμμι κέλευθος.　　　860 Δ
ἀλλὰ σὺ μή τῳ ἐμὸν δείξῃς δέμας, εὖτ᾽ ἂν ἴδηαι
ἀντομένην σὺν τῇσι, νόῳ δ᾽ ἔχε, μή με χολώσῃς
πλεῖον ἔτ᾽ ἢ τὸ πάροιθεν ἀπηλεγέως ἐχόλωσας.
Ἦ, καὶ ἔπειτ᾽ ἀίδηλος ἐδύσατο βένθεα πόντου·
τὸν δ᾽ ἄχος αἰνὸν ἔτυψεν, ἐπεὶ πάρος οὐ μετιοῦσαν　　865 Δ
ἔδρακεν ἐξότε πρῶτα λίπεν θάλαμόν τε καὶ εὐνήν,
χωσαμένη Ἀχιλῆος ἀγαυοῦ νηπιάχοντος.
ἣ μὲν γὰρ βροτέας αἰεὶ περὶ σάρκας ἔδαιεν
νύκτα διὰ μέσσην φλογμῷ πυρός, ἤματα δ᾽ αὖτε
ἀμβροσίῃ χρίεσκε τέρεν δέμας, ὄφρα πέλοιτο　　　870 Δ
ἀθάνατος καί οἱ στυγερὸν χροῒ γῆρας ἀλάλκοι·
αὐτὰρ ὅγ᾽ ἐξ εὐνῆς ἀναπάλμενος εἰσενόησεν
παῖδα φίλον σπαίροντα διὰ φλογός, ἧκε δ᾽ ἀυτήν
σμερδαλέην ἐσιδών, μέγα νήπιος· ἣ δ᾽ ἀίουσα,
τὸν μὲν ἄρ᾽ ἁρπάγδην χαμάδις βάλε κεκληγῶτα,　　875 Δ
αὐτὴ δὲ, πνοιῇ ἰκέλη δέμας, ἠύτ᾽ ὄνειρος,
βῆ ῥ᾽ ἴμεν ἐκ μεγάροιο θοῶς καὶ ἐσήλατο πόντον
χωσαμένη· μετὰ δ᾽ οὔ τι παλίσσυτος ἵκετ᾽ ὀπίσσω.
τῶ μιν ἀμηχανίη δῆσεν φρένας· ἀλλὰ καὶ ἔμπης
πᾶσαν ἐφημοσύνην Θέτιδος μετέειπεν ἑταίροις.　　880 Δ
οἳ δ᾽ ἄρα μεσσηγὺς λῆξαν καὶ ἔπαυσαν ἀέθλους
ἐσσυμένως, δόρπον τε χαμεύνας τ᾽ ἀμφεπένοντο,
τῆς ἔνι δαισάμενοι νύκτ᾽ ἄεσαν ὡς τὸ πάροιθεν.
Ἦμος δ᾽ ἄκρον ἔβαλλε φαεσφόρος οὐρανὸν ἠώς,
δὴ τότε λαιψηροῖο κατηλυσίῃ ζεφύροιο　　　885 Δ
βαῖνον ἐπὶ κληῖδας ἀπὸ χθονός· ἐκ δὲ βυθοῖο
εὐναίας εἷλκον περιγηθέες ἄλλα τε πάντα
ἄρμενα μηρύοντο κατὰ χρέος, ὕψι δὲ λαῖφος
εἴρυσσαν τανύσαντες ἐν ἱμάντεσσι κεραίης.
νῆα δ᾽ ἐυκραὴς ἄνεμος φέρεν· αἶψα δὲ νῆσον　　890 Δ
καλὴν Ἀνθεμόεσσαν ἐσέδρακον, ἔνθα λίγειαι
Σειρῆνες σίνοντ᾽ Ἀχελωίδες ἡδείῃσι
θέλγουσαι μολπῇσιν ὅτις παρὰ πεῖσμα βάλοιτο.
τὰς μὲν ἄρ᾽ εὐειδὴς Ἀχελωίῳ εὐνηθεῖσα
γείνατο Τερψιχόρη, Μουσέων μία, καί ποτε Δηοῦς　　895 Δ

θυγατέρ᾽ ἰφθίμην, ἀδμῆτ᾽ ἔτι, πορσαίνεσκον
ἄμμιγα μελπόμεναι· τότε δ᾽ ἄλλο μὲν οἰωνοῖσιν
ἄλλο δὲ παρθενικῆς ἐναλίγκιαι ἔσκον ἰδέσθαι,
αἰεὶ δ᾽ εὐόρμου δεδοκημέναι ἐκ περιωπῆς
ἢ θαμὰ δὴ πολέων μελιηδέα νόστον ἕλοντο,          900 Δ
τηκεδόνι φθινύθουσαι. ἀπηλεγέως δ᾽ ἄρα καὶ τοῖς
ἵεσαν ἐκ στομάτων ὄπα λείριον· οἱ δ᾽ ἀπὸ νηός
ἤδη πείσματ᾽ ἔμελλον ἐπ᾽ ἠιόνεσσι βαλέσθαι,
εἰ μὴ ἄρ᾽ Οἰάγροιο πάις Θρηίκιος Ὀρφεύς,
Βιστονίην ἐνὶ χερσὶν ἑαῖς φόρμιγγα τανύσσας,          905 Δ
κραιπνὸν ἐυτροχάλοιο μέλος κανάχησεν ἀοιδῆς,
ὄφρ᾽ ἄμυδις κλονέοντος ἐπιβρομέωνται ἀκουαί
κρεγμῷ· παρθενίην δ᾽ ἐνοπὴν ἐβιήσατο φόρμιγξ,
νῆα δ᾽ ὁμοῦ ζέφυρός τε καὶ ἠχῆεν φέρε κῦμα
πρυμνόθεν ὀρνύμενον, ταὶ δ᾽ ἄκριτον ἵεσαν αὐδήν.          910 Δ
ἀλλὰ καὶ ὣς Τελέοντος ἐὺς πάις οἷος ἑταίρων
προφθάμενος ξεστοῖο κατὰ ζυγοῦ ἔνθορε πόντῳ
Βούτης, Σειρήνων λιγυρῇ ὀπὶ θυμὸν ἰανθείς,
νῆχε δὲ πορφυρέοιο δι᾽ οἴδματος, ὄφρ᾽ ἐπιβαίη,
σχέτλιος· ἦ τέ οἱ αἶψα καταυτόθι νόστον ἀπηύρων,          915 Δ
ἀλλά μιν οἰκτείρασα θεὰ Ἔρυκος μεδέουσα
Κύπρις ἔτ᾽ ἐν δίναις ἀνερέψατο καί ῥ᾽ ἐσάωσεν
πρόφρων ἀντομένη, Λιλυβηίδα ναιέμεν ἄκρην.
οἱ δ᾽ ἄχεϊ σχόμενοι τὰς μὲν λίπον, ἄλλα δ᾽ ὄπαζον
κύντερα μιξοδίῃσιν ἁλὸς ῥαιστήρια νηῶν.          920 Δ
τῇ μὲν γὰρ Σκύλλης λισσὴ προυφαίνετο πέτρη,
τῇ δ᾽ ἄμοτον βοάασκεν ἀναβλύζουσα Χάρυβδις·
ἄλλοθι δὲ Πλαγκταὶ μεγάλῳ ὑπὸ κύματι πέτραι
ῥόχθεον· ἧχι πάροιθεν ἀπέπτυεν αἰθομένη φλόξ
ἄκρων ἐκ σκοπέλων πυριθαλπέος ὑψόθι πέτρης,          925 Δ
καπνῷ δ᾽ ἀχλυόεις αἰθὴρ πέλεν οὐδέ κεν αὐγάς
ἔδρακες ἠελίοιο· τότ᾽ αὖ, λήξαντος ἀπ᾽ ἔργων
Ἡφαίστου, θερμὴν ἔτι κήκιε πόντος ἀυτμήν.
ἔνθα σφιν κοῦραι Νηρηίδες ἄλλοθεν ἄλλαι
ἤντεον, ἡ δ᾽ ὄπιθε πτέρυγος θίγε πηδαλίοιο          930 Δ
δῖα Θέτις, Πλαγκτῇσιν ἐνὶ σπιλάδεσσιν ἔρυσθαι.

ὡς δ᾽ ὁπόταν δελφῖνες ὑπὲξ ἁλὸς εὐδιόωντες
σπερχομένην ἀγεληδὸν ἑλίσσωνται περὶ νῆα,
ἄλλοτε μὲν προπάροιθεν ὁρώμενοι ἄλλοτ᾽ ὄπισθεν
ἄλλοτε παρβολάδην, ναύτῃσι δὲ χάρμα τέτυκται -      935 Δ
ὣς αἱ ὑπεκπροθέουσαι ἐπήτριμοι εἱλίσσοντο
Ἀργῴῃ περὶ νηΐ· Θέτις δ᾽ ἴθυνε κέλευθον.
καί ῥ᾽ ὅτε δὴ Πλαγκτῇσιν ἐνιχρίμψεσθαι ἔμελλον,
αὐτίκ᾽ ἀνασχόμεναι λευκοῖς ἐπὶ γούνασι πέζας,
ὑψοῦ ἐπ᾽ αὐτάων σπιλάδων καὶ κύματος ἀγῆς      940 Δ
ῥώοντ᾽ ἔνθα καὶ ἔνθα διασταδὸν ἀλλήλῃσιν.
τὴν δὲ παρηορίην κόπτεν ῥόος· ἀμφὶ δὲ κῦμα
λάβρον ἀειρόμενον πέτραις ἐπικαχλάζεσκεν,
αἵ θ᾽ ὁτὲ μὲν κρημνοῖς ἐναλίγκιαι ἠέρι κῦρον,
ἄλλοτε δὲ βρύχιαι νεάτῳ ὑπὸ κεύθεϊ πόντου      945 Δ
ἠρήρεινθ᾽, ὅθι πολλὸν ὑπείρεχεν ἄγριον οἶδμα.
αἱ δ᾽, ὥστ᾽ ἠμαθόεντος ἐπισχεδὸν αἰγιαλοῖο
παρθενικαί, δίχα κόλπον ἐπ᾽ ἰξύας εἱλίξασαι,
σφαίρῃ ἀθύρουσιν περιηγέι· ἡ μὲν ἔπειτα
ἄλλη ὑπ᾽ ἐξ ἄλλης δέχεται καὶ ἐς ἠέρα πέμπει      950 Δ
ὕψι μεταχρονίην, ἡ δ᾽ οὔ ποτε πίλναται οὔδει -
ὣς αἱ νῆα θέουσαν ἀμοιβαδὶς ἄλλοθεν ἄλλη
πέμπε διηερίην ἐπὶ κύμασιν, αἰὲν ἄπωθεν
πετράων· περὶ δέ σφιν ἐρευγόμενον ζέεν ὕδωρ.
τὰς δὲ καὶ αὐτὸς ἄναξ κορυφῆς ἔπι λισσάδος ἄκρης      955 Δ
ὀρθός, ἐπὶ στελεῇ τυπίδος βαρὺν ὦμον ἐρείσας,
Ἥφαιστος θηεῖτο, καὶ αἰγλήεντος ὕπερθεν
οὐρανοῦ ἑστηυῖα Διὸς δάμαρ, ἀμφὶ δ᾽ Ἀθήνη
βάλλε χέρας, τοῖόν μιν ἔχεν δέος εἰσορόωσαν.
ὅσση δ᾽ εἰαρινοῦ μηκύνεται ἤματος αἶσα,      960 Δ
τοσσάτιον μογέεσκον ἐπὶ χρόνον ὀχλίζουσαι
νῆα διὲκ πέτρας πολυηχέας. οἱ δ᾽ ἀνέμοιο
αὖτις ἐπαυρόμενοι προτέρω θέον· ὦκα δ᾽ ἄμειβον
Θρινακίης λειμῶνα, βοῶν τροφὸν Ἠελίοιο.
ἔνθ᾽ αἱ μὲν κατὰ βένθος ἀλίγκιαι αἰθυίῃσιν      965 Δ
δῦνον, ἐπεί ῥ᾽ ἀλόχοιο Διὸς πόρσυνον ἐφετμάς·
τοὺς δ᾽ ἄμυδις βληχή τε δι᾽ ἠέρος ἵκετο μήλων

μυκηθμός τε βοῶν αὐτοσχεδὸν οὔατ᾽ ἔβαλλεν.
καὶ τὰ μὲν ἐρσήεντα κατὰ δρία ποιμαίνεσκεν
ὁπλοτέρη Φαέθουσα θυγατρῶν Ἠελίοιο,      970 Δ
ἀργύρεον χαῖον παλάμῃ ἔνι πηχύνουσα·
Λαμπετίη δ᾽ ἐπὶ βουσὶν ὀρειχάλκοιο φαεινοῦ
πάλλεν ὀπηδεύουσα καλαύροπα. τὰς δὲ καὶ αὐτοί
βοσκομένας ποταμοῖο παρ᾽ ὕδασιν εἰσορόωντο
ἂμ πεδίον καὶ ἕλος λειμώνιον· οὐδέ τις ἦεν      975 Δ
κυανέη μετὰ τῇσι δέμας, πᾶσαι δὲ γάλακτι
εἰδόμεναι χρυσέοισι κεράασι κυδιάασκον.
καὶ μὲν τὰς παράμειβον ἐπ᾽ ἤματι· νυκτὶ δ᾽ ἰούσῃ
πεῖρον ἁλὸς μέγα λαῖτμα κεχαρμένοι, ὄφρα καὶ αὖτις
ἠὼς ἠριγενὴς φέγγος βάλε νισσομένοισιν.      980 Δ
Ἔστι δέ τις πορθμοῖο παροιτέρη Ἰονίοιο
ἀμφιλαφὴς πίειρα Κεραυνίη εἰν ἁλὶ νῆσος,
ᾗ ὕπο δὴ κεῖσθαι δρέπανον φάτις ἵλατε Μοῦσαι,
οὐκ ἐθέλων ἐνέπω προτέρων ἔπος ᾧ ἀπὸ πατρός
μήδεα νηλειῶς ἔταμε Κρόνος οἱ δέ ἑ Δηοῦς      985 Δ
κλείουσι χθονίης καλαμητόμον ἔμμεναι ἅρπην·
Δηὼ γὰρ κείνῃ ἐνὶ δή ποτε νάσσατο γαίῃ,
Τιτῆνας δ᾽ ἔδαε στάχυν ὄμπνιον ἀμήσασθαι,
Μάκριδα φιλαμένη· Δρεπάνη τόθεν ἐκλήισται
οὔνομα Φαιήκων ἱερὴ τροφός· ὣς δὲ καὶ αὐτοί      990 Δ
αἵματος Οὐρανίοιο γένος Φαίηκες ἔασιν.
τοὺς Ἀργὼ πολέεσσιν ἐνισχομένη καμάτοισιν
Θρινακίης αὔρης ἵκετ᾽ ἐξ ἁλός. οἱ δ᾽ ἀγανῇσιν
Ἀλκίνοος λαοί τε θυηπολίῃσιν ἰόντας
δειδέχατ᾽ ἀσπασίως, ἐπὶ δέ σφισι καγχαλάασκε      995 Δ
πᾶσα πόλις· φαίης κεν ἑοῖς περὶ παισὶ γάνυσθαι.
καὶ δ᾽ αὐτοὶ ἥρωες ἀνὰ πληθὺν κεχάροντο
τῷ ἴκελοι οἷόν τε μεσαιτάτῃ ἐμβεβαῶτες
Αἱμονίῃ. μέλλον δὲ βοῇ ἔπι θωρήξεσθαι·
ὧδε μάλ᾽ ἀγχίμολον στρατὸς ἄσπετος ἐξεφαάνθη      1000 Δ
Κόλχων, οἳ Πόντοιο κατὰ στόμα καὶ διὰ πέτρας
Κυανέας μαστῆρες ἀριστήων ἐπέρησαν,
Μήδειαν δ᾽ ἔξαιτον ἑοῦ ἐς πατρὸς ἄγεσθαι

ἵεντ᾽ ἀπροφάτως, ἠὲ στονόεσσαν αὐτήν
νωμήσειν χαλεπῇσιν ὁμόκλεον ἀτροπίῃσιν      1005 Δ
αὖθί τε καὶ μετέπειτα σὺν Αἰήταο κελεύθῳ·
ἀλλά σφεας κατέρυκεν ἐπειγομένους πολέμοιο
κρείων Ἀλκίνοος, λελίητο γὰρ ἀμφοτέροισιν
δηιοτῆτος ἄνευθεν ὑπέρβια νείκεα λῦσαι.
Κούρη δ᾽ οὐλομένῳ ὑπὸ δείματι πολλὰ μὲν αὐτούς      1.010 Δ
Αἰσονίδεω ἑτάρους μειλίσσετο, πολλὰ δὲ χερσίν
Ἀρήτης γούνων ἀλόχου θίγεν Ἀλκινόοιο·
Γουνοῦμαι, βασίλεια· σὺ δ᾽ ἵλαθι, μηδέ με Κόλχοις
ἐκδώῃς ᾧ πατρὶ κομιζέμεν, εἴ νυ καὶ αὐτή
ἀνθρώπων γενεῆς μία φέρβεαι, οἷσιν ἐς ἄτην      1.015 Δ
ὠκύτατος κούφῃσι θέει νόος ἀμπλακίῃσιν,
ὡς ἐμοὶ ἐκ πυκιναὶ ἔπεσον φρένες, οὐ μὲν ἕκητι
μαργοσύνης. ἴστω ἱερὸν φάος Ἠελίοιο,
ἴστω νυκτιπόλου Περσηίδος ὄργια κούρης·
μὴ μὲν ἐγὼν ἐθέλουσα σὺν ἀνδράσιν ἀλλοδαποῖσιν      1.020 Δ
κεῖθεν ἀφωρμήθην, στυγερὸν δέ με τάρβος ἔπεισεν
τῆσδε φυγῆς μνήσασθαι, ὅτ᾽ ἤλιτον οὐδέ τις ἄλλη
μῆτις ἔην· ἔτι μοι μίτρη μένει ὡς ἐνὶ πατρός
δώμασιν ἄχραντος καὶ ἀκήρατος. ἀλλ᾽ ἐλέαιρε
πότνα τεόν τε πόσιν μειλίσσεο· σοὶ δ᾽ ὀπάσειαν      1.025 Δ
ἀθάνατοι βίοτόν τε τελεσφόρον ἀγλαΐην τε
καὶ παῖδας καὶ κῦδος ἀπορθήτοιο πόληος.
Τοῖα μὲν Ἀρήτην γουνάζετο δάκρυ χέουσα·
τοῖα δ᾽ ἀριστήων ἐπαμοιβαδὶς ἄνδρα ἕκαστον·
Ὑμείων πέρι δή, μέγα φέρτατοι, ἀμφί τ᾽ ἀέθλοις      1.030 Δ
νῦν ἐγὼ ὑμετέροισιν ἀτύζομαι· ἧς ἰότητι
ταύρους τ᾽ ἐζεύξασθε καὶ ἐκ θέρος οὐλοὸν ἀνδρῶν
κείρατε γηγενέων, ἧς εἵνεκεν Αἱμονίηνδε
χρύσεον αὐτίκα κῶας ἀνάξετε νοστήσαντες.
ἥδ᾽ ἐγὼ ἣ πάτρην τε καὶ οὓς ὤλεσσα τοκῆας,      1.035 Δ
ἣ δόμον, ἣ σύμπασαν εὐφροσύνην βιότοιο,
ὔμμι δὲ καὶ πάτρην καὶ δώματα ναιέμεν αὖτις
ἤνυσα, καὶ γλυκεροῖσιν ἔτ᾽ εἰσόψεσθε τοκῆας
ὄμμασιν· αὐτὰρ ἐμοὶ ἀπὸ δὴ βαρὺς εἵλετο δαίμων

ἀγλαΐας, στυγερὴ δὲ σὺν ὀθνείοις ἀλάλημαι.     1.040 Δ
δείσατε συνθεσίας τε καὶ ὅρκια, δείσατ᾽ Ἐρινύν
ἱκεσίην νέμεσίν τε θεῶν. εἰς χεῖρας ἰοῦσα
Αἰήτεω, λώβῃ πολυπήμονι δῃωθῆναι,
οὐ νηούς, οὐ πύργον ἐπίρροθον, οὐκ ἀλεωρήν
ἄλλην, οἰόθι δὲ προτιβάλλομαι ὑμέας αὐτούς·     1.045 Δ
σχέτλιοι ἀτροπίης καὶ ἀνηλέες, οὐδ᾽ ἐνὶ θυμῷ
αἰδεῖσθε ξείνης μ᾽ ἐπὶ γούνασι χεῖρας ἀνάσσης
δερκόμενοι τείνουσαν ἀμήχανον· ἀλλά κε πᾶσιν,
κῶας ἑλεῖν μεμαῶτες, ἐμείξατε δούρατα Κόλχοις
αὐτῷ τ᾽ Αἰήτῃ ὑπερήνορι, νῦν δὲ λάθεσθε     1.050 Δ
ἠνορέης, ὅτε μοῦνοι ἀποτμηγέντες ἔασιν.
Ὣς φάτο λισσομένη· τῶν δ᾽ ὅντινα γουνάζοιτο,
ὅς μιν θαρσύνεσκεν, ἐρητύων ἀχέουσαν,
σεῖον δ᾽ ἐγχείας εὐήκεας ἐν παλάμῃσιν
φάσγανά τ᾽ ἐκ κολεῶν, οὐδὲ σχήσεσθαι ἀρωγῆς     1.055 Δ
ἔννεπον, εἴ κε δίκης ἀλιτήμονος ἀντιάσειεν.
στρευγομένης δ᾽ ἀν᾽ ὅμιλον ἐπήλυθεν εὐνήτειρα
νὺξ ἔργων ἄνδρεσσι, κατευκήλησε δὲ πᾶσαν
γαῖαν ὁμῶς. τὴν δ᾽ οὔτι μίνυνθά περ εὔνασεν ὕπνος,
ἀλλά οἱ ἐν στέρνοις ἀχέων εἱλίσσετο θυμός,     1.060 Δ
οἷον ὅτε κλωστῆρα γυνὴ ταλαεργὸς ἑλίσσει
ἐννυχίῃ, τῇ δ᾽ ἀμφὶ κινύρεται ὀρφανὰ τέκνα,
χηροσύνῃ πόσιος· σταλάει δ᾽ ἐπὶ δάκρυ παρειάς
μνωομένης οἵη μιν ἐπισμυγερὴ λάβεν αἶσα -
ὣς τῆς ἰκμαίνοντο παρηΐδες, ἐν δέ οἱ ἦτορ     1.065 Δ
ὀξείης εἱλεῖτο πεπαρμένον ἀμφ᾽ ὀδύνῃσι.
Τὼ δ᾽ ἔντοσθε δόμοιο κατὰ πτόλιν, ὡς τὸ πάροιθεν,
κρείων Ἀλκίνοος πολυπότνιά τ᾽ Ἀλκινόοιο
Ἀρήτη ἄλοχος κούρης πέρι μητιάασκον
οἷσιν ἐνὶ λεχέεσσι διὰ κνέφας· οἷα δ᾽ ἀκοίτην     1.070 Δ
κουρίδιον θαλεροῖσι δάμαρ προσπτύσσετο μύθοις·
Ναὶ φίλος, εἰ δ᾽ ἄγε μοι πολυκηδέα ῥύεο Κόλχων
παρθενικήν, Μινύῃσι φέρων χάριν· ἐγγύθι Ἄργος
ἡμετέρης νήσοιο καὶ ἀνέρες Αἱμονιῆες,
Αἰήτης δ᾽ οὔτ᾽ ἂρ ναίει σχεδόν, οὐδέ τι ἴδμεν     1.075 Δ

Αἰήτην ἀλλ᾽ οἷον ἀκούομεν. ἥδε δὲ κούρη
αἰνοπαθὴς κατά μοι νόον ἔκλασεν ἀντιόωσα·
μή μιν ἄναξ Κόλχοισι πόροις ἐς πατρὸς ἄγεσθαι.
ἀάσθη, ὅτε πρῶτα βοῶν θελκτήρια δῶκεν
φάρμακά οἱ· σχεδόθεν δὲ κακῷ κακὸν οἷά τε πολλά      1.080 Δ
ῥέζομεν ἀμπλακίῃσιν ἀκειομένη, ὑπάλυξε
πατρὸς ὑπερφιάλοιο βαρὺν χόλον. αὐτὰρ Ἰήσων,
ὡς ἀΐω, μεγάλοισιν ἐνίσχεται ἐξ ἕθεν ὅρκοις
κουριδίην θήσεσθαι ἐνὶ μεγάροισιν ἄκοιτιν·
τῷ φίλε μήτ᾽ οὖν αὐτὸς ἑκὼν ἐπίορκον ὀμόσσαι      1.085 Δ
θείης Αἰσονίδην, μήτ᾽ ἄσχετα σεῖο ἕκητι
παῖδα πατὴρ θυμῷ κεκοτηότι δηλήσαιτο.
λίην γὰρ δύσζηλοι ἑαῖς ἐπὶ παισὶ τοκῆες·
οἷα μὲν Ἀντιόπην εὐώπιδα μήσατο Νυκτεύς,
οἷα δὲ καὶ Δανάη πόντῳ ἔνι πήματ᾽ ἀνέτλη      1.090 Δ
πατρὸς ἀτασθαλίῃσι· νέον γε μὲν οὐδ᾽ ἀποτηλοῦ
ὑβριστὴς Ἔχετος γλήναις ἔνι χάλκεα κέντρα
πῆξε θυγατρὸς ἕῆς, στονόεντι δὲ κάρφεται οἴτῳ,
ὀρφναίη ἐνὶ χαλκὸν ἀλετρεύουσα καλιῇ.
Ὣς ἔφατ᾽ ἀντομένη· τοῦ δὲ φρένες ἰαίνοντο      1.095 Δ
ἧς ἀλόχου μύθοισιν, ἔπος δ᾽ ἐπὶ τοῖον ἔειπεν·
Ἀρήτη, καί κεν σὺν τεύχεσιν ἐξελάσαιμι
Κόλχους, ἥρώεσσι φέρων χάριν, εἵνεκα κούρης,
ἀλλὰ Διὸς δείδοικα δίκην ἰθεῖαν ἀτίσσαι·
οὐδὲ μὲν Αἰήτην ἀθεριζέμεν, ὡς ἀγορεύεις,      1.100 Δ
λώιον, οὐ γάρ τις βασιλεύτερος Αἰήταο,
καί κ᾽ ἐθέλων ἕκαθέν περ ἐφ᾽ Ἑλλάδι νεῖκος ἄροιτο.
τῶ μ᾽ ἐπέοικε δίκην ἥτις μετὰ πᾶσιν ἀρίστη
ἔσσεται ἀνθρώποισι δικαζέμεν. οὐδέ σε κεύσω·
παρθενικὴν μὲν ἐοῦσαν, ἑῷ ἀπὸ πατρὶ κομίσσαι      1.105 Δ
ἰθυνέω· λέκτρον δὲ σὺν ἀνέρι πορσαίνουσαν,
οὔ μιν ἑοῦ πόσιος νοσφίσσομαι, οὐδὲ γενέθλην
εἴ τιν᾽ ὑπὸ σπλάγχνοισι φέρει δήιοισιν ὀπάσσω.
Ὣς ἄρ᾽ ἔφη· καὶ τὸν μὲν ἐπισχεδὸν εὔνασεν ὕπνος,
ἥ δ᾽ ἔπος ἐν θυμῷ πυκινὸν βάλετ᾽· αὐτίκα δ᾽ ὦρτο      1.110 Δ
ἐκ λεχέων ἀνὰ δῶμα, συνήιξαν δὲ γυναῖκες

ἀμφίπολοι δέσποιναν ἑὴν μέτα ποιπνύουσαι.
σῖγα δ᾽ ἑὸν κήρυκα καλεσσαμένη προσέειπεν
ᾗσιν ἐπιφροσύνῃσιν ἐποτρυνέουσα μιγῆναι
Αἰσονίδην κούρῃ· μηδ᾽ Ἀλκίνοον βασιλῆα        1.115 Δ
λίσσεσθαι, τὸ γὰρ αὐτὸς ἰὼν Κόλχοισι δικάσσει·
παρθενικὴν μὲν ἐοῦσαν, ἑοῦ ποτὶ δώματα πατρός
ἐκδώσειν· λέκτρον δὲ σὺν ἀνέρι πορσαίνουσαν,
οὐκέτι κουριδίης μιν ἀποτμήξειν φιλότητος.
Ὣς ἄρ᾽ ἔφη· τὸν δ᾽ αἶψα πόδες φέρον ἐκ μεγάροιο,   1.120 Δ
ὥς κεν Ἰήσονι μῦθον ἐναίσιμον ἀγγείλειεν
Ἀρήτης βουλάς τε θεουδέος Ἀλκινόοιο.
τοὺς δ᾽ εὗρεν παρὰ νηὶ σὺν ἔντεσιν ἐγρήσσοντας
Ὑλλικῷ ἐν λιμένι σχεδὸν ἄστεος, ἐκ δ᾽ ἄρα πᾶσαν
πέφραδεν ἀγγελίην· γήθησε δὲ θυμὸς ἑκάστου      1.125 Δ
ἡρώων, μάλα γάρ σφιν ἑαδότα μῦθον ἔειπεν.
Αὐτίκα δὲ κρητῆρα κερασσάμενοι μακάρεσσιν
ᾗ θέμις, εὐαγέως τ᾽ ἐπιβώμια μῆλ᾽ ἐρύσαντες,
αὐτονυχὶ κούρῃ θαλαμήιον ἔντυον εὐνήν
ἄντρῳ ἐν ἠγαθέῳ, τόθι δή ποτε Μάκρις ἔναιεν     1.130 Δ
κούρη Ἀρισταίοιο μελίφρονος, ὅς ῥα μελισσέων
ἔργα πολυκμήτοιό τ᾽ ἀνεύρατο πῖαρ ἐλαίης·
κείνη δὴ πάμπρωτα Διὸς Νυσήιον υἷα
Εὐβοίης ἔντοσθεν Ἀβαντίδος ᾧ ἐνὶ κόλπῳ
δέξατο καὶ μέλιτι ξηρὸν περὶ χεῖλος ἔδευσεν,    1.135 Δ
εὖτέ μιν Ἑρμείης φέρεν ἐκ πυρός· ἔδρακε δ᾽ Ἥρη,
καί ἑ χολωσαμένη πάσης ἐξήλασε νήσου·
ἣ δ᾽ ἄρα Φαιήκων ἱερῷ ἐνὶ τηλόθεν ἄντρῳ
νάσσατο, καὶ πόρεν ὄλβον ἀθέσφατον ἐνναέτῃσιν.
ἔνθα τότ᾽ ἐστόρεσαν λέκτρον μέγα· τοῖο δ᾽ ὕπερθε    1.140 Δ
χρύσεον αἰγλῆεν κῶας βάλον, ὄφρα πέλοιτο
τιμήεις τε γάμος καὶ ἀοίδιμος· ἄνθεα δέ σφι
νύμφαι ἀμεργόμεναι λευκοῖς ἐνὶ ποικίλα κόλποις
ἐσφόρεον. πάσας δὲ πυρὸς ὣς ἄμφεπεν αἴγλη,
τοῖον ἀπὸ χρυσέων θυσάνων ἀμαρύσσετο φέγγος·   1.145 Δ
δαῖε δ᾽ ἐν ὀφθαλμοῖς γλυκερὸν πόθον, ἴσχε δ᾽ ἑκάστην
αἰδὼς ἱεμένην περ ὅμως ἐπὶ χεῖρα βαλέσθαι.

αἵ μέν τ᾿ Αἰγαίου ποταμοῦ καλέοντο θύγατρες,
αἳ δ᾿ ὄρεος κορυφὰς Μελιτηίου ἀμφενέμοντο,
αἳ δ᾿ ἔσαν ἐκ πεδίων ἀλσηίδες· ὦρσε γὰρ αὐτή          1.150 Δ
Ἥρη Ζηνὸς ἄκοιτις, Ἰήσονα κυδαίνουσα.
κεῖνο καὶ εἰσέτι νῦν ἱερὸν κλήζεται Ἄντρον
Μηδείης, ὅθι τούσγε σὺν ἀλλήλοισιν ἔμειξαν,
τεινάμεναι ἑανοὺς εὐώδεας· οἳ δ᾿ ἐνὶ χερσί
δούρατα νωμήσαντες ἀρήια, μὴ πρὶν ἐς ἀλκήν          1.155 Δ
δυσμενέων ἀίδηλος ἐπιβρίσειεν ὅμιλος,
κράατα δ᾿ εὐφύλλοις ἐστεμμένοι ἀκρεμόνεσσιν,
ἐμμελέως Ὀρφῆος ὑπαὶ λίγα φορμίζοντος
νυμφιδίαις ὑμέναιον ἐπὶ προμολῇσιν ἄειδον.
οὐ μὲν ἐν Ἀλκινόοιο γάμον μενέαινε τελέσσαι          1.160 Δ
ἥρως Αἰσονίδης, μεγάροις δ᾿ ἐνὶ πατρὸς ἑοῖο
νοστήσας ἐς Ἰωλκὸν ὑπότροπος, ὣς δὲ καὶ αὐτή
Μήδεια φρονέεσκε· τότ᾿ αὖ χρεὼ ἦγε μιγῆναι.
ἀλλὰ γὰρ οὔποτε φῦλα δυηπαθέων ἀνθρώπων
τερπωλῆς ἐπέβημεν ὅλῳ ποδί, σὺν δέ τις αἰεί          1.165 Δ
πικρὴ παρμέμβλωκεν εὐφροσύνῃσιν ἀνίη·
τῷ καὶ τούς, γλυκερῇ περ ἰαινομένους φιλότητι,
δεῖμ᾿ ἔχεν εἰ τελέοιτο διάκρισις Ἀλκινόοιο.
Ἠὼς δ᾿ ἀμβροσίοισιν ἀνερχομένη φαέεσσιν
λῦε κελαινὴν νύκτα δι᾿ ἠέρος, αἱ δ᾿ ἐγέλασσαν          1.170 Δ
ἠιόνες νήσοιο καὶ ἑρσήεσσαι ἄπωθεν
ἀτραπιτοὶ πεδίων, ἐν δὲ θρόος ἔσκεν ἀγυιαῖς·
κίνυντ᾿ ἐνναέται μὲν ἀνὰ πτόλιν, οἳ δ᾿ ἀποτηλοῦ
Κόλχοι Μακριδίης ἐπὶ πείρασι χερνήσοιο·
αὐτίκα δ᾿ Ἀλκίνοος μετεβήσετο συνθεσίῃσιν          1.175 Δ
ὃν νόον ἐξερέων κούρης ὕπερ, ἐν δ᾿ ὅγε χειρί
σκῆπτρον ἔχεν χρυσοῖο δικασπόλον, ᾧ ὕπο πολλοί
ἰθείας ἀνὰ ἄστυ διεκρίνοντο θέμιστας·
τῷ δὲ καὶ ἑξείης πολεμήια τεύχεα δύντες
Φαιήκων οἱ ἄριστοι ὁμιλαδὸν ἐστιχόωντο.          1.180 Δ
ἥρωας δὲ γυναῖκες ἀολλέες ἔκτοθι πύργων
βαῖνον ἐποψόμεναι· σὺν δ᾿ ἀνέρες ἀγροιῶται
ἤντεον εἰσαΐοντες, ἐπεὶ νημερτέα βάξιν

Ἥρη ἐπιπροέηκεν. ἄγεν δ᾽ ὁ μὲν ἔκκριτον ἄλλων
ἀρνειὸν μήλων, ὁ δ᾽ ἀεργηλὴν ἔτι πόρτιν,     1.185 Δ
ἄλλοι δ᾽ ἀμφιφορῆας ἐπισχεδὸν ἵστασαν οἴνου
κίρνασθαι, θυέων δ᾽ ἄπο τηλόθι κήκιε λιγνύς·
αἱ δὲ πολυκμήτους ἑανοὺς φέρον, οἷα γυναῖκες,
μείλιά τε χρυσοῖο καὶ ἀλλοίην ἐπὶ τοῖσιν
ἀγλαΐην, οἵην τε νεόζυγες ἐντύνονται.     1.190 Δ
θάμβευν δ᾽ εἰσορόωσαι ἀριπρεπέων ἡρώων
εἴδεα καὶ μορφάς, ἐν δέ σφισιν Οἰάγροιο
υἱὸν ὑπαὶ φόρμιγγος ἐυκρέκτου καὶ ἀοιδῆς
ταρφέα σιγαλόεντι πέδον κροτέοντα πεδίλῳ·
νύμφαι δ᾽ ἄμμιγα πᾶσαι, ὅτε μνήσαιντο γάμοιο,     1.195 Δ
ἱμερόενθ᾽ ὑμέναιον ἀνήπυον. ἄλλοτε δ᾽ αὖτε
οἰόθεν οἶαι ἄειδον ἑλισσόμεναι περὶ κύκλον,
Ἥρη, σεῖο ἕκητι· σὺ γὰρ καὶ ἐπὶ φρεσὶ θῆκας
Ἀρήτη πυκινὸν φάσθαι ἔπος Ἀλκινόοιο.
αὐτὰρ ὅγ᾽, ὡς τὰ πρῶτα δίκης ἀνὰ πείρατ᾽ ἔειπεν     1.200 Δ
ἰθείης, ἤδη δὲ γάμου τέλος ἐκλήιστο,
ἔμπεδον ὡς ἀλέγυνε διαμπερές, οὐδέ ἑ τάρβος
οὐλοὸν οὐδὲ βαρεῖαι ὑπήλυθον Αἰήταο
μήνιες· ἀρρήκτοισι δ᾽ ἐνιζεύξας ἔχεν ὅρκοις.
τῶ καὶ ὅτ᾽ ἠλεμάτως Κόλχοι μάθον ἀντιόωντες,     1.205 Δ
καί σφεας ἠὲ θέμιστας ἑὰς εἴρυσθαι ἄνωγεν
ἢ λιμένων γαίης τ᾽ ἀπὸ τηλόθι νῆας ἐέργειν,
δὴ τότε μιν, βασιλῆος ἑοῦ τρομέοντες ἐνιπάς,
δέχθαι μειλίξαντο συνήμονας. αὖθι δὲ νήσῳ
δὴν μάλα Φαίηκεσσι μετ᾽ ἀνδράσι ναιετάασκον,     1.210 Δ
εἰσότε Βακχιάδαι γενεὴν Ἐφύρηθεν ἐόντες
ἀνέρες ἐννάσσαντο μετὰ χρόνον, οἱ δὲ περαίην
νῆσον ἔβαν· κεῖθεν δὲ Κεραύνια μέλλον Ἀμάντων
οὔρεα Νεσταίους τε καὶ Ὤρικον εἰσαφικέσθαι.
ἀλλὰ τὰ μὲν στείχοντος ἅδην αἰῶνος ἐτύχθη·     1.215 Δ
Μοιράων δ᾽ ἔτι κεῖθι θύη ἐπέτεια δέχονται
καὶ Νυμφέων Νομίοιο καθ᾽ ἱερὸν Ἀπόλλωνος
βωμοὶ ᾽τοὺς Μήδεια καθείσατο. πολλὰ δ᾽ ἰοῦσιν
Ἀλκίνοος Μινύαις ξεινήια, πολλὰ δ᾽ ὄπασσεν

Ἀρήτῃ, μετὰ δ᾽ αὖτε δυώδεκα δῶκεν ἕπεσθαι     1.220 Δ
Μηδείῃ δμωὰς Φαιηκίδας ἐκ μεγάροιο.
Ἤματι δ᾽ ἑβδομάτῳ Δρεπάνην λίπον· ἤλυθε δ᾽ οὖρος
ἀκραὴς ἠῶθεν ὑπεύδιος, οἱ δ᾽ ἀνέμοιο
πνοιῇ ἐπειγόμενοι προτέρω θέον. ἀλλὰ γὰρ οὔπω
αἴσιμον ἦν ἐπιβῆναι Ἀχαιΐδος ἡρώεσσιν,     1.230 Δ
ὄφρ᾽ ἔτι καὶ Λιβύης ἐπὶ πείρασιν ὀτλήσειαν·
ἤδη μὲν ποτὶ κόλπον ἐπώνυμον Ἀμβρακιήων,
ἤδη Κουρήτων ἔλιπον χθόνα πεπταμένοισιν
λαίφεσι καὶ στεινὰς αὐταῖς σὺν Ἐχινάσι νήσους
ἑξείης, Πέλοπος δὲ νέον κατεφαίνετο γαῖα·     1.235 Δ
καὶ τότ᾽ ἀναρπάγδην ὀλοὴ βορέαο θύελλα
μεσσηγὺς πελαγόσδε Λιβυστικὸν ἐννέα πάσας
νύκτας ὁμῶς καὶ τόσσα φέρ᾽ ἤματα, μέχρις ἵκοντο
προπρὸ μάλ᾽ ἔνδοθι Σύρτιν, ἵν᾽ οὐκέτι νόστος ὀπίσσω
νηυσὶ πέλει, ὅτε τόνδε βιῴατο κόλπον ἱκέσθαι·     1.240 Δ
πάντῃ γὰρ τέναγος, πάντῃ μνιόεντα βυθοῖο
τάρφεα, κωφὴ δέ σφιν ἐπιβλύει ὕδατος ἄχνη·
ἠερίη δ᾽ ἄμαθος παρακέκλιται, οὐδέ τι εἶσι
ἑρπετὸν οὐδὲ ποτητὸν ἀείρεται. ἔνθ᾽ ἄρα τούσγε
πλημυρίς καὶ γάρ τ᾽ ἀναχάζεται ἠπείροιο     1.245 Δ
ἢ θαμὰ δὴ τόδε χεῦμα, καὶ ἂψ ἐπερεύγεται ἀκτάς
λάβρον ἐποιχόμενον μυχάτῃ ἐνέωσε τάχιστα
ἠιόνι, τρόπιος δὲ μάλ᾽ ὕδασι παῦρον ἔλειπτο.
οἱ δ᾽ ἀπὸ νηὸς ὄρουσαν, ἄχος δ᾽ ἕλεν εἰσορόωντας
ἠέρα καὶ μεγάλης νῶτα χθονὸς ἠέρι ἶσα     1.250 Δ
τηλοῦ ὑπερτείνοντα διηνεκές· οὐδέ τιν᾽ ἀρδμόν,
οὐ πάτον, οὐκ ἀπάνευθε κατηυγάσσαντο βοτήρων
αὔλιον, εὐκήλῳ δὲ κατείχετο πάντα γαλήνῃ.
ἄλλος δ᾽ αὖτ᾽ ἄλλον τετιημένος ἐξερέεινεν·
Τίς χθὼν εὔχεται ἥδε; πόθι ξυνέωσαν ἄελλαι     1.255 Δ
ἡμέας; αἴθ᾽ ἔτλημεν, ἀφειδέες οὐλομένοιο
δείματος, αὐτὰ κέλευθα διαμπερὲς ὁρμηθῆναι
πετράων· ἦ τ᾽ ἂν καὶ ὑπὲρ Διὸς αἶσαν ἰοῦσιν
βέλτερον ἦν μέγα δή τι μενοινώοντας ὀλέσθαι.
νῦν δὲ τί κεν ῥέξαιμεν, ἐρυκόμενοι ἀνέμοισιν     1.260 Δ

152

αὖθι μένειν τυτθόν περ ἐπὶ χρόνον· οἷον ἐρήμη
πέζα διωλυγίης ἀναπέπταται ἠπείροιο.
Ὡς ἄρ᾽ ἔφη· μετὰ δ᾽ αὐτὸς ἀμηχανίη κακότητος
ἰθυντὴρ Ἀγκαῖος ἀκηχεμένοις ἀγόρευσεν·
Ὠλόμεθ᾽ αἰνότατον δῆθεν μόρον οὐδ᾽ ὑπάλυξις      1.265 Δ
ἔστ᾽ ἄτης, πάρα δ᾽ ἄμμι τὰ κύντατα πημανθῆναι
τῇδ᾽ ὑπ᾽ ἐρημαίῃ πεπτηότας, εἰ καὶ ἀῆται
χερσόθεν ἀμπνεύσειαν· ἐπεὶ τεναγώδεα λεύσσω
τῆλε περισκοπέων ἅλα πάντοθεν, ἤλιθα δ᾽ ὕδωρ
ξαινόμενον πολιῇσιν ἐπιτροχάει ψαμάθοισι·      1.270 Δ
καί κεν ἐπισμυγερῶς διὰ δὴ πάλαι ἥδε κεάσθη
νηῦς ἱερὴ χέρσου πολλὸν πρόσω, ἀλλά μιν αὐτή
πλημυρὶς ἐκ πόντοιο μεταχρονίην ἐκόμισσεν.
νῦν δ᾽ ἡ μὲν πελαγόσδε μετέσσυται, οἰόθι δ᾽ ἅλμη
ἄπλοος εἰλεῖται, γαίης ὕπερ ὅσσον ἔχουσα.      1.275 Δ
τούνεκ᾽ ἐγὼ πᾶσαν μὲν ἀπ᾽ ἐλπίδα φημὶ κεκόφθαι
ναυτιλίης νόστου τε· δαημοσύνην δέ τις ἄλλος
φαίνοι ἑήν, πάρα γάρ οἱ ἐπ᾽ οἰήκεσσι θαάσσειν
μαιομένῳ κομιδῆς· ἀλλ᾽ οὐ μάλα νόστιμον ἦμαρ
Ζεὺς ἐθέλει καμάτοισιν ἐφ᾽ ἡμετέροισι τελέσσαι.      1.280 Δ
Ὡς φάτο δακρυόεις, σὺν δ᾽ ἔννεπον ἀσχαλόωντι
ὅσσοι ἔσαν νηῶν δεδαημένοι. ἐν δ᾽ ἄρα πᾶσιν
παχνώθη κραδίη, χύτο δὲ χλόος ἀμφὶ παρειάς.
οἷον δ᾽ ἀψύχοισιν ἐοικότες εἰδώλοισιν
ἀνέρες εἰλίσσονται ἀνὰ πτόλιν, ἢ πολέμοιο      1.285 Δ
ἢ λοιμοῖο τέλος ποτιδέγμενοι ἠέ τιν᾽ ὄμβρον
ἄσπετον, ὅς τε βοῶν κατὰ μυρίος ἔκλυσεν ἔργα,
ὁππότ᾽ ἂν αὐτόματα ξόανα ῥέῃ ἱδρώοντα
αἵματι καὶ μυκαὶ σηκοῖς ἔνι φαντάζωνται,
ἠὲ καὶ ἠέλιος μέσῳ ἤματι νύκτ᾽ ἐπάγῃσιν      1.290 Δ
οὐρανόθεν, τὰ δὲ λαμπρὰ δι᾽ ἠέρος ἄστρα φαείνῃ -
ὣς τότ᾽ ἀριστῆες δολιχοῦ πρόπαρ αἰγιαλοῖο
ἤλυον ἑρπύζοντες. ἐπήλυθε δ᾽ αὐτίκ᾽ ἐρεμνή
ἕσπερος· οἱ δ᾽ ἐλεεινὰ χεροῖν σφέας ἀμφιβαλόντες
δακρύειν ἀγάπαζον, ἵν᾽ ἄνδιχα δῆθεν ἕκαστος      1.295 Δ
θυμὸν ἀποφθίσειαν ἐνὶ ψαμάθοισι πεσόντες.

βὰν δ᾽ ἴμεν ἄλλυδις ἄλλος, ἑκαστέρω αὖλιν ἑλέσθαι·
ἐν δὲ κάρῃ πέπλοισι καλυψάμενοι σφετέροισιν,
ἄκμηνοι καὶ ἄπαστοι ἐκείατο νύκτ᾽ ἔπι πᾶσαν
καὶ φάος, οἰκτίστῳ θανάτῳ ἔπι. νόσφι δὲ κοῦραι      1.300 Δ
ἀθρόαι Αἰήταο παρεστενάχοντο θυγατρί·
ὡς δ᾽ ὅτ᾽ ἐρημαῖοι, πεπτηότες ἔκτοθι πέτρης
χηραμοῦ, ἀπτῆνες λιγέα κλάζουσι νεοσσοί,
ἢ ὅτε καλὰ νάοντος ἐπ᾽ ὀφρύσι Πακτωλοῖο
κύκνοι κινήσουσιν ἑὸν μέλος, ἀμφὶ δὲ λειμών      1.305 Δ
ἑρσήεις βρέμεται ποταμοῖό τε καλὰ ῥέεθρα -
ὣς αἵ, ἐπὶ ξανθὰς θέμεναι κονίῃσιν ἐθείρας,
παννύχιαι ἐλεεινὸν ἰήλεμον ὠδύροντο.
Καί νύ κεν αὐτοῦ πάντες ἀπὸ ζωῆς ἐλίασθεν
νώνυμνοι καὶ ἄφαντοι ἐπιχθονίοισι δαῆναι      1.310 Δ
ἡρώων οἱ ἄριστοι ἀνηνύστῳ ἐπ᾽ ἀέθλῳ,
ἀλλά σφεας ἐλέηραν ἀμηχανίῃ μινύθοντας
ἡρῶσσαι Λιβύης τιμήοροι, αἵ ποτ᾽ Ἀθήνην,
ἦμος ὅτ᾽ ἐκ πατρὸς κεφαλῆς θόρε παμφαίνουσα,
ἀντόμεναι Τρίτωνος ἐφ᾽ ὕδασι χυτλώσαντο.      1.315 Δ
ἔνδιον ἦμαρ ἔην, περὶ δ᾽ ὀξύταται θέρον αὐγαί
ἠελίου Λιβύην· αἱ δὲ σχεδὸν Αἰσονίδαο
ἔσταν, ἕλον δ᾽ ἀπὸ χερσὶ καρήατος ἠρέμα πέπλον.
αὐτὰρ ὅγ᾽ εἰς ἑτέρωσε παλιμπετὲς ὄμματ᾽ ἔνεικεν,
δαίμονας αἰδεσθείς· αὐτὸν δέ μιν ἀμφαδὸν οἷον      1.320 Δ
μειλιχίοις ἐπέεσσιν ἀτυζόμενον προσέειπον·
Κάμμορε, τίπτ᾽ ἐπὶ τόσσον ἀμηχανίῃ βεβόλησαι;
ἴδμεν ἐποιχομένους χρύσεον δέρος, ἴδμεν ἕκαστα
ὑμετέρων καμάτων ὅσ᾽ ἐπὶ χθονὸς ὅσσα τ᾽ ἐφ᾽ ὑγρήν
πλαζόμενοι κατὰ πόντον ὑπέρβια ἔργα κάμεσθε·      1.325 Δ
οἰοπόλοι δ᾽ εἰμὲν χθόνιαι θεαὶ αὐδήεσσαι,
ἡρῶσσαι Λιβύης τιμήοροι ἠδὲ θύγατρες.
ἀλλ᾽ ἄνα, μηδ᾽ ἔτι τοῖον ὀιζύων ἀκάχησο,
ἄνστησον δ᾽ ἑτάρους· εὖτ᾽ ἂν δέ τοι Ἀμφιτρίτη
ἅρμα Ποσειδάωνος ἐύτροχον αὐτίκα λύσῃ,      1.330 Δ
δή ῥα τότε σφετέρῃ ἀπὸ μητέρι τίνετ᾽ ἀμοιβὴν
ὧν ἔκαμεν δηρὸν κατὰ νηδύος ὔμμε φέρουσα,

καί κεν ἔτ᾿ ἠγαθέην ἐς Ἀχαίδα νοστήσαιτε.
Ὣς ἄρ᾿ ἔφαν, καὶ ἄφαντοι, ἵν᾿ ἔσταθεν, ἔνθ᾿ ἄρα ταίγε
φθογγῇ ὁμοῦ ἐγένοντο παρασχεδόν. αὐτὰρ Ἰήσων      1.335 Δ
παπτήνας ἀν᾿ ἄρ᾿ ἕζετ᾿ ἐπὶ χθονός, ὧδέ τ᾿ ἔειπεν·
Ἵλατ᾿ ἐρημονόμοι κυδραὶ θεαί. ἀμφὶ δὲ νόστῳ
οὔτι μάλ᾿ ἀντικρὺ νοέω φάτιν· ἦ μὲν ἑταίρους
εἰς ἓν ἀγειράμενος μυθήσομαι, εἴ νύ τι τέκμωρ
δήωμεν κομιδῆς· πολέων δέ τε μῆτις ἀρείων.      1.340 Δ
Ἦ, καὶ ἀναΐξας ἑτάρους ἐπὶ μακρὸν ἀύτει
αὐσταλέος κονίῃσι, λέων ὣς ὅς ῥά τ᾿ ἀν᾿ ὕλην
σύννομον ἣν μεθέπων ὠρύεται· αἱ δὲ βαρείῃ
φθογγῇ ὕπο βρομέουσιν ἀν᾿ οὔρεα τηλόθι βῆσσαι,
δείματι δ᾿ ἄγραυλοί τε βόες μέγα πεφρίκασιν      1.345 Δ
βουπελάται τε βοῶν. τοῖς δ᾿ οὔ νύ τι γῆρυς ἐτύχθη
ῥιγεδανὴ ἑτάροιο, φίλοις ἐπικεκλομένοιο·
ἀγχοῦ δ᾿ ἠγερέθοντο, κατηφέες. αὐτὰρ ὁ τούσγε
ἀχνυμένους ὅρμοιο πέλας μίγα θηλυτέρῃσιν
ἱδρύσας, μυθεῖτο πιφαυσκόμενος τὰ ἕκαστα·      1.350 Δ
Κλῦτε φίλοι· τρεῖς γάρ μοι ἀνιάζοντι θεάων,
στέρφεσιν αἰγείοις ἐζωσμέναι ἐξ ὑπάτοιο
αὐχένος ἀμφί τε νῶτα καὶ ἰξύας, ἠύτε κοῦραι,
ἔσταν ὑπὲρ κεφαλῆς μάλ᾿ ἐπισχεδόν, ἂν δ᾿ ἐκάλυψαν
πέπλον ἐρυσσάμεναι κούφῃ χερί· καί μ᾿ ἐκέλοντο      1.355 Δ
αὐτόν τ᾿ ἔγρεσθαι ἀνά θ᾿ ὑμέας ὄρσαι ἰόντα·
μητέρι δὲ σφετέρῃ μενοεικέα τεῖσαι ἀμοιβήν
ὧν ἔκαμεν δηρὸν κατὰ νηδύος ἄμμε φέρουσα,
ὁππότε κεν λύσῃσιν ἐύτροχον Ἀμφιτρίτη
ἅρμα Ποσειδάωνος· ἐγὼ δ᾿ οὐ πάγχυ νοῆσαι      1.360 Δ
τῆσδε θεοπροπίης ἴσχω πέρι. φάν γε μὲν εἶναι
ἡρῶσσαι Λιβύης τιμήοροι ἠδὲ θύγατρες·
καὶ δ᾿ ὁπόσ᾿ αὐτοὶ πρόσθεν ἐπὶ χθονὸς ἠδ᾿ ὅσ᾿ ἐφ᾿ ὑγρῆς
ἔτλημεν, τὰ ἕκαστα διίδμεναι εὐχετόωντο.
οὐδ᾿ ἔτι τάσδ᾿ ἀνὰ χῶρον ἐσέδρακον, ἀλλά τις ἀχλύς      1.365 Δ
ἠὲ νέφος μεσσηγὺ φαεινομένας ἐκάλυψεν.
Ὣς ἔφαθ᾿· οἱ δ᾿ ἄρα πάντες ἐθάμβεον εἰσαΐοντες.
ἔνθα τὸ μήκιστον τεράων Μινύῃσιν ἐτύχθη.

ἐξ ἁλὸς ἤπειρόνδε πελώριος ἄνθορεν ἵππος
ἀμφιλαφὴς χρυσέῃσι μετήορος αὐχένα χαίταις·       1.370 Δ
ῥίμφα δὲ σεισάμενος γυίων ἄπο νήχυτον ἅλμην
ὦρτο θέειν πνοιῇ ἴκελος πόδας. αἶψα δὲ Πηλεύς
γηθήσας ἑτάροισιν ὁμηγερέεσσι μετηύδα·
Ἅρματα μὲν δή φημι Ποσειδάωνος ἔγωγε
ἤδη νῦν ἀλόχοιο φίλης ὑπὸ χερσὶ λελύσθαι·       1.375 Δ
μητέρα δ᾽ οὐκ ἄλλην προτιόσσομαι ἠέ περ αὐτήν
νῆα πέλειν· ἢ γάρ, κατὰ νηδύος αἰὲν ἔχουσα
νωλεμές, ἀργαλέοισιν ὀιζύει καμάτοισιν.
ἀλλά μιν ἀστεμφεῖ τε βίῃ καὶ ἀτειρέσιν ὤμοις
ὑψόθεν ἀνθέμενοι ψαμαθώδεος ἔνδοθι γαίης       1.380 Δ
οἴσομεν ἢ προτέρωσε ταχὺς πόδας ἤλασεν ἵππος·
οὐ γὰρ ὅγε ξηρὴν ὑποδύσεται, ἴχνια δ᾽ ἡμῖν
σημανέειν τιν᾽ ἔολπα μυχὸν καθύπερθε θαλάσσης.
Ὣς ηὔδα· πάντεσσι δ᾽ ἐπήβολος ἥνδανε μῆτις.
Μουσάων ὅδε μῦθος, ἐγὼ δ᾽ ὑπακουὸς ἀείδω       1.385 Δ
Πιερίδων, καὶ τήνδε πανατρεκὲς ἔκλυον ὀμφήν,
ὑμέας, ὦ πέρι δὴ μέγα φέρτατοι υἷες ἀνάκτων,
ἢ βίῃ, ἢ ἀρετῇ Λιβύης ἀνὰ θῖνας ἐρήμους
νῆα μεταχρονίην ὅσα τ᾽ ἔνδοθι νηὸς ἄγεσθε
ἀνθεμένους ὤμοισι φέρειν δυοκαίδεκα πάντα       1.390 Δ
ἦμαθ᾽ ὁμοῦ νύκτας τε. δύην γε μὲν ἢ καὶ ὀιζύν
τίς κ᾽ ἐνέποι τὴν κεῖνοι ἀνέπλησαν μογέοντες;
ἔμπεδον ἀθανάτων ἔσαν αἵματος, οἷον ὑπέσταν
ἔργον ἀναγκαίῃ βεβιημένοι. αὐτὰρ ἐπιπρό
τῆλε μάλ᾽ ἀσπασίως Τριτωνίδος ὕδασι λίμνης       1.395 Δ
ὡς φέρον, ὡς εἰσβάντες ἀπὸ στιβαρῶν θέσαν ὤμων.
Λυσσαλέοις δῆπειτ᾽ ἴκελοι κυσὶν ἀίσσοντες
πίδακα μαστεύεσκον, ἐπὶ ξηρῇ γὰρ ἔκειτο
δίψα δυηπαθίη τε καὶ ἄλγεσιν. οὐδ᾽ ἐμάτησαν
πλαζόμενοι· ἷξον δ᾽ ἱερὸν πέδον, ᾧ ἔνι Λάδων       1.400 Δ
εἰσέτι που χθιζὸν παγχρύσεα ῥύετο μῆλα
χώρῳ ἐν Ἄτλαντος, χθόνιος ὄφις, ἀμφὶ δὲ νύμφαι
Ἑσπερίδες ποίπνυον ἐφίμερον ἀείδουσαι·
τῆμος δ᾽ ἤδη κεῖνος ὑφ᾽ Ἡρακλῆι δαϊχθείς

μήλειον βέβλητο ποτὶ στύπος, οἰόθι δ᾽ ἄκρη     1.405 Δ
οὐρῇ ἔτι σκαίρεσκεν, ἀπὸ κρατὸς δὲ κελαινήν
ἄχρις ἐπ᾽ ἄκνηστιν κεῖτ᾽ ἄπνοος· ἐν δὲ λιπόντων
ὕδρης Λερναίης χόλον αἵματι πικρὸν ὀιστῶν,
μυῖαι πυθομένοισιν ἐφ᾽ ἕλκεσι τερσαίνοντο.
ἀγχοῦ δ᾽ Ἑσπερίδες, κεφαλαῖς ἔπι χεῖρας ἔχουσαι     1.410 Δ
ἀργυφέας ξανθῇσι, λίγ᾽ ἔστενον. οἱ δ᾽ ἐπέλασσαν
ἄφνω ὁμοῦ· ταὶ δ᾽ αἶψα κόνις καὶ γαῖα, κιόντων
ἐσσυμένως, ἐγένοντο καταυτόθι. νώσατο δ᾽ Ὀρφεύς
θεῖα τέρα, τὼς δέ σφε παρηγορέεσκε λιτῇσιν·
Δαίμονες ὦ καλαὶ καὶ εὔφρονες, ἵλατ᾽ ἄνασσαι,     1.415 Δ
εἴτ᾽ οὖν οὐρανίαις ἐναρίθμιοί ἐστε θεῇσιν
εἴτε καταχθονίαις, εἴτ᾽ οἰοπόλοι καλέεσθε
νύμφαι· ἴτ᾽ ὦ νύμφαι, ἱερὸν γένος Ὠκεανοῖο,
δείξατ᾽ ἐελδομένοισιν ἐνωπαδὶς ἄμμι φανεῖσαι
ἤ τινα πετραίην χύσιν ὕδατος ἤ τινα γαίης     1.420 Δ
ἱερὸν ἐκβλύοντα θεαὶ ῥόον, ᾧ ἀπὸ δίψαν
αἰθομένην ἄμοτον λωφήσομεν. εἰ δέ κεν αὖτις
δή ποτ᾽ Ἀχαιίδα γαῖαν ἱκώμεθα ναυτιλίῃσιν,
δὴ τότε μυρία δῶρα μετὰ πρώτῃσι θεάων
λοιβάς τ᾽ εἰλαπίνας τε παρέξομεν εὐμενέοντες.     1.425 Δ
Ὣς φάτο λισσόμενος ἀδινῇ ὀπί, ταὶ δ᾽ ἐλέαιρον
ἐγγύθεν ἀχνυμένους· καὶ δὴ χθονὸς ἐξανέτειλαν
ποίην πάμπρωτον, ποίης γε μὲν ὑψόθι μα ροί
βλάστεον ὄρπηκες, μετὰ δ᾽ ἔρνεα τηλεθάοντα
πολλὸν ὑπὲρ γαίης ὀρθοστάδον ἠέξοντο·     1.430 Δ
Ἑσπέρη αἴγειρος, πτελέη δ᾽ Ἐρυθηὶς ἔγεντο,
Αἴγλη δ᾽ ἰτείης ἱερὸν στύπος. ἐκ δέ νυ κείνων
δενδρέων, οἷαι ἔσαν, τοῖαι πάλιν ἔμπεδον αὔτως
ἐξέφανεν, θάμβος περιώσιον. ἔκφατο δ᾽ Αἴγλη
μειλιχίοις ἐπέεσσιν ἀμειβομένη χατέοντας·     1.435 Δ
Ἦ ἄρα δὴ μέγα πάμπαν ἐφ᾽ ὑμετέροισιν ὄνειαρ
δεῦρ᾽ ἔμολεν καμάτοισιν ὁ κύντατος, ὅστις ἀπούρας
φρουρὸν ὄφιν ζωῆς, παγχρύσεα μῆλα θεάων
οἴχετ᾽ ἀειράμενος, στυγερὸν δ᾽ ἄχος ἄμμι λέλειπται.
ἤλυθε γὰρ χθιζός τις ἀνὴρ ὀλοώτατος ὕβριν     1.440 Δ

καὶ δέμας, ὄσσε δέ οἱ βλοσυρῷ ὑπ᾽ ἔλαμπε μετώπῳ,
νηλής· ἀμφὶ δὲ δέρμα πελωρίου ἔστο λέοντος
ὠμόν, ἀδέψητον· στιβαρὸν δ᾽ ἔχεν ὄζον ἐλαίης
τόξα τε, τοῖσι πέλωρ τόδ᾽ ἀπέφθισεν ἰοβολήσας.
ἤλυθεν οὖν καὶ κεῖνος, ἅ τε χθόνα πεζὸς ὁδεύων,     1.445 Δ
δίψῃ καρχαλέος· παίφασσε δὲ τόνδ᾽ ἀνὰ χῶρον,
ὕδωρ ἐξερέων. τὸ μὲν οὔ ποθι μέλλεν ἰδέσθαι·
τῇδε δέ τις πέτρῃ Τριτωνίδος ἐγγύθι λίμνης·
τὴν ὅγ᾽ ἐπιφρασθείς, ἢ καὶ θεοῦ ἐννεσίῃσι
λὰξ ποδὶ τύψεν ἔνερθε, τὸ δ᾽ ἀθρόον ἔβλυσεν ὕδωρ·     1.450 Δ
αὐτὰρ ὅγ᾽, ἄμφω χεῖρε πέδῳ καὶ στέρνον ἐρείσας,
ῥωγάδος ἐκ πέτρης πίεν ἄσπετον, ὄφρα βαθεῖαν
νηδύν, φορβάδι ἶσος ἐπιπροπεσών, ἐκορέσθη.
Ὣς φάτο· τοὶ δ᾽ ἀσπαστὸν ἵνα σφίσι πέφραδεν Αἴγλη
πίδακα, τῇ θέον αἶψα κεχαρμένοι, ὄφρ᾽ ἐπέκυρσαν.     1.455 Δ
ὡς δ᾽ ὁπότε στεινὴν περὶ χηραμὸν εἰλίσσονται
γειομόροι μύρμηκες ὁμιλαδόν, ἢ ὅτε μυῖαι
ἀμφ᾽ ὀλίγην μέλιτος γλυκεροῦ λίβα πεπτηυῖαι
ἄπλητον μεμάασιν ἐπήτριμοι - ὡς τότ᾽ ἀολλεῖς
πετραίῃ Μινύαι περὶ πίδακι δινεύεσκον.     1.460 Δ
καί πού τις διεροῖς ἐπὶ χείλεσιν εἶπεν ἰανθείς·
Ὢ πόποι, ἦ καὶ νόσφιν ἐὼν ἐσάωσεν ἑταίρους
Ἡρακλέης δίψῃ κεκμηότας. ἀλλά μιν εἴ πως
δήοιμεν στείχοντα δι᾽ ἠπείροιο κιόντες.
Ἦ· καὶ ἀγειρομένων οἵ τ᾽ ἄρμενοι ἐς τόδε ἔργον,     1.465 Δ
ἔκριθεν ἄλλυδις ἄλλος ἐπαΐξας ἐρεείνειν·
ἴχνια γὰρ νυχίοισιν ἐπηλίνδητ᾽ ἀνέμοισιν
κινυμένης ἀμάθου. Βορέαο μὲν ὡρμήθησαν
υἷε δύω πτερύγεσσι πεποιθότε, ποσσὶ δὲ κούφοις
Εὔφημος πίσυνος, Λυγκεύς γε μὲν ὀξέα τηλοῦ     1.470 Δ
ὄσσε βαλεῖν, πέμπτος δὲ μετὰ σφίσιν ἔσσυτο Κάνθος.
τὸν μὲν ἄρ᾽ αἶσα θεῶν κείνην ὁδὸν ἠνορέη τε
ὦρσεν, ἵν᾽ Ἡρακλῆος ἀπηλεγέως πεπύθοιτο
Εἰλατίδην Πολύφημον ὅπῃ λίπε, μέμβλετο γάρ οἱ
οὗ ἔθεν ἀμφ᾽ ἑτάροιο μεταλλῆσαι τὰ ἕκαστα.     1.475 Δ
ἀλλ᾽ ὁ μὲν οὖν, Μυσοῖσιν ἐπικλεὲς ἄστυ πολίσσας,

γνωστοῦ κηδοσύνησιν ἔβη διζήμενος Ἀργώ
τῆλε δι᾽ ἠπείροιο, τέως ἐξίκετο γαῖαν
ἀγχιάλων Χαλύβων· τόθι μιν καὶ μοῖρ᾽ ἐδάμασσεν,
καί οἱ ὑπὸ βλωθρὴν ἀχερωίδα σῆμα τέτυκται     1.480 Δ
τυτθὸν ἁλὸς προπάροιθεν. ἀτὰρ τότε γ᾽ Ἡρακλῆα
μοῦνος ἀπειρεσίης τηλοῦ χθονὸς εἴσατο Λυγκεύς
τὼς ἰδέειν, ὥς τίς τε νέης ἐνὶ ἤματι μήνην
ἢ ἴδεν ἢ ἐδόκησεν ἐπαχλύουσαν ἰδέσθαι·
ἐς δ᾽ ἑτάρους ἀνιὼν μυθήσατο μή μιν ἔτ᾽ ἄλλον     1.485 Δ
μαστῆρα στείχοντα κιχησέμεν. ὡς δὲ καὶ αὐτοί
ἤλυθον Εὔφημός τε πόδας ταχὺς υἱέ τε δοιώ
Θρηικίου Βορέω, μεταμώνια μοχθήσαντες·
Κάνθε, σὲ δ᾽ οὐλόμεναι Λιβύη ἔνι Κῆρες ἕλοντο.
πώεσι φερβομένοισι συνήντεες, εἵπετο δ᾽ ἀνήρ     1.490 Δ
αὐλίτης· ὅ σ᾽ ἑῶν μήλων πέρι, τόφρ᾽ ἑτάροισι
δευομένοις κομίσειας, ἀλεξόμενος κατέπεφνε
λᾶι βαλών· ἐπεὶ οὐ μὲν ἀφαυρότερός γ᾽ ἐτέτυκτο,
υἱωνὸς Φοίβοιο Λυκωρείοιο Κάφαυρος
κούρης τ᾽ αἰδοίης Ἀκακαλλίδος, ἥν ποτε Μίνως     1.495 Δ
ἐς Λιβύην ἀπένασσε θεοῦ βαρὺ κῦμα φέρουσαν,
θυγατέρα σφετέρην· ἡ δ᾽ ἀγλαὸν υἱέα Φοίβῳ
τίκτεν, ὃν Ἀμφίθεμιν Γαράμαντά τε κικλήσκουσιν·
Ἀμφίθεμις δ᾽ ἄρ᾽ ἔπειτα μίγη Τριτωνίδι νύμφῃ·
ἡ δ᾽ ἄρα οἱ Νασάμωνα τέκε κρατερόν τε Κάφαυρον,     1.500 Δ
ὃς τότε Κάνθον ἔπεφνεν ἐπὶ ῥήνεσσιν ἑοῖσιν.
οὐδ᾽ ὅγ᾽ ἀριστήων χαλεπὰς ἠλεύατο χεῖρας,
ὡς μάθον οἷον ἔρεξε. νέκυν δ᾽ ἀνάειραν ὀπίσσω
πυθόμενοι Μινύαι, γαίῃ δ᾽ ἐνὶ ταρχύσαντο
μυρόμενοι· τὰ δὲ μῆλα μετὰ σφέας οἵγ᾽ ἐκόμισσαν.     1.505 Δ
Ἔνθα καὶ Ἀμπυκίδην αὐτῷ ἐνὶ ἤματι Μόψον
νηλειὴς ἕλε πότμος, ἀδευκέα δ᾽ οὐ φύγεν αἶσαν
μαντοσύναις· οὐ γάρ τις ἀποτροπίη θανάτοιο.
κεῖτο γὰρ ἐν ψαμάθοισι, μεσημβρινὸν ἦμαρ ἀλύσκων,
δεινὸς ὄφις, νωθὴς μὲν ἑκὼν ἀέκοντα χαλέψαι,     1.510 Δ
οὐδ᾽ ἂν ὑποτρέσσαντος ἐνωπαδὶς ἀίξειεν·
ἀλλ᾽ ᾧ κεν τὰ πρῶτα μελάγχιμον ἰὸν ἐνείη

ζωόντων ὅσα γαῖα φερέσβιος ἔμπνοα βόσκει,
οὐδ᾽ ὁπόσον πήχυιον ἐς Ἄιδα γίγνεται οἶμος,
οὐδ᾽ εἰ Παιήων εἴ μοι θέμις ἀμφαδὸν εἰπεῖν      1.515 Δ
φαρμάσσοι, ὅτε μοῦνον ἐνιχρίμψησιν ὀδοῦσιν.
εὖτε γὰρ ἰσόθεος Λιβύην ὑπερέπτατο Περσεύς
Εὐρυμέδων καὶ γὰρ τὸ κάλεσκέ μιν οὔνομα μήτηρ
Γοργόνος ἀρτίτομον κεφαλὴν βασιλῆι κομίζων,
ὅσσαι κυανέου στάγες αἵματος οὔδας ἵκοντο,      1.520 Δ
αἱ πᾶσαι κείνων ὀφίων γένος ἐβλάστησαν.
τῷ δ᾽ ἄκρην ἐπ᾽ ἄκανθαν ἐνεστηρίξατο Μόψος
λαιὸν ἐπιπροφέρων ταρσὸν ποδός· αὐτὰρ ὁ μέσσην
κερκίδα καὶ μυῶνα πέριξ ὀδύνησιν ἑλιχθεὶς
σάρκα δακὼν ἐχάραξεν. ἀτὰρ Μήδεια καὶ ἄλλαι      1.525 Δ
ἔτρεσαν ἀμφίπολοι· ὁ δὲ φοίνιον ἕλκος ἄφασσεν
θαρσαλέως, ἔνεκ᾽ οὔ μιν ὑπέρβιον ἄλγος ἔτειρεν,
σχέτλιος· ἢ τέ οἱ ἤδη ὑπὸ χροῒ δύετο κῶμα
λυσιμελές, πολλὴ δὲ κατ᾽ ὀφθαλμῶν χέετ᾽ ἀχλύς.
αὐτίκα δὲ κλίνας δαπέδῳ βεβαρηότα γυῖα      1.530 Δ
ψύχετ᾽ ἀμηχανίῃ· ἕταροι δέ μιν ἀμφαγέροντο
ἥρως τ᾽ Αἰσονίδης, ἀδινῇ περιθαμβέες ἄτῃ.
οὐδὲ μὲν οὐδ᾽ ἐπὶ τυτθὸν ἀποφθίμενός περ ἔμελλε
κεῖσθαι ὑπ᾽ ἠελίῳ· πύθεσκε γὰρ ἔνδοθι σάρκας
ἰὸς ἄφαρ, μυδόωσα δ᾽ ἀπὸ χροὸς ἔρρεε λάχνη.      1.535 Δ
αἶψα δὲ χαλκείῃσι βαθὺν τάφον ἐξελάχαινον
ἐσσυμένως μακέλῃσιν· ἐμοιρήσαντο δὲ χαίτας
αὐτοὶ ὁμῶς κοῦραί τε, νέκυν ἐλεεινὰ παθόντα
μυρόμενοι· τρὶς δ᾽ ἀμφὶ σὺν ἔντεσι δινηθέντες
εὖ κτερέων ἴσχοντα, χυτὴν ἐπὶ γαῖαν ἔθεντο.      1.540 Δ
Ἀλλ᾽ ὅτε δή ῥ᾽ ἐπὶ νηὸς ἔβαν, πρήσσοντος ἀήτεω
ἂμ πέλαγος νοτίοιο, πόρους τ᾽ ἀπετεκμαίροντο
λίμνης ἐκπρομολεῖν Τριτωνίδος, οὔ τινα μῆτιν
δὴν ἔχον, ἀφραδέως δὲ πανημέριοι φορέοντο.
ὡς δὲ δράκων σκολιὴν εἱλιγμένος ἔρχεται οἶμον,      1.545 Δ
εὖτέ μιν ὀξύτατον θάλπει σέλας ἠελίοιο,
ῥοίζῳ δ᾽ ἔνθα καὶ ἔνθα κάρη στρέφει, ἐν δέ οἱ ὄσσε
σπινθαρύγεσσι πυρὸς ἐναλίγκια μαιμώοντι

λάμπεται, ὄφρα μυχόνδε διὰ ῥωχμοῖο δύηται -
ὡς Ἀργώ, λίμνης στόμα ναύπορον ἐξερέουσα,       1.550 Δ
ἀμφεπόλει δηναιὸν ἐπὶ χρόνον. αὐτίκα δ᾿ Ὀρφεύς
κέκλετ᾿ Ἀπόλλωνος τρίποδα μέγαν ἔκτοθι νηός
δαίμοσιν ἐγγενέταις νόστῳ ἔπι μείλια θέσθαι.
καὶ τοὶ μὲν Φοίβου κτέρας ἵδρυον ἐν χθονὶ βάντες·
τοῖσιν δ᾿ αἰζηῷ ἐναλίγκιος ἀντεβόλησε       1.555 Δ
Τρίτων εὐρυβίης· γαίης δ᾿ ἀνὰ βῶλον ἀείρας
ξείνι᾿ ἀριστήεσσι προΐσχετο, φώνησέν τε·
Δέχθε φίλοι, ἐπεὶ οὐ περιώσιον ἐγγυαλίξαι
ἐνθάδε νῦν πάρ᾿ ἐμοὶ ξεινήιον ἀντομένοισιν.
εἰ δέ τι τῆσδε πόρους μαίεσθ᾿ ἁλός, οἷά τε πολλά       1.560 Δ
ἄνθρωποι χατέουσιν ἐπ᾿ ἀλλοδαπῇ περόωντες,
ἐξερέω· δὴ γάρ με πατὴρ ἐπιίστορα πόντου
θῆκε Ποσειδάων τοῦδ᾿ ἔμμεναι, αὐτὰρ ἀνάσσω
παρραλίης, εἰ δή τιν᾿ ἀκούετε νόσφιν ἐόντες
Εὐρύπυλον Λιβύῃ θηροτρόφῳ ἐγγεγαῶτα.       1.565 Δ
Ὣς ηὔδα· πρόφρων δ᾿ ὑποέσχεθε βώλακι χεῖρας
Εὔφημος, καὶ τοῖα παραβλήδην προσέειπεν·
Ἀπίδα καὶ πέλαγος Μινώιον εἴ νύ που ἥρως
ἐξεδάης, νημερτὲς ἀνειρομένοισιν ἔνισπε.
δεῦρο γὰρ οὐκ ἐθέλοντες ἱκάνομεν, ἀλλὰ βορείαις       1.570 Δ
χρίμψαντες γαίης ἐνὶ πείρασι τῆσδε θυέλλαις,
νῆα μεταχρονίην ἐκομίσσαμεν ἐς τόδε λίμνης
χεῦμα δι᾿ ἠπείρου, βεβαρημένοι· οὐδέ τι ἴδμεν
πῇ πλόος ἐξανάγει Πελοπηίδα γαῖαν ἱκέσθαι.
Ὣς ἄρ᾿ ἔφη· ὁ δὲ χεῖρα τανύσσατο, δεῖξε δ᾿ ἄπωθεν       1.575 Δ
φωνήσας πόντον τε καὶ ἀγχιβαθὲς στόμα λίμνης·
Κείνη μὲν πόντοιο διήλυσις, ἔνθα μάλιστα
βένθος ἀκίνητον μελανεῖ, ἑκάτερθε δὲ λευκαί
ῥηγμῖνες φρίσσουσι διαυγέες· ἡ δὲ μεσηγύ
ῥηγμίνων στεινὴ τελέθει ὁδὸς ἐκτὸς ἐλάσσαι·       1.580 Δ
κεῖνο δ᾿ ὑπήριον θείην Πελοπηίδα γαῖαν
εἰσανέχει πέλαγος Κρήτης ὕπερ. ἀλλ᾿ ἐπὶ χειρὸς
δεξιτερῆς, λίμνηθεν ὅτ᾿ εἰς ἁλὸς οἶδμα βάλητε,
τόφρ᾿ αὐτὴν παρὰ χέρσον ἐεργμένοι ἰθύνεσθε

ἔστ᾽ ἂν ἄνω τείνησι· περιρρήδην δ᾽ ἑτέρωσε       1.585 Δ
κλινομένης χέρσοιο, τότε πλόος ὔμμιν ἀπήμων
ἀγκῶνος τετάνυσται ἄπο προύχοντος ἰοῦσιν.
ἀλλ᾽ ἴτε γηθόσυνοι, καμάτοιο δὲ μή τις ἀνίη
γιγνέσθω, νεότητι κεκασμένα γυῖα μογῆσαι.
Ἴσκεν εὐφρονέων· οἱ δ᾽ αἶψ᾽ ἐπὶ νηὸς ἔβησαν,       1.590 Δ
λίμνης ἐκπρομολεῖν λελιημένοι εἰρεσίῃσιν,
καὶ δὴ ἐπιπρονέοντο μεμαότες· αὐτὰρ ὁ τείως
Τρίτων, ἀνθέμενος τρίποδα μέγαν, εἴσατο λίμνην
εἰσβαίνειν· μετὰ δ᾽ οὔ τις ἐσέδρακεν οἷον ἄφαντος
αὐτῷ σὺν τρίποδι σχεδὸν ἔπλετο. τοῖσι δ᾽ ἰάνθη       1.595 Δ
θυμὸς ὃ δὴ μακάρων τις ἐναίσιμος ἀντεβόλησεν,
καί ῥά οἱ Αἰσονίδην μήλων ὅ τι φέρτατον ἄλλων
ἤνωγον ῥέξαι καὶ ἐπευφημῆσαι ἑλόντα.
αἶψα δ᾽ ὅγ᾽ ἐσσυμένως ἐκρίνατο, καί μιν ἀείρας
σφάξε κατὰ πρύμνης, ἐπὶ δ᾽ ἔννεπεν εὐχωλῇσιν·       1.600 Δ
Δαῖμον ὅτις λίμνης ἐπὶ πείρασι τῇσδε φαάνθης,
εἴτε σέγε Τρίτων᾽, ἅλιον τέρας, εἴτε σε Φόρκυν
ἢ Νηρῆα θύγατρες ἐπικλείουσ᾽ ἁλοσύδναι,
ἵλαθι καὶ νόστοιο τέλος θυμηδὲς ὄπαζε.
Ἦ ῥ᾽, ἅμα δ᾽ εὐχωλῇσιν ἐς ὕδατα λαιμοτομήσας       1.605 Δ
ἧκε κατὰ πρύμνης. ὁ δὲ βένθεος ἐξεφαάνθη
τοῖος ἐὼν οἷός περ ἐτήτυμος ἦεν ἰδέσθαι·
ὡς δ᾽ ὅτ᾽ ἀνὴρ θοὸν ἵππον ἐς εὐρέα κύκλον ἀγῶνος
στέλλῃ ὀρεξάμενος λασίης εὐπειθέα χαίτης,
εἶθαρ ἐπιτροχάων, ὁ δ᾽ ἐπ᾽ αὐχένι γαῦρος ἀερθείς       1.610 Δ
ἕσπεται, ἀργινόεντα δ᾽ ἐπὶ στομάτεσσι χαλινὰ
ἀμφὶς ὀδακτάζοντι παραβλήδην κροτέονται -
ὣς ὅγ᾽ ἐπισχόμενος γλαφυρῆς ὁλκήιον Ἀργοῦς
ἦγ᾽ ἅλαδε προτέρωσε. δέμας δέ οἱ ἐξ ὑπάτοιο
κράατος ἀμφί τε νῶτα καὶ ἰξύας ἔστ᾽ ἐπὶ νηδύν       1.615 Δ
ἀντικρὺ μακάρεσσι φυὴν ἔκπαγλον ἔικτο,
αὐτὰρ ὑπαὶ λαγόνων δίκραιρά οἱ ἔνθα καὶ ἔνθα
κήτεος ὁλκαίη μηκύνετο· κόπτε δ᾽ ἀκάνθαις
ἄκρον ὕδωρ, αἵ τε σκολιοῖς ἐπὶ νειόθι κέντροις
μήνης ὡς κεράεσσιν ἐειδόμεναι διχόωντο·       1.620 Δ

τόφρα δ᾽ ἄγεν, τείως μιν ἐπιπροέηκε θαλάσσῃ
νισσομένην, δῦ δ᾽ αἶψα μέσον βυθόν· οἱ δ᾽ ὁμάδησαν
ἥρωες, τέρας αἰνὸν ἐν ὀφθαλμοῖσιν ἰδόντες.
Ἔνθα μὲν Ἀργῷός τε λιμὴν καὶ σήματα νηός
ἠδὲ Ποσειδάωνος ἰδὲ Τρίτωνος ἔασιν        1.625 Δ
βωμοί, ἐπεὶ κεῖν᾽ ἦμαρ ἐπέσχεθον· αὐτὰρ ἐς ἠῶ
λαίφεσι πεπταμένοις, αὐτὴν ἐπὶ δεξί᾽ ἔχοντες
γαῖαν ἐρημαίην, πνοιῇ ζεφύροιο θέεσκον.
ἦρι δ᾽ ἔπειτ᾽ ἀγκῶνά θ᾽ ὁμοῦ μυχάτην τε θάλασσαν
κεκλιμένην ἀγκῶνος ὕπερ προύχοντος ἴδοντο.        1.630 Δ
αὐτίκα δὲ ζέφυρος μὲν ἐλώφεεν, ἤλυθε δ᾽ αὔρη
πρυμνήταο νότου, χήραντο δὲ θυμὸν ἰωῇ.
ἦμος δ᾽ ἠέλιος μὲν ἔδυ, ἀνὰ δ᾽ ἤλυθεν ἀστήρ
αὔλιος, ὅς τ᾽ ἀνέπαυσεν ὀιζυροὺς ἀροτῆρας,
δὴ τότ᾽ ἔπειτ᾽, ἀνέμοιο κελαινῇ νυκτὶ λιπόντος,        1.635 Δ
ἱστία λυσάμενοι περιμήκεά τε κλίναντες
ἱστόν, ἐυξέστῃσιν ἐπερρώοντ᾽ ἐλάτῃσιν
παννύχιοι καὶ ἐπ᾽ ἦμαρ, ἐπ᾽ ἤματι δ᾽ αὖτις ἰοῦσαν
νύχθ᾽ ἑτέρην· ὑπέδεκτο δ᾽ ἀπόπροθι παιπαλόεσσα
Κάρπαθος. ἔνθεν δ᾽ οἵγε περαιώσεσθαι ἔμελλον        1.640 Δ
Κρήτην, ἥ τ᾽ ἄλλων ὑπερέπλετο εἰν ἁλὶ νήσων·
τοὺς δὲ Τάλως χάλκειος, ἀπὸ στιβαροῦ σκοπέλοιο
ῥηγνύμενος πέτρας, εἶργε χθονὶ πείσματ᾽ ἀνάψαι
Δικταίην ὅρμοιο κατερχομένους ἐπιωγήν.
τὸν μέν, χαλκείης μελιηγενέων ἀνθρώπων        1.645 Δ
ῥίζης λοιπὸν ἐόντα μετ᾽ ἀνδράσιν ἡμιθέοισιν,
Εὐρώπῃ Κρονίδης νήσου πόρεν ἔμμεναι οὖρον,
τρὶς περὶ χαλκείοις Κρήτην ποσὶ δινεύοντα·
ἀλλ᾽ ἤτοι τὸ μὲν ἄλλο δέμας καὶ γυῖα τέτυκτο
χάλκεος ἠδ᾽ ἄρρηκτος, ὑπαὶ δέ οἱ ἔσκε τένοντος        1.650 Δ
σύριγξ αἱματόεσσα κατὰ σφυρόν· ἀμφ᾽ ἄρα τήνγε
λεπτὸς ὑμὴν ζωῆς ἔχε πείρατα καὶ θανάτοιο.
οἱ δέ, δύῃ μάλα περ δεδμημένοι, αἶψ᾽ ἀπὸ χέρσου
νῆα περιδδείσαντες ἀνακρούεσκον ἐρετμοῖς.
καὶ νύ κ᾽ ἐπισμυγερῶς Κρήτης ἑκὰς ἠέρθησαν        1.655 Δ
ἀμφότερον δίψῃ τε καὶ ἄλγεσι μοχθίζοντες,

εἰ μή σφιν Μήδεια λιαζομένοις ἀγόρευσεν·
Κέκλυτέ μευ, μούνη γὰρ ὀίομαι ὔμμι δαμάσσειν
ἄνδρα τὸν ὅστις ὅδ᾽ ἐστί, καὶ εἰ παγχάλκεον ἴσχει
ὃν δέμας, ὁππότε μή οἱ ἐπ᾽ ἀκάματος πέλοι αἰών.     1.660 Δ
ἀλλ᾽ ἔχετ᾽ αὐτοῦ νῆα θελήμονες ἐκτὸς ἐρωῆς
πετράων, εἵως κεν ἐμοὶ εἴξειε δαμῆναι.
Ὣς ἄρ᾽ ἔφη· καὶ τοὶ μὲν ὑπὲκ βελέων ἐρύοντο
νῆ᾽ ἐπ᾽ ἐρετμοῖσιν, δεδοκημένοι ἥντινα ῥέξει
μῆτιν ἀνωίστως· ἡ δὲ πτύχα πορφυρέοιο     1.665 Δ
προσχομένη πέπλοιο παρειάων ἑκάτερθεν
βήσατ᾽ ἐπ᾽ ἰκριόφιν, χειρὸς δέ ἑ χειρὶ μεμαρπὼς
Αἰσονίδης ἐκόμιζε διὰ κληῖδας ἰοῦσαν.
ἔνθα δ᾽ ἀοιδῇσιν μειλίσσετο θέλγε τε Κῆρας
θυμοβόρους, Ἀίδαο θοὰς κύνας, αἳ περὶ πᾶσαν     1.670 Δ
ἠέρα δινεύουσαι ἐπὶ ζωοῖσιν ἄγονται.
τὰς γουναζομένη τρὶς μὲν παρακέκλετ᾽ ἀοιδαῖς,
τρὶς δὲ λιταῖς· θεμένη δὲ κακὸν νόον, ἐχθοδοποῖσιν
ὄμμασι χαλκείοιο Τάλω ἐμέγηρεν ὀπωπάς·
λευγαλέον δ᾽ ἐπὶ οἱ πρῖεν χόλον, ἐκ δ᾽ ἀίδηλα     1.675 Δ
δείκηλα προΐαλλεν, ἐπιζάφελον κοτέουσα.
Ζεῦ πάτερ, ἦ μέγα δή μοι ἐνὶ φρεσὶ θάμβος ἄηται,
εἰ δὴ μὴ νούσοισι τυπῇσί τε μοῦνον ὄλεθρος
ἀντιάει, καὶ δή τις ἀπόπροθεν ἄμμε χαλέπτει,
ὡς ὅγε, χάλκειός περ ἐών, ὑπόειξε δαμῆναι     1.680 Δ
Μηδείης βρίμῃ πολυφαρμάκου· ἂν δὲ βαρείας
ὀχλίζων λάιγγας ἐρυκέμεν ὅρμον ἱκέσθαι,
πετραίῳ στόνυχι χρίμψε σφυρόν, ἐκ δέ οἱ ἰχὼρ
τηκομένῳ ἴκελος μολίβῳ ῥέεν. οὐδ᾽ ἔτι δηρὸν
εἱστήκει προβλῆτος ἐπεμβεβαὼς σκοπέλοιο·     1.685 Δ
ἀλλ᾽ ὥς τίς τ᾽ ἐν ὄρεσσι πελωρίη ὑψόθι πεύκη,
τήν τε θοοῖς πελέκεσσιν ἔθ᾽ ἡμιπλῆγα λιπόντες
ὑλοτόμοι δρυμοῖο κατήλυθον, ἡ δ᾽ ὑπὸ νυκτί
ῥιπῇσιν μὲν πρῶτα τινάσσεται, ὕστερον αὖτε
πρυμνόθεν ἐξαγεῖσα κατήριπεν - ὣς ὅγε ποσσίν     1.690 Δ
ἀκαμάτοις τείως μὲν ἐπισταδὸν ἠωρεῖτο,
ὕστερον αὖτ᾽ ἀμενηνὸς ἀπείρονι κάππεσε δούπῳ.

Κεῖνο μὲν οὖν Κρήτῃ ἐνὶ δὴ κνέφας ηὐλίζοντο
ἥρωες· μετὰ δ᾽ οἵγε νέον φαέθουσαν ἐς ἠῶ
ἱρὸν Ἀθηναίης Μινωίδος ἱδρύσαντο,        1.695 Δ
ὕδωρ τ᾽ εἰσαφύσαντο, καὶ εἴσεβαν, ὥς κεν ἐρετμοῖς
παμπρώτιστα βάλοιεν ὑπὲρ Σαλμωνίδος ἄκρης.
αὐτίκα δὲ Κρηταῖον ὑπὲρ μέγα λαῖτμα θέοντας
νὺξ ἐφόβει τήνπερ τε κατουλάδα κικλήσκουσιν
νύκτ᾽ ὀλοήν· οὐκ ἄστρα διίσχανεν, οὐκ ἀμαρυγαί        1.700 Δ
μήνης, οὐρανόθεν δὲ μέλαν χάος, ἠδέ τις ἄλλη
ὠρώρει σκοτίη μυχάτων ἀνιοῦσα βερέθρων·
αὐτοὶ δ᾽ εἴτ᾽ Ἀίδῃ εἴθ᾽ ὕδασιν ἐμφορέοντο
ἠείδειν οὐδ᾽ ὅσσον, ἐπέτρεψαν δὲ θαλάσσῃ
νόστον, ἀμηχανέοντες ὅπῃ φέροι. αὐτὰρ Ἰήσων        1.705 Δ
χεῖρας ἀνασχόμενος μεγάλῃ ὀπὶ Φοῖβον ἀύτει,
ῥύσασθαι καλέων, κατὰ δ᾽ ἔρρεεν ἀσχαλόωντι
δάκρυα· πολλὰ δὲ Πυθοῖ ὑπέσχετο, πολλὰ δ᾽ Ἀμύκλαις,
πολλὰ δ᾽ ἐς Ὀρτυγίην ἀπερείσια δῶρα κομίσσειν.
Λητοΐδη, τύνη δὲ κατ᾽ οὐρανοῦ ἵκεο πέτρας        1.710 Δ
ῥίμφα Μελαντείους ἀριήκοος, αἵ τ᾽ ἐνὶ πόντῳ
ἧνται· δοιάων δὲ μιῆς ἐφύπερθεν ὀρούσας,
δεξιτερῇ χρύσειον ἀνέσχεθες ὑψόθι τόξον,
μαρμαρέην δ᾽ ἀπέλαμψε βιὸς πέρι πάντοθεν αἴγλην·
τοῖσι δέ τις Σποράδων βαιὴ ἀνὰ τόφρ᾽ ἐφαάνθη        1.715 Δ
νῆσος ἰδεῖν, ὀλίγης Ἱππουρίδος ἀγχόθι νήσου·
ἔνθ᾽ εὐνὰς ἐβάλοντο καὶ ἔσχεθον. αὐτίκα δ᾽ ἠώς
φέγγεν ἀνερχομένη, τοὶ δ᾽ ἀγλαὸν Ἀπόλλωνι
ἄλσει ἐνὶ σκιερῷ τέμενος σκιόεντά τε βωμόν
ποίεον, Αἰγλήτην μὲν ἐυσκόπου εἵνεκεν αἴγλης        1.720 Δ
Φοῖβον κεκλόμενοι, Ἀνάφην δέ τε λισσάδα νῆσον
ἴσκον, ὃ δὴ Φοῖβός μιν ἀτυζομένοις ἀνέφηνεν.
ῥέζον δ᾽ οἷά κεν ἄνδρες ἐρημαίῃ ἐνὶ ῥέζειν
ἀκτῇ ἐφοπλίσσειαν· ὃ δή σφεας ὁππότε δαλοῖς
ὕδωρ αἰθομένοισιν ἐπιλλείβοντας ἴδοντο        1.725 Δ
Μηδείης δμωαὶ Φαιηκίδες, οὐκέτ᾽ ἔπειτα
ἰσχέμεν ἐν στήθεσσι γέλω σθένον, οἷα θαμειάς
αἰὲν ἐν Ἀλκινόοιο βοοκτασίας ὁρόωσαι·

τὰς δ᾽ αἰσχροῖς ἥρωες ἐπιστοβέεσκον ἔπεσσιν
χλεύῃ γηθόσυνοι· γλυκερὴ δ᾽ ἀνεδαίετο μέσσῳ     1.730 Δ
κερτομίη καὶ νεῖκος ἐπεσβόλον. ἐκ δέ νυ κείνης
μολπῆς ἡρώων νήσῳ ἔνι τοῖα γυναῖκες
ἀνδράσι δηριόωνται, ὅτ᾽ Ἀπόλλωνα θυηλαῖς
Αἰγλήτην Ἀνάφης τιμήορον ἱλάσκωνται.
Ἀλλ᾽ ὅτε δὴ καὶ κεῖθεν ὑπεύδια πείσματ᾽ ἔλυσαν,     1.735 Δ
μνήσατ᾽ ἔπειτ᾽ Εὔφημος ὀνείρατος ἐννυχίοιο,
ἁζόμενος Μαίης υἷα κλυτόν. εἴσατο γάρ οἱ
δαιμονίη βῶλαξ ἐπιμάστιος ᾧ ἐν ἀγοστῷ
ἄρδεσθαι λευκῇσιν ὑπαὶ λιβάδεσσι γάλακτος,
ἐκ δὲ γυνὴ βώλοιο πέλειν ὀλίγης περ ἐούσης     1.740 Δ
παρθενικῇ ἰκέλη· μίχθη δέ οἱ ἐν φιλότητι
ἄσχετον ἱμερθείς· ὀλοφύρατο δ᾽ ἠύτε κούρην
ζευξάμενος, τὴν αὐτὸς ἑῷ ἀτίταλλε γάλακτι·
ἡ δέ ἑ μειλιχίοισι παρηγορέεσκεν ἔπεσσιν·
Τρίτωνος γένος εἰμί, τεῶν τροφὸς ὦ φίλε παίδων,     1.745 Δ
οὐ κούρη, Τρίτων γὰρ ἐμοὶ Λιβύη τε τοκῆες.
ἀλλά με Νηρῆος παρακάτθεο παρθενικῇσιν
ἂμ πέλαγος ναίειν Ἀνάφης σχεδόν· εἶμι δ᾽ ἐς αὐγάς
ἠελίου μετόπισθε τεοῖς νεπόδεσσιν ἑτοίμη.
Τῶν ἄρ᾽ ἐπὶ μνῆστιν κραδίη βάλεν, ἔκ τ᾽ ὀνόμηνεν     1.750 Δ
Αἰσονίδῃ· ὁ δ᾽ ἔπειτα, θεοπροπίας Ἑκάτοιο
θυμῷ πεμπάζων, ἀνενείκατο φώνησέν τε·
Ὦ πέπον, ἦ μέγα δή σε καὶ ἀγλαὸν ἔμμορε κῦδος.
βώλακα γὰρ τεύξουσι θεοὶ πόντονδε βαλόντι
νῆσον, ἵν᾽ ὁπλότεροι παίδων σέθεν ἐννάσσονται     1.755 Δ
παῖδες, ἐπεὶ Τρίτων ξεινήιον ἐγγυάλιξεν
τήνδε τοι ἠπείροιο Λιβυστίδος· οὔ νύ τις ἄλλος
ἀθανάτων ἢ κεῖνος, ὅ μιν πόρεν ἀντιβολήσας.
Ὣς ἔφατ᾽· οὐδ᾽ ἁλίωσεν ὑπόκρισιν Αἰσονίδαο
Εὔφημος, βῶλον δὲ θεοπροπίῃσιν ἰανθεὶς     1.760 Δ
ἧκεν ὑποβρυχίην. τῆς δ᾽ ἔκτοθι νῆσος ἀέρθη
Καλλίστη, παίδων ἱερὴ τροφὸς Εὐφήμοιο·
οἳ πρὶν μέν ποτε δὴ Σιντηίδα Λῆμνον ἔναιον,
Λήμνου τ᾽ ἐξελαθέντες ὑπ᾽ ἀνδράσι Τυρσηνοῖσιν

Σπάρτην εἰσαφίκανον ἐφέστιοι· ἐκ δὲ λιπόντας          1.765 Δ
Σπάρτην Αὐτεσίωνος ἐὺς πάις ἤγαγε Θήρας
Καλλίστην ἐπὶ νῆσον, ἀμείψατο δ᾽ οὔνομα Θήρα
ἐκ σέθεν. ἀλλὰ τὰ μὲν μετόπιν γένετ᾽ Εὐφήμοιο·
κεῖθεν δ᾽ ἀπτερέως διὰ μυρίον οἶδμα ταμόντες
Αἰγίνης ἀκτῆσιν ἐπέσχεθον. αἶψα δὲ τοίγε          1.770 Δ
ὑδρείης πέρι δῆριν ἀμεμφέα δηρίσαντο,
ὅς κεν ἀφυσσάμενος φθαίη μετὰ νῆάδ᾽ ἱκέσθαι·
ἄμφω γὰρ χρειώ τε καὶ ἄσπετος οὖρος ἔπειγεν.
ἔνθ᾽ ἔτι νῦν, πλήθοντας ἐπωμαδὸν ἀμφιφορῆας
ἀνθέμενοι, κούφοισιν ἄφαρ κατ᾽ ἀγῶνα πόδεσσιν          1.775 Δ
κοῦροι Μυρμιδόνων νίκης πέρι δηριόωνται.
Ἵλατ᾽ ἀριστῆες, μακάρων γένος, αἵδε δ᾽ ἀοιδαί
εἰς ἔτος ἐξ ἔτεος γλυκερώτεραι εἶεν ἀείδειν
ἀνθρώποις· ἤδη γὰρ ἐπὶ κλυτὰ πείραθ᾽ ἱκάνω
ὑμετέρων καμάτων, ἐπεὶ οὔ νύ τις ὕμμιν ἄεθλος          1.780 Δ
αὖτις ἀπ᾽ Αἰγίνηθεν ἀνερχομένοισιν ἐτύχθη,
οὐδ᾽ ἀνέμων ἐριωλαὶ ἐνέσταθεν, ἀλλὰ ἕκηλοι
γαῖαν Κεκροπίην παρά τ᾽ Αὐλίδα μετρήσαντες
Εὐβοίης ἔντοσθεν Ὀπούντιά τ᾽ ἄστεα Λοκρῶν,
ἀσπασίως ἀκτὰς Παγασηίδας εἰσαπέβητε.          1.785 Δ

Also Available from JiaHu Books

Πολιτεία – 9781909669482

The Early Dialogues – Apology to Lysis – 9781909669888

Ἰλιάς - 9781909669222

Ὀδύσσεια - 9781909669260

Ἀνάβασις - 9781909669321

Μήδεια – Βάκχαι – 9781909669765

Νεφέλαι – Λυσιστράτη – 9781909669956

Ἱστορίαι – 9781909669710

Ερωτόκριτος – 9781784350383

The Collected Works of Dionysios Solomos - 9781784350536

De rerum natura – Lucretius

Metamorphoses – Ovid (Latin)

Satyricon - Gaius Petronius Arbiter (Latin)

Metamorphoses – Asinus Aureus (Latin)

Plays of Terence (Latin)

Plays of Plautus (Latin)

Complete Works of Pliny the Younger (Latin)

Philippicae (Latin)

Egils Saga (Old Norse)

Egils Saga (Icelandic)

Brennu-Njáls saga (Icelandic)

Laxdæla Saga (Icelandic)

अभीज्ञानशाकुन्तलाकम्- Recognition of Sakuntala (Sanskrit) – 9781909669192